W0472890

DAS GROSSE DR. JOSEPH MURPHY LESEBUCH

Aus dem Amerikanischen übersetzt
von Gabriel Stein

Ullstein

Besuchen Sie uns im Internet:
www.ullstein-taschenbuch.de

Allegria im Ullstein Taschenbuch

Aus dem Amerikanischen übersetzt von Gabriel Stein

MIX
Papier aus verantwortungsvollen Quellen
FSC
www.fsc.org
FSC® C083411

Ullstein Taschenbuch ist ein Verlag
der Ullstein Buchverlage GmbH, Berlin.
Deutsche Erstausgabe im Ullstein Taschenbuch
1. Auflage September 2013
© 2013 by Ullstein Buchverlage GmbH, Berlin
© 2013 der Originaltexte by Jean L. Murphy Trust
Lektorat: Marita Böhm
Umschlaggestaltung: FranklDesign, München
Titelabbildung: Jan Ateet Frankl / FranklDesign
Satz: Keller & Keller GbR
Gesetzt aus der Caslon
Papier: Pamo Super von
Arctic Paper Mochenwangen GmbH
Druck und Bindearbeiten:
CPI – Clausen & Bosse, Leck
ISBN 978-3-548-74599-2

Inhalt

Liebe ist Freiheit **7**

Die wundersamen Wirkungen Ihres Geistes **73**

Die Magie des Glaubens **107**

Reisen mit Gott **183**

Wie man die Angst überwindet **255**

Heilung durch das Gebet **265**

Die Zwölf Kräfte, mystisch erklärt **283**

Verwirklichen Sie Ihre Wünsche **297**

Schritte zum Erfolg **307**

Liebe ist Freiheit

1

Die Bibel sagt: Gott ist Liebe, Gott ist alles, »über allen und durch alle und in allen«. Demnach wohnt die Liebe allen Menschen und Dingen inne; also wollen wir sie in allem suchen. »Suche, so wirst du finden.« Ja, wenn wir im anderen nach der Gottesliebe wirklich suchen, wird sie in ihrer ganzen ursprünglichen Pracht hervorleuchten. Dann achten wir zuerst darauf, dass sie dessen Gedanken, Worte und Taten durchstrahlt. Und wenn wir dies vorbehaltlos anerkennen, muss er die Göttliche Liebe auch ausstrahlen. »Wie innen, so außen«; »Wie oben, so unten«; »Wie im Himmel (Bewusstsein), so auf Erden (Manifestation).«

Wir dürfen die Angst nicht in uns einlassen, denn sie ist das Gegenteil der Liebe. Die Angst ist die Umkehrung oder völlige Verdrehung der Liebe. Es gibt nichts als Liebe. Wenn jemand sie in einem Hund wahrnimmt, wird der entsprechend reagieren. Fürchtet man sich jedoch vor diesem oder einem anderen Tier, wird es das spüren und eine ähnliche Reaktion zeigen.

Mit einem Problem konfrontiert, sollten wir zur Ruhe kommen, tief im Innern fühlen, dass die Göttliche Liebe jetzt durch die Situation wirksam wird, und anerkennen, dass eigentlich nur Harmonie und Frieden vorherrschen. Dann lassen wir das Problem los im Wissen, dass dem so ist, und stellen fest, dass uns eine perfekte Lösung angeboten wird, die für alle Beteiligten ein Segen ist.

Zum Beispiel erzählte mir eine Frau, ihr Sohn sei während des Krieges Kampfpilot gewesen. Während er fort war, nahm sie ihn jede Nacht während ihrer Meditation in die Arme und erkannte, dass die Göttliche Liebe ihn inmitten der Kriegswirren einhüllte. Sie wusste, dass Seine Liebe das Flugzeug umgab und es für den sogenannten Feind stets unsichtbar machte. Der Junge wurde nie angegriffen; die feindlichen Flieger sahen ihn nie. Wie also hätten sie ihn unter Beschuss nehmen sollen?

Jesus verschwand in der Menge; ebenso verschwinden die vielen negativen Gedanken und falschen Überzeugungen, sobald die glänzende Wahrheit Einzug hält und das ganze Innere erleuchtet. Dann bricht die Morgendämmerung an, und die nächtlichen Schatten lösen sich auf.

2

Wenn ich mit Menschen- und mit Engelszungen redete und hätte der Liebe nicht, so wäre ich ein tönend Erz oder eine klingende Schelle.

Korinther 13, 1

Das 13. Kapitel in Paulus' erstem Brief an die Korinther ist das größte Liebesepos, das je geschrieben wurde. Würden Männer und Frauen über die tiefe Bedeutung dieser Verse nachsinnen, die zu den großartigsten Abschnitten in der Bibel gehören, würde sich ihr Leben grundlegend ändern. Es ist nur allzu wahr, dass Menschen gern hochtrabende Ausdrücke benutzen, herrliche Gedichte schreiben und wunderbare Predigten halten, aber wenn diese Worte nicht mit Liebe und Gefühl durchdrungen sind, bleiben sie hohl und schal.

Kürzlich erzählte mir ein Mann, seine Mutter liege im Sterben. Seine Schwester eilte zu ihm, und so gingen beide ins Krankenhaus, wo sie mit erhobener Stimme zu beten begann. Er sagte, ihre Worte seien wohlklingend, poetisch und eindrucksvoll gewesen.

Danach fragte sie ihn: »Waren diese Worte denn nicht wunderschön?«

»Ja, meine Liebe, das waren sie«, erwiderte er.

Auf dem Weg zum Ausgang wandte sich seine Schwester ihm plötzlich zu und meinte: »Mutter hat keine Chance, armes Ding! Sie wird bald sterben.«

Das habe ihn förmlich schockiert, berichtete er mir.

Diese Geschichte veranschaulicht genau den Sinn des obigen Verses. Liebe *ist* Freiheit. Die von jener guten Frau benutzten Worte waren zwar schön und in ihrer Weise aufrichtig, zugleich aber … *ein tönend Erz oder eine klingende Schelle.* Damit Worte wirken, müssen sie als wahr *empfunden* werden. Es ist notwendig, die eigenen Aussagen mit Leben, Liebe und Gefühl zu erfüllen.

Die Frau war nicht wirklich barmherzig. Barmherzigkeit ist gleichbedeutend mit Liebe. Liebe ist das universale Bindemittel. Sie ist jenes tiefe Gefühl der Einheit mit dem Vater von allem, der Allmächtigen Kraft, und dem Leben in seiner ganzen Fülle. Ebendeshalb müssen wir im Gebet eins werden mit diesem Ideal der Vollkommenheit.

Was die Mutter betrifft, die sterbenskrank im Krankenhaus liegt, so dürfen wir sie weder als krank noch als leidend betrachten. Vielmehr müssen wir barmherzig oder liebevoll sein und sie als vollkommenes Geschöpf wahrnehmen, als Kind des Unendlichen, ausgestattet mit sämtlichen Eigenschaften und Merkmalen Gottes.

Die Liebe macht frei, öffnet Gefängnistüren, befreit die Gefangenen und Geknechteten. Sie schenkt »Schmuck statt Asche, Freudenöl statt Trauerkleid, Lobgesang statt eines betrübten Geistes« (Jesaja 61, 3), damit wir zu Verkörperungen der Rechtschaffenheit werden.

Bei seiner schwerbehinderten Mutter wendete ein Sohn folgende einfache Methode an: Er sah sie nicht als Krüppel, sondern besann sich auf seine Barmherzigkeit, in der die Liebe Gottes oder das Gute zum Ausdruck kommt. Dieser junge Mann beseitigte seine falsche Überzeugung hinsichtlich der Mutter durch Göttliche Liebe. Er beschloss, wieder wie ein kleines Kind zu werden, und verwarf all seine vorgefassten Meinungen über die Medizin, ärztliche Urteile, mütterliche Einstellungen usw.

Zweimal täglich sprach er ein schlichtes, ebenso direktes wie spontanes Gebet: »Das Leben meiner Mutter ist Gottes Leben; es strömt jetzt durch sie als Harmonie, Gesundheit und Frieden. Es gibt nur das *eine* Leben, und dieses ist Gott. Gott ist Leben.« Zu sich selbst sagte er: »Wie könnte dieser Fluss des Lebens eingedämmt werden?« Und er folgerte: »In Wirklichkeit kann das nicht sein. Mutter glaubt eine Lüge und erfährt am eigenen Leib die Konsequenzen ihrer falschen Überzeugung. Die Wahrheit aber lautet: Gott geht und spricht in ihr. Sie wird geheilt, ganz und vollkommen gemacht – jetzt, in diesem Augenblick!«

Jeden Abend vor dem Einschlafen küsste er seine Mutter in Gedanken und spürte ihre innige Umarmung. Dann hörte er, wie sie zu ihm sagte: »Mein Sohn, ein Wunder ist geschehen. Gott hat mich geheilt, und ich kann gehen. Ist das nicht wunderbar?«

Er erwiderte: »Ja, Mutter. Sein Name *ist* ›Wunderbar‹!« So schlief er ein in den Armen des Absoluten Liebenden.

Dieser Mann sprach wahrlich mit Engelszungen. Der Engel versinnbildlicht die neue geistige Ausrichtung, eine neue Wahrnehmung von Gott oder dem Guten. Der Engel ist gleichsam der *Blickwinkel*, aus dem wir Gott betrachten. Der Mann nahm den Blickwinkel ein, dass es nur *eine* Gegenwart und *eine* Macht gibt und dass sie nun zu seinen Gunsten wirksam wird. Niemand kann den Allmächtigen zurückhalten oder ihn fragen: »Was hast du getan?«

Die Liebe macht frei.

3

Und wenn ich weissagen könnte und wüsste alle Geheimnisse und alle Erkenntnis und hätte allen Glauben, sodass ich Berge versetzte, und hätte der Liebe nicht, so wäre ich nichts.

Korinther 13, 2

Die Liebe ist jene subtile Schwingung, die vom Menschen ausgeht und bei der er ein Gefühl von Einheit mit allem Leben empfindet. Viele Leute sind auf vielerlei Weise gesegnet, aber oft fehlt ihnen etwas. So sind sie zum Beispiel nicht imstande, Frieden, Harmonie und Liebe auszustrahlen.

Wenn wir das Getreide, die Gräser und Bäume, die Knospen an den Zweigen und Früchte wachsen sehen, Schafe und Rinder beobachten, die im Tal grasen, oder das Singen und Lachen von spielenden Kindern hören, sollten wir dabei an die Liebe Gottes erinnert werden. Die Unendliche Vorsehung sorgt für den reibungslosen Ablauf des Ganzen; daher können wir ruhigen Gewissens davon ausgehen, dass Liebe die Welt regiert. Obwohl der Mensch Gott nicht sehen kann, hat er doch das Universum und Seine Werke vor Augen. Wenn er Ihn sucht, wird er Ihn finden.

Wenn der Mensch im Nächsten nach Liebe sucht, wird er sie finden. Wenn wir die Welt richtig betrachten, werden wir jene Fülle des Lebens finden, von der Jesus spricht. Die Welt stellt Gottes Denken dar. Die Liebe ist ein Symbol der Einheit mit Gott, mit dem Leben und allen Dingen.

Alle Wesen haben den Drang, zur Quelle zurückzukehren. Die Reise zurück zu Gott führt von der bedingten Liebe auf der hiesigen Ebene zum Unbedingten – zu Gott, dem Absoluten Liebenden. Alle Formen, die wir in der Welt wahrnehmen, verkörpern die unendliche Vielfalt der Gedanken des Einen, Schönen und Guten. Die Liebe erhält und beseelt sie alle; denn es ist die Allumfassende Lösung, die sämtliche Dinge in symmetrischer und harmonischer Ordnung miteinander verbindet.

In der Welt gibt es nur Schönheit. Jedes Atom im Raum ist unbeschreibliche Schönheit, weil Gott Schönheit ist. Darüber hinaus tanzt jedes Atom zum Rhythmus der Götter. Die Sterne und die Planeten wie auch die Erde, auf der wir uns bewegen, sind Symbole jenes Bogens im Himmel, der Gottes Bündnis mit allen Menschen darstellt, wodurch Er Ordnung, Proportion und Präzision ins Werk setzt.

Die Welt mit allen darin enthaltenen Wesen und Dingen ist Gottes Handschrift auf dem Bildschirm des Raumes. Wer Ohren hat, der höre, so wird er schweigen und lauschen. Er wird die Musik der Sphären vernehmen und die Tiefgründigkeit des Göttlichen Gesetzes verstehen. Wenn er in die Welt hinausblickt, wird er anders sehen und hören und erkennen, dass wir alle Gottes Kleider sind, die Er trägt auf der Reise durch die Illusion von Zeit und Raum – und dass jeder von uns hier ist, um sich seiner selbst bewusst zu werden.

All die Sterne, Sonnen, Monde, Meere, Berge und anderen Dinge, die wir erblicken, sind Symbole noch größerer Dinge – Archetypen einer transzendenten Vollkommenheit oder Zeugen der Wahrheit, die seit jeher und für immer Gültigkeit hat.

Wir mögen wunderbare Werke schreiben, die von der ganzen Welt bewundert werden; aber ihre Seiten sind leer, wenn wir keine Liebe im Herzen tragen. Ehre gebührt nicht dem Menschen, sondern allein Gott.

Das gilt auch für jenen Soldaten, der für seinen Wagemut und seine Tüchtigkeit im Kampf viele Medaillen verliehen bekam. Seine Uniform war mit Orden bedeckt, und jeder dachte, er sei äußerst glücklich und stolz. Doch bei einer Feier zu seinen Ehren vertraute er Freunden an: »All das bedeutet mir nichts. Nichts wünsche ich mir mehr als die Liebe einer jungen Frau, die mich aber nicht länger will. Ich liebe sie und möchte von ihr geliebt werden.« Sein Herz war voller Sehnsucht; er wusste instinktiv und intuitiv: Die Liebe Gottes bestand nicht darin, dass man ihm für das Töten anderer Menschen Orden anheftete. Er muss gefühlt haben, dass wir ohne Liebe nicht leben können und dass die Liebe ein Gegenüber braucht.

Leben ist Lebendigkeit und Großzügigkeit. Liebe ist der äußere Strom des Lebens; dieser Strom muss harmonisch und rhythmisch, freudvoll und friedlich sein und auf ebenso positive wie konstruktive Weise zum Ausdruck gebracht werden. Der Mensch muss mit dem Unendlichen in Einklang sein. Er muss jene Tätigkeit finden, die er liebt, und sie ausführen; dann wird er glücklich sein und ein Gefühl von Freiheit und froher Erwartung verspüren. Er schaut nicht mehr auf die Uhr, sondern findet Freude in der Vollendung seiner Aufgabe und im Dienst am Nächsten. So ist für ihn die Arbeit keine Qual, sondern ein Vergnügen.

Kürzlich plauderte ich während eines Fluges mit einem Mann, der als großer Prophet und international bekannter Schriftsteller gilt. Viele seiner Prophezeiungen haben sich in den letzten Jahren bewahrheitet. Er verfügt über einen unerschütterlichen Glauben an sich selbst und hat seine Fähigkeiten eindrucksvoll unter Beweis gestellt. Dennoch gestand er offen seine Feindseligkeit und Bitterkeit gegenüber den Mitgliedern einer bestimmten Hautfarbe ein.

Wie der oben zitierte zweite Vers im 13. Kapitel des ersten Korintherbriefes belegt, hatte dieser Mann ungeachtet all seiner wunderbaren Gaben keine Liebe. Deshalb heißt es dort: »… so wäre ich nichts.« An anderer Stelle schreibt Paulus: »Hier ist nicht Jude noch Grieche, hier ist nicht Knecht noch Freier, hier ist nicht Mann noch Weib …« (Galater 3, 28). Liebe kennt keine Grenzen zwischen Konfessionen, Hautfarben, Geschlechtern. Sie ist universell, befreit und gibt. Sie ist der Geist Gottes oder Güte, Wahrheit und Schönheit.

Schließlich gab der Mann zu, dass ihm genau jene unpersönliche Liebe fehlte, die Frieden auf Erden ist und Gutwilligkeit gegenüber *allen* Menschen.

Wir müssen jeden lieben, wenn auch nicht unbedingt mögen. Diese Liebe ist weise: Wir erfreuen uns daran, dass sich alle Menschen redlich weiterentwickeln, dass Gottes Frieden ihre Seelen erfüllt, dass sie in Geist und Körper gedeihen und in ihren Angelegenheiten Erfolg haben. Wir sind froh, dass das Gesetz Gottes oder des Guten für sie, durch sie und rings um sie wirksam wird.

Das ist Liebe oder jene unpersönliche Gutwilligkeit, die wir an alle Wesen ausstrahlen sollten. Sie gleicht einem Herdfeuer, dessen Wärme nicht einen Teil des Zimmers bevorzugt oder begünstigt, sondern sich gleichmäßig verteilt und überallhin dringt. Liebe hat weder Höhe noch Tiefe, sie kommt nicht und geht nicht, sondern erfüllt den ganzen Raum. *Sie ist.* Die Alten bezeichneten Gott als die Liebe selbst.

Es gibt nur ein wahres Glück, und es besteht darin, die Gegenwart Gottes in die Praxis zu übertragen. Wir fangen an, ein freudvolles Leben zu führen, wenn wir, frei nach Shakespeare, Predigten in Steinen, Zungen in Bäumen, Lieder in Bächen und Gott in allem (vgl. *Wie es euch gefällt*, II, 1) wahrnehmen.

4

Und wenn ich alle meine Habe den Armen gäbe
und ließe meinen Leib brennen und hätte
der Liebe nicht, so wäre mir's nichts nütze.

Korinther 13, 3

Erklären wir diesen Vers durch die folgende wahre Geschichte. Vor vielen Jahren, als ich im Park Central Hotel in New York City eine Reihe von Vorträgen hielt, kam eine Frau auf mich zu und sagte: »Ich arbeite täglich fürs Rote Kreuz, spende Geld an alle möglichen Wohltätigkeitsorganisationen, gebe Nähkurse, besuche Krankenhäuser, fahre Kriegsveteranen durch die Stadt und so weiter, und doch passiert mir ein Unglück nach dem anderen. Betrachten Sie nur meine Finger: Sie sind so stark entzündet, dass ich nicht einmal die Ringe abziehen kann. Der Arzt nennt das rheumatoide Arthritis. Warum? Warum? Ich liebe so sehr und gebe so viel!«

Im Grunde hatte die Frau keine Liebe, also nutzte ihr dies ganze Tun nichts. Während unseres Gesprächs stellte ich fest, dass sie von allen gelobt werden und ihr Foto in der Zeitung sehen wollte. Sie verzehrte sich geradezu nach den schmeichelnden Bemerkungen ihrer Kollegen. Dabei vergaß sie die wohlbekannte Warnung: »Wenn du aber Almosen gibst, so lass deine linke Hand nicht wissen, was die rechte tut, auf dass dein Almosen verborgen sei; und dein Vater, der in das Verborgene sieht, wird dir's vergelten« (Matthäus 6, 3–4).

Die Menschen aber wollen das Lob von ihresgleichen empfangen. Die andern sollen sagen: »Was für ein toller Kerl!«; »Sie ist wirklich großzügig!«; »Wie uneigennützig!« Diese Schmeicheleien befriedigen das Ego derer, die weltlich gesinnt sind. Ihnen gilt die Warnung, nicht im Diesseits um Anerkennung zu buhlen,

»ihr habt sonst keinen Lohn bei eurem Vater im Himmel« (Matthäus 6, 1).

Die Handlungen jener Frau waren zwar gut gemeint und richtig, aber sie kamen nicht wirklich aus dem Herzen. Sie tat solche Dinge nicht um der Freude, Liebe und Gespanntheit willen, andere zu beglücken und zu befreien. Ihre Motive waren nicht rein und edel. Sie vergaß, dass es bei den Menschen weder Ehre noch Herrlichkeit gibt, denn diese verleiht allein Gott. Daher müssen wir unsere Motive stets genau überprüfen.

Im Grunde war das Denken der Frau von Mangel und Begrenzung geprägt. Wenn sie ihre Geschenke verteilte, hoffte sie insgeheim auf Leid, Tragödie und Unheil jeder Art; das kann man nicht als Göttliche Liebe bezeichnen.

Oft tun die Leute etwas für den anderen und fragen dann: »Bist du dafür nicht dankbar?« Sie erwarten eine Gegenleistung. So ist der Dank zugleich eine Verpflichtung. Wenn wir also jemandem einen Dienst erweisen oder ein liebevolles Geschenk bereiten, sollten wir ihn zu nichts verpflichten. »Und wenn ich alle meine Habe den Armen gäbe und hätte meinen Leib brennen und hätte der Liebe nicht …«

Die Frau hätte ihre guten Werke freiwillig, frohen Herzens und gebefreudig tun sollen, ohne dafür etwas zu erwarten. Eine bloße »Abgeltung« wäre kein Geschenk. Das Geschenk der Liebe ist an keine Bedingungen geknüpft, sondern so frei wie der Wind. Ob in Form von Arbeit, Dienstleistung, Geld oder Gedanken dargebracht, es wird auf vielfältige Weise erwidert. Den Empfänger soll dies überraschen, ergreifen und überwältigen …

Ein weiterer Fall, mit dem ich vor ein paar Jahren zu tun hatte. Eine extrem besitzergreifende Frau beklagte sich mir gegenüber, sie habe Böden geschrubbt, um ihre Tochter aufs Pensionat schicken zu können, damit sie dort zu einer kleinen Dame würde wie die anderen jungen Frauen in der Nachbarschaft.

»Ich hab mich total abgerackert, jeden Pfennig zweimal umgedreht und Ringe verkauft, die mir mein inzwischen verstorbener

Mann geschenkt hatte. Und was meinen Sie, was diese undankbare Tochter gemacht hat? Sie lief weg, heiratete einen jungen Arzt und ist mit ihm nach Südamerika ausgewandert! Noch nie hat sie mir eine Postkarte geschickt. Ich bin außer mir vor Wut und könnte sie auf der Stelle erwürgen!«

Ich fragte, welches Verhalten sie von ihrer Tochter erwartet habe.

»Nun«, sagte sie, »nach allem, was ich für sie getan habe, wollte ich, dass sie nach Hause zurückkommt und sich um mich kümmert, wenn ich alt bin; dass sie eine anständige Arbeit findet und mich unterstützt. Oder wenn sie schon einen Reichen heiratet und woanders hinzieht, dass sie mich mitnimmt und bei sich unterbringt. Wissen Sie, meine Tochter braucht mich, und ich liebe sie über alles!«

Ich weihte diese Frau in die Wahrheit ein, und dadurch wurde sie geheilt. Lächelnd und mit dem Strahlen des Grenzenlosen Lichts in den Augen verabschiedete sie sich von mir. Ich hatte ihr nämlich erklärt, wenn sie ihr Kind wirklich liebe, erfreue sie sich auch an deren neuem Glück. Dann bat ich sie, für die Tochter zu beten im Wissen, dass die Liebe jedes Atom ihres Wesens durchdringt, sie umgibt und zur Entfaltung bringt. Außerdem solle sie, statt sich *verletzt* zu fühlen und ihren eigenen Leib *brennen* zu lassen – also Groll gegen die Tochter zu hegen –, ihr liebevolle und friedliche Gefühle übermitteln. Auf diese Weise werde der Groll automatisch verschwinden.

Die Liebe vertreibt den Hass. Beide können nicht nebeneinander bestehen. »Die völlige Liebe treibt die Furcht aus« (1. Johannes 4, 18). Hass ist Furcht. Diese Mutter erkannte, dass Liebe Freiheit ist – und dass sie, wenn sie ihr Kind wirklich liebt, ihm in Gottes Armen die Freiheit schenkt, wohlwissend, dass Seine Liebe ihm vorangeht und sofort einen sicheren, vollkommenen Weg ebnet. Sie verstand, dass ihr Einsatz für die Tochter eine Arbeit aus Liebe hätte sein sollen und dass es ihr nun große Freude bereiten müsse, sie glücklich gemacht zu haben. So sah sie entzückt, wie ihre Tochter förmlich aufblühte, Seelenfrieden, Gesundheit und Glück ausstrahlte.

Die Tochter zu lieben bedeutete, sie *loszulassen*, ja *zu verlieren* in der Gewissheit, dass Gott zugleich ihr Vater ist und ihre Mutter und sie mit Seiner Liebe umhüllt. Als die leibliche Mutter das begriffen hatte, erschien ihr die Freiheit der Tochter als höchstes Gut. Sie war glücklich, weil die Tochter glücklich war, schickte ihr Glückwünsche durch den Raum und betete aufrichtig für deren Seelenfrieden, Sicherheit und Redlichkeit.

Was auf den Teil harmonisch wirkt, wirkt auch harmonisch auf das Ganze, denn das Ganze ist im Teil und der Teil im Ganzen enthalten. Als im Fall der jungen Tochter die Liebe mit ins Spiel kam, war es richtig und gut, dass sie diese annahm. Darin bekundete sich die Harmonie im Teil, die dann wiederum auf die Mutter und alle anderen Menschen ringsum zurückstrahlte. Aufgrund ihrer Beschaffenheit konnte diese Harmonie nur segnen und beglücken. Anstatt der Mutter etwas vorzuenthalten, bescherte ihr die Einsicht in Liebe und Harmonie zugunsten der Tochter vielfache Wohltaten.

Lieben heißt freilassen. Was man liebt, lässt man frei; was man hasst, sperrt man ein. Eine Mutter muss wie die Vogelmutter sein: Wenn ihre Jungen bereit sind, sich in die Lüfte zu schwingen, stößt sie diese aus dem Nest, damit sie von allein fliegen lernen. Mütter müssen also ihre besitzergreifende Art gegenüber ihren Kindern aufgeben; sie dürfen nicht mehr denken, alles am besten zu wissen.

Eltern müssen ihre Kinder mit der Wahrheit des Seins vertraut machen, ihnen zeigen, wie man gezielt und erfolgversprechend betet und darüber hinaus unabhängig wird. Mütter dürfen nicht erwarten, dass die Töchter ihr eigenes Zuhause und ihre Familie opfern, um sie zu beherbergen und zu bemitleiden. Diese Einstellung hat sowohl Eltern als auch Kinder in endlose Verwirrung gestürzt und das Leben vieler Menschen zerstört.

Deshalb sprach Jesus davon, Vater, Mutter, Bruder und Schwester zu verlassen und Ihm zu folgen. Sein Reich ist das der Wahrheit, und sie bedeutet Weg, Leben, Suche und Ziel. Die Wahrheit bringt den Sanftmütigen gute Nachrichten, heilt gebrochene Herzen und verkündet den Geknechteten die Freiheit.

Väter und Mütter dürfen sich um ihre Kinder niemals Sorgen machen; das würde nur von Gefühlen der Angst, des Mangels und der Begrenzung zeugen. Wenn Kinder die Gesetze des Lebens nicht kennen, empfinden und verinnerlichen sie solche Regungen der Eltern, was auf sie äußerst nachteilige Auswirkungen hat.

Der Blinde führt den Blinden, und beide fallen in den Graben. »Ich bin jung gewesen und alt geworden und habe noch nie den Gerechten verlassen gesehen und seine Kinder um Brot betteln« (Psalm 37, 25). Das heißt, wenn Eltern die Wahrheit leben, dann sehen sie ihre Kinder als edle, würdevolle Wesen, die Christus ähnlich sind. Sie sollten die Überzeugung hegen, dass ihre Kinder auf rechtschaffene Weise größer werden; nach dieser Überzeugung wird ihnen auch geschehen.

Sie müssen ihre Kinder in das Gewand der Rechtschaffenheit und die Robe des Heils kleiden; so werden Söhne und Töchter nie um Brot betteln und folglich nie etwas tun, das Gott oder ihren Eltern Schande bereitet. Vielmehr werden sie aufwachsen gemäß der inneren Verfassung oder Überzeugung ihrer Eltern, die sie in Göttliche Liebe gehüllt und erkannt haben, dass die Aura Gottes auch sie selbst umgab, nährte und zur Entfaltung brachte. Nur dann können die Kinder zwangsläufig Liebe widerspiegeln.

»Was du säest, das musst du auch werden: Gott, wenn du Gott säest, Staub, wenn du Staub säest« (Angelus Silesius). Die tief empfundene Liebe zu ihren Kindern müssen Eltern auf ein unwiderrufliches, unveränderliches Gesetz beziehen: »Suche, so wirst du finden.« Auf diese Weise sehen sie in ihnen Gott oder die Grenzenlose Liebe zum Vorschein kommen.

5

Die Liebe ist langmütig und freundlich,
die Liebe eifert nicht, die Liebe treibt nicht
Mutwillen, sie blähet sich nicht …

Korinther 13, 4

Kürzlich erzählte ein Mann einem kleinen Mädchen, dessen verstorbener Vater sei auf eine Reise gegangen und es werde ihn in der Zukunft wiedersehen. Dafür wurde der Mann von einigen Leuten kritisiert; doch er wählte die sanfte Art und machte das Mädchen glücklich. Außerdem sprach er die Wahrheit aus. Der Vater des Kindes hatte eine Bewusstseinsreise in die vierte Dimension angetreten, und dank der Liebe wird es ihn wiedersehen und mit ihm sprechen. Beide werden – wie Dunne sagt – in der Symphonie der Schöpfung zusammen spielen …

»Die Liebe ist langmütig und freundlich …« Ja, die Liebe erträgt alles, dauert ewig fort und ist unauflöslich. Nichts kann sie durchtrennen oder entzweibrechen, denn sie ist eine Eigenschaft Gottes. Die Liebe bleibt immer gleich – gestern, heute und für alle Zeit; sie ist weder veränderbar noch wechselhaft. Die Liebe *ist*, und alles, was ist, ist Liebe. Wenn wir sanft und freundlich sind, ist immer die Liebe am Werk. Daher müssen wir uns fragen: Was kann ich sagen oder tun, um der Freundlichkeit Ausdruck zu verleihen? Genau darin liegt die Wahrheit.

»Die Liebe eifert nicht …« Wer die Gesetze des Lebens kennt, wird den anderen niemals beneiden. Auch ist er nicht eifersüchtig, denn er weiß, dass er zu der gleichen Göttlichen Quelle gehen kann wie der andere, um all das Gute zu beanspruchen, das er sich wünscht. Wenn er glaubt, wird ihm gegeben. Wer das versteht, kann weder neidisch noch eifersüchtig sein. Er weiß, dass

Gott unpersönlich ist und zwischen Menschen keinen Unterschied macht.

»Wohlan, alle, die ihr durstig seid, kommt her zum Wasser! Und die ihr kein Geld habt, kommt her, kauft und esst! Kommt her und kauft ohne Geld und umsonst Wein und Milch!« (Jesaja 55, 1). Der einzige Preis, den wir zahlen, ist der Glaube, und dieser kostet nichts. Die geistig-seelischen Eigenschaften des anderen, seine Reichtümer und Besitzungen, seine Frau oder sein Zuhause sollen daher nicht begehrt werden. All das kann man ebenfalls haben, indem man sich der gleichen Göttlichen Quelle zuwendet und sie nachdrücklich darum bittet.

»Wollt ihr mir Befehl geben wegen des Werkes meiner Hände?« (Jesaja 45, 11). Unser *Befehl* besteht einfach darin, dass wir uns vorstellen, das Ersehnte zu besitzen, und dann schweigsam ausharren, wohlwissend, dass es im Reich der Wirklichkeit bereits existiert. Gehen wir im Licht dieser Annahme über die Erde, wird es unerwartet auftauchen als eine Eigenschaft des Geistes oder in Gestalt eines Besitzes, eines geliebten Wesens, eines Zuhauses und dergleichen.

»Die Liebe treibt nicht Mutwillen …« Der gebildete Mensch, dem das Wissen von der Wahrheit fehlt, offenbart eine ganze Reihe verkehrter Beweggründe, um vor sich zu verbergen, dass er selbst nicht so ist, wie er eigentlich zu sein wünscht. Er ist eitel, rechthaberisch und anmaßend. Eine Handlung aus unlauterem Motiv bezeichnet er als nobel, denn die Einsicht, wie schändlich es eigentlich war, würde ihn beschämen. Wir müssen also diese verfehlten Motive aufdecken und unseren falschen Stolz ablegen, um stolz sein zu können auf unsere Beziehung zu Gott, der einzigen Gegenwart und einzigen Macht.

»… sie blähet sich nicht.« Das heißt, wir müssen uns von dem Gefühl der eigenen Wichtigkeit, unserem Standesdünkel und Klassenbewusstsein ebenso frei machen wie von der Einbildung, den anderen geistig überlegen zu sein. Ein großer Mensch ist immer ein demütiger Mensch. Der größte Arzt ist in der Regel behutsam, freundlich, liebenswürdig und verständnisvoll.

Der wirklich große Mystiker ist zutiefst bescheiden, denn er weiß, dass alle Weisheit, Kraft und Intelligenz von dem Einen kommen – dem Vater des Ganzen. Wenn so jemand sagt: »Unser Vater«, dann meint er es auch. Er weiß also, dass wir einen gemeinsamen Vater haben und demnach Brüder und Schwestern sind, dass wir vom Göttlichen abstammen und damit dem größten Familienstammbaum überhaupt angehören – dem der Menschheit –, gründend auf der Formel ICH BIN.

Der einzigartige, unteilbare Baum des Lebens steht in der Mitte des Gartens Eden. Sämtliche Mitglieder der menschlichen Familie sind ihrem Wesen nach in diesem Ewigen Baum verwurzelt. Wir werden genährt durch den Saft, der aus der Weisheit des Vaters strömt. Der Weihnachtsbaum ist ein Abbild davon: Wir, die Kinder, sind ringsum versammelt, um die Gaben zu empfangen und zu genießen, die von seinen Zweigen fallen.

Das Fleisch, das wir verspeisen, ist die Materialisierung der Allmächtigen Kraft; das Brot ist das Manna – oder das Zeugnis göttlicher Ideen –, das uns im Innern erfüllt; der Wein ist die Inspiration von hoch oben; und die Frucht ist die Freude über das beantwortete Gebet. Wir wissen, dass jenes Gesetz Gott ebenso dient wie den Menschen. Mit anderen Worten: Wir sitzen an der Tafel Gottes, und das Festmahl ist stets bereitet.

6

… sie stellet sich nicht ungebärdig,
sie suchet nicht das Ihre, sie lässt sich
nicht erbittern, sie rechnet das Böse nicht zu,
sie freuet sich nicht der Ungerechtigkeit,
sie freuet sich aber der Wahrheit …«

Korinther 13, 5–6

Wer im Bewusstsein der Liebe lebt, tut immer das, was dem Wohlergehen aller entspricht. Er leistet seinen Beitrag für eine bessere Gesellschaft und unternimmt nie etwas, das die Harmonie des Ganzen stören würde. Sein Verhalten ist freundlich, respektvoll und höflich; seine Gegenwart wirkt besänftigend, tröstlich und fördert den Frieden.

Wo immer dieser Mensch sich aufhält, wird er dem Nächsten unvoreingenommen gegenübertreten, ohne nach Hautfarbe oder Glaubensbekenntnis zu unterscheiden. Er liebt die anderen und erkennt, dass Gott jedem Menschen innewohnt; also ist er eins mit dem Gott aller. Sie werden dies spüren und ihn in der gleichen Weise behandeln.

»… sie suchet nicht das Ihre …« Es genügt nicht, die Liebe des Partners zu erwidern. Man muss den Besitzanspruch in der eigenen Liebe aufgeben und sie grenzenlos ausdehnen, damit *alle* Menschen in ihr eingeschlossen sind.

Liebe bedeutet Freiheit und Achtung. Wenn ein Mann seine Frau wirklich liebt, wird er ihr vertrauen und von ihrer Aufrichtigkeit und Rechtschaffenheit vollauf überzeugt sein. Er darf sich ihr gegenüber nicht ungehörig benehmen, nur weil sie mit einem anderen Mann zu Abend gegessen hat; noch sollte sie zögern, ihrem Mann davon zu erzählen. Er wird ihr dann keine geschmacklosen Fragen stellen oder »eine Szene machen«, sondern sich dem Anlass gemäß verhalten. Er bleibt ruhig und gelassen in der Gewissheit: »Was denn Gott zusammengefügt hat, soll der Mensch nicht scheiden« (Markus 10, 9). Das heißt, ihre Ehe ist eine geistige Verbindung, die im Himmel geschlossen wurde; daher kann weder der Mann noch die Frau noch eine andere Macht sie zerstören. Dieses Wissen fühlt die Frau sofort und reagiert dementsprechend. Dabei muss sie seiner Überzeugung im Hinblick auf ihre Person stets gerecht werden.

Welche Vorstellungen hegt ein Mann in Bezug auf seine Frau? Möge er sie immer so sehen wie beim ersten Mal. Auf diese Weise kleidet er sie in das Gewand der Herrlichkeit und der Schönheit. Ja, dies ist das Gewand ohne jede Naht! Möge er zu ihr sagen: »Du bist wunderbar schön, meine Freundin, und kein Makel ist an dir« (Das Hohelied Salomos 4, 7). Aufgrund dieser Einstellung wird sie ihm zwangsläufig Christus widerspiegeln, denn er hat Christus in ihr gesehen und gefühlt: »Was du siehst, das bist du.«

Lassen Sie mich an dieser Stelle die Geschichte einer Frau erzählen, die sich völlig danebenbenahm. Sie war mit einem hingebungsvollen Mann verheiratet und hatte zwei Kinder. Nie kam es in der Familie zum Streit. Doch eines Tages sagte eine Klatschbase aus der Nachbarschaft zu ihr, sie habe deren Mann zweimal mit einer »seltsamen Frau« im Restaurant gesehen und gedacht, er sei mit ihr »verbandelt«. Die Ehefrau geriet derart außer sich, dass sie Hals über Kopf fortlief und nur eine kurze Notiz hinterlegte, die eines der Kinder dem Vater übergeben sollte. Voller Wut und Eifersucht reichte sie die Scheidung ein.

Diese wurde dann auch vollzogen, ohne dass die Frau je den Erklärungen ihres Mannes gelauscht hätte. Monate später erfuhr sie, dass die betreffende Frau die Schwester ihres Mannes war, der er Beistand leistete. Wahre Liebe »lässt sich nicht erbittern«. Die Frau hatte kein Verständnis von Gott, das ebenfalls Liebe ist, und diese »rechnet das Böse nicht zu«. Würden Ehepartner aufhören, einander zu verdächtigen, wäre ihnen die Glückseligkeit auf Erden gewiss.

Nennen wir ein weiteres Beispiel. Zwei junge Menschen heiraten und scheinen ein perfektes Paar zu sein. Doch schon nach wenigen Monaten gehen sie getrennte Wege und lassen sich scheiden. Warum? Einer der Gründe mag darin liegen, dass die Frau ins Büro ihres Mannes geht und dort ein hübsches Mädchen erblickt. Eines Abends kommt er dann spät nach Hause. Anstatt ihm zu vertrauen, verdächtigt sie ihn. Stillschweigend beginnt sie zu befürchten, dass er mit der anderen eine Affäre hat und ihr untreu wird.

Sie spricht mit ihm nicht darüber. Da keiner von beiden die Gesetze des Lebens versteht, passiert genau das, was sie befürchtet. Ihre Überzeugung teilt sich ihm mit, er fühlt sie im Innern. Also wird er unruhig und tut, was er ihrer Auffassung nach tun würde. Sie dreht durch, verlässt ihn und kehrt zu ihrer Mutter zurück. Der Scheidungsprozess nimmt seinen Lauf.

Die Liebe »rechnet das Böse nicht zu«. Mit anderen Worten: Sie sieht stets die Wahrheit Christi. Liebe ist treu bis zum Ende; das Ende ist immer gut, denn Gott ist das Gute.

Eine seit zwanzig Jahren verheiratete Frau schrieb mir aus London einen Brief. Darin teilte sie mit, dass zwischen ihr und ihrem Mann plötzlich heftige Konflikte auftraten, die zum Bruch führten. Noch ehe sie sich über die Situation klar wurde, standen beide vor der Scheidung. Leute hatten ihr erzählt, dass ihr Mann mit einer anderen zusammen sei, was tatsächlich stimmte. Die Frau verlor kein Wort darüber, tat aber Folgendes: Sie betete dafür, dass ihr Mann in Denken und Handeln göttlich geführt werde und dass bei ihm allein die richtige Handlung vorherrsche. Sie ließ ihn los, gab ihn frei und erkannte, dass seine Gedanken, Worte und Taten von Gottes Liebe durchströmt wurden. Sie beschloss, dass Friede seine Seele erfüllt und dass der Unendliche Geist ihm die vollkommene Lebensweise offenbart. »Ich bin der Weg und die Wahrheit und das Leben« (Johannes 14, 6).

Schließlich gab er die andere Frau auf und kehrte in Liebe und Frieden zu seiner Gattin zurück. Sie war eine kluge Frau, denn sie wusste, dass die Liebe befreit und dass sein Glück auch ihr Glück war. Sie behandelte ihn auf unpersönliche Weise und erfreute sich daran, dass alles Gute nun auf seiner Seite war. Sie drängte Gott nicht zu einem bestimmten Eingriff, sondern erfasste Seine tiefe Wahrheit. Das war ein perfekter Beweis für die heilsame Kraft der Liebe. Die Liebe führte beide wieder zusammen. Wie hätte jemand diese Liebe zerteilen können? Denn wahre Liebe ist allmächtig und unteilbar. Wer oder was wäre imstande, sie zu beseitigen?

»... sie freuet sich nicht der Ungerechtigkeit, sie freuet sich aber der Wahrheit ...« Der Anhänger der Wahrheit oder der Christ (dieser Begriff steht für jeden, der das Prinzip der Wahrheit zur Anwendung bringt) freut sich niemals über das Unglück der anderen oder die Niederlage einer ganzen Nation. Unter keinen Umständen hegt er den Wunsch, mit jemandem abzurechnen. Ungerechtigkeit bedeutet Ungleichgewicht, Missklang und Mangel. Der Anhänger der Wahrheit unternimmt und beachtet nichts, was dem Guten – dem der anderen und seinem eigenen – abträglich wäre.

Einige Leute scheinen jedoch aufgrund ihrer groben Unwissenheit gerne über andere zu lästern, indem sie deren Charakter verunglimpfen und sogar vor Verleumdung nicht zurückschrecken. Wer über die (wahren oder vermeintlichen) Schwächen des Nächsten redet und darauf herumreitet, lenkt Beschränkung und Verlust auf sich selbst. Der Grundsatz lautet: Sprich über den anderen so, wie er über dich sprechen soll. Das ist der goldene Weg zu einem freien, glücklichen Leben. Wer dagegen ätzenden Klatsch verbreitet, wird davon in seinem Denken und Fühlen beherrscht. Was also zieht er an? Die Antwort ist einfach: »Wie ein Mensch im Herzen denkt, so ist er« (Sprüche 23, 7). Jemand anders Unheil zu wünschen ist letztlich gleichbedeutend mit einer Lüge.

Wir könnten wie das kleine Mädchen in der folgenden Geschichte sein. Einmal drang ein Einbrecher ins Haus, um den Vater des Mädchens zu ermorden. Die Tochter aber sah nicht den Mörder, sondern einen netten Mann, der ihr vielleicht Süßigkeiten gibt. Sie spielte mit ihm und sang für ihn. Mit Tränen in den Augen und ohne seine schreckliche Tat ausgeführt zu haben, ging der Mann von dannen und war geheilt. Die Liebe erfreut sich an der Wahrheit.

Finden auch wir Freude in der Einsicht, dass alle Menschen der Wahrheit Ausdruck verleihen. Deren Botschaft lautet: Gott wohnt jedem von uns inne. Legen wir Zeugnis ab von dieser Wahrheit, indem wir uns vergegenwärtigen, dass jene, die einander kritisieren und verurteilen, von nun an Liebe, Frieden und Harmonie verkörpern und in immer höherem Maße zum Ausdruck bringen.

7

… sie verträgt alles, sie glaubet alles,
sie hoffet alles, sie duldet alles.
Die Liebe höret nimmer auf, so doch
die Weissagungen aufhören werden und
das Zungenreden aufhören wird und
die Erkenntnis aufhören wird.

Korinther 13, 7–8

Die Liebe erschafft und formt alle Wesen und Dinge. Wenn zum Beispiel zwei Elemente wie Wasserstoff und Sauerstoff zusammentreffen, entsteht Wasser. Die Liebe stellt eine Verbindung her, nicht nur auf der körperlichen Ebene, sondern auch auf der seelischen und geistigen. Sie ist das universale Bindemittel. Werden wir eins mit unserem Ideal, indem wir es lieben; genau darin kommt unsere tiefe Sehnsucht zum Ausdruck.

Die Liebe »verträgt« tatsächlich alles. Ob im Handeln oder beim Beten, wir müssen Liebe im Herzen empfinden, denn wir kommen nicht umhin, das als wahr zu akzeptieren, was unsere fünf Sinne leugnen; auch das ist echte Liebe. Die Liebe ist die Erfüllung des Göttlichen Gesetzes. Wenn wir von der Wahrheit, die wir bekräftigen, überzeugt sind, gibt es keinen Platz mehr für Zweifel.

Der liebevolle Mensch trägt nicht die sogenannten Bürden der Welt auf seinen Schultern, weil er weiß, dass die Welt von *Weisheit* regiert und in ihrem Lauf von der Unendlichen Vorsehung gelenkt wird. Der einsichtige Mensch erkennt, dass alle Menschen – Bettler, Dieb und Heiliger – zu gegebener Zeit die transzendente Herrlichkeit erblicken werden, die Gott ist.

Niemand ist verloren; es gibt keine verlorene Seele. Gott kann sich weder verlieren noch zerstören. »Man wird nirgends Sünde tun noch freveln auf meinem ganzen heiligen Berge ...« (Jesaja 11, 9). Der Brust des Menschen, der die Wahrheit liebt, entspringt immerzu die Hoffnung, und diese Hoffnung ist der unerschütterliche Glaube an das allgegenwärtige und höchste *Gute*.

Wer sich gewissenhaft am Geistigen orientiert, »duldet alles« in diesem Sinn: Er weiß, dass Gott für jedes Problem, das ihm zu schaffen macht, die Lösung kennt. Daher übergibt er seine Bürde dem Christus im Innern, also der Wahrheit. Das heißt, er wendet sich an Gott nicht um des Problems willen – denn die Unendliche Intelligenz hat keinerlei Probleme –, sondern um der Lösung willen. Und siehe da, Gottes Kraft strömt durch das Problem, löst es vollständig auf.

Der aufrichtige Wahrheitssucher wird durch die Unannehmlichkeiten oder Ärgernisse des Alltags nicht niedergedrückt, ja weigert sich, diese Lasten auf sich zu nehmen. Er weiß, dass es einen Ausweg gibt; seine Freude besteht darin, die Schwierigkeit zu meistern. Außerdem ist ihm bewusst, dass die drängenden Herausforderungen für ihn Gelegenheiten sind, die Göttliche Macht im Innern zu entdecken. Er *fühlt* Gott und findet Ihn gut. Er ist *vertraut* mit der einen Kraft. Lächelnd beschreitet er den Weg des Lebens, ein Lied im Herzen. Es ist das Lied des Lammes: *Triumph!*

Wäre das Kreuzworträtsel der Existenz vollständig gelöst und der Mensch nur dazu aufgefordert, die Antworten zu wiederholen, erschiene ihm alles fad und langweilig. Der Reiz liegt gerade darin, das Problem einer Lösung näher zu bringen. Zum Beispiel fasziniert es den Ingenieur, eine Brücke an der Stelle zu erbauen, wo andere scheiterten. Eine derartige Leistung gewährt tiefe Befriedigung.

Wir sind hier, um unsere Göttlichkeit unter Beweis zu stellen. Folglich erdulden wir frohgemut jede Erfahrung in der Gewissheit, dass derjenige, der bis zum Ende durchhält, gerettet wird. Das heißt, anstatt die Probleme verzweifelt anzugehen und zu bekämpfen, lassen wir sie einfach los, kommen zur Ruhe und sagen zu dem Vater im Innern: »Nun, Vater, das ist es, was ich will. Die richtige Antwort ist jetzt mein. Die Unendliche Intelligenz hat es mir offenbart. Danke, Vater!« Wer dies leise, bewusst und gefühlvoll vor sich hin spricht (denn das Gebet ist nichts anderes als ein Zwiegespräch mit dem eigenen höheren Selbst), wird eine Antwort erhalten, umgeben von friedlicher Atmosphäre.

Wir sind hier, um die Lebensfreude zu entdecken. Wir müssen erwachen aus dem Traum der Begrenzung und Seine Sohnschaft einfordern. Wir können das Gesetz des Lebens auf zweierlei Weise nutzen, eingedenk jener Bibelstelle: »Ich bin der Herr … der ich das Licht mache und schaffe die Finsternis, der ich Frieden gebe und schaffe Unheil. Ich bin der Herr, der dies alles tut« (Jesaja 45, 7). Wenn wir es müde sind, das Gesetz des Lebens *negativ* anzuwenden – wenn wir also keine Lust mehr haben, ziellos umherzuwandern oder herumgestoßen zu werden –, stellen wir uns allmählich Fragen: Warum ist dem so? Wo bin ich? Woher komme ich? Wohin gehe ich? Die Unzufriedenheit führt schließlich zur Zufriedenheit. Aus jeder Erfahrung leiten wir ein Gesetz ab. Der Nervenkitzel stellt sich ein, wenn wir neue Entdeckungen machen …

Der Leser dieses Buches würde auch seine unangenehmen Erfahrungen nicht aufgeben wollen. Ich wage zu behaupten, dass jeder trotz allem froh um sie ist, denn dadurch hat er sich dem Göttlichen Licht genähert. »Süß ist die Frucht der Widerwärtigkeit,/Die gleich der Kröte, hässlich und voll Gift,/ein köstliches Juwel im Haupte trägt« (Shakespeare, *Wie es euch gefällt*, II, 1).

Der Mensch in extremer Lage – das ist Gottes Gelegenheit. Wir brauchen nicht zu leiden, machen aber aufgrund unserer Unwissenheit Schmerz und Elend durch. Ralph Waldo Emerson sagt, die einzige Sünde sei Ignoranz und die einzige Strafe die unausweichliche Konsequenz. Wenn der Mensch wirklich Gott findet, wird er gelassen, ruhig und ausgeglichen. Er stellt fest, dass der Einklang mit dem Unendlichen mit der Erkenntnis einhergeht: All Seine Mittel sind angenehm, all Seine Wege sind friedlich.

In dieser objektiven Welt sind wir uns der Gegensätze bewusst – etwa Norden und Süden, Nacht und Tag, Mann und Frau, Kälte und Hitze, Liebe und Hass, Freude und Trauer. Wie würden wir wissen, was Liebe ist, wenn wir nicht eine Träne der Trauer vergießen könnten? Gegensätze sind notwendig für unsere Entwicklung, damit wir die Freude und die Bedeutung des Positiven erfahren. Die positive, affirmative Einstellung gegenüber dem Leben oder der Glaube an alles Gute ist das, was der amerikanische Heilpraktiker und Vorreiter der Neugeist-Bewegung Phineas Parkhurst Quimby als *Christus* bezeichnete. Christus ist jene Weisheit, die Jesus, Moses, Buddha und die erleuchteten Mystiker entdeckt haben – das Wissen von Gott und Seinen Verfahrensweisen. Wenn wir das Gesetz des Lebens kennen, wenden wir es systematisch und wohlüberlegt an, um uns selbst und andere zu segnen.

Wir haben herausgefunden, dass Gegensätze nicht unvereinbar sind. Wir können immer den Garten Gottes aufsuchen – das Heiligste in unserem Innern – und beten und glauben, dass Friede, Gesundheit, Harmonie und Glück unser sind, wenn wir nur darum bitten. Gott ist das Geschenk und zugleich der Geber – und der Mensch der Empfänger. Versunken ins Gebet, können wir also davon ausgehen, dass es beantwortet wird. Wir wissen, dass es im Reich der Wirklichkeit bereits konkrete Gestalt annimmt. Wenn wir noch ein wenig warten, wird diese auf der Bildfläche des Raumes erscheinen.

Die Liebe scheitert niemals, denn wie könnte Gott scheitern? Die Weissagungen, Erklärungen und hohlen Reden scheitern, aber das Bewusstsein der Liebe schützt und behütet, leitet und erleuchtet den Menschen. Diese Liebe äußert sich in dem tiefen und stillen Wissen, das aus dem Herzen aufsteigt. Das Bewusstsein, mit dem eigenen Ideal eins zu sein, wird die Oberhand gewinnen, und das zeigt sich dann auch in der Gemütsverfassung.

Das Gefühl der Liebe oder des Einsseins mit dem Ideal geht nie fehl. Diese Kraft oder geistige Einstellung ist allmächtig, weil sie gleichbedeutend ist mit dem Geist Gottes, der sich in die objektive Welt bewegt.

In der Tat sind die Weissagungen und Erklärungen der Menschen oft falsch, da sie auf Sinneswahrnehmungen, Vorurteilen, ärztlichen Diagnosen oder wissenschaftlichen Analysen beruhen; doch dem subjektiven Selbst des Menschen ist alles möglich. Wenn er also nicht nach dem Schein urteilt, sondern einfach glaubt, dass die Kraft Gottes seine Bitte erfüllt hat, und an dieser Überzeugung festhält, wird er jene Liebe finden, die niemals scheitert.

»… so doch … das Zungenreden aufhören wird …« Wer in einem Krankenhausbett liegt und vor Schmerz schreit, spricht in der Sprache oder aus dem inneren Zustand der Begrenzung und des Mangels. Er kennt weder Gott noch die Wahrheit, denn das Wissen um die Wahrheit macht frei. Deshalb muss diese Sprache oder Empfindung von Mangel aufhören, muss der Mensch sein Bewusstsein ändern. Es hat keinen Sinn, zu Gott zu beten und gleichzeitig zu glauben, dass irgendeine andere Macht das Handeln Gottes umkehren, aufheben oder auslöschen könnte. Diese Form von Gebet ist zwecklos, ja reine Energieverschwendung.

Wir dürfen nicht vergessen, dass sich unsere innere Verfassung im Leben manifestieren wird, ungeachtet all der Aussagen bezüglich der Wahrheit, die wir machen. Folglich müssen sie von Liebe, Gefühl und Überzeugung durchdrungen sein. Mit dieser Einstellung beten wir im festen Glauben, und gemäß unserem Glauben wird uns geschehen. Das Bewusstsein oder das deutliche Gefühl, geheilt zu werden, ist die Allmächtige Kraft, die uns heilt.

Möge der Mensch seine Augen schließen, an Gott denken und einsehen, dass alle göttlichen Qualitäten und Eigenschaften in ihm selbst liegen. Sein eigenes Bewusstsein ist die Allmächtige

Kraft, die zum Vorschein kommt und Gestalt annimmt. Möge er jetzt über die Tatsache nachsinnen, dass er geheilt und vollkommen ist. Möge er sich daran erfreuen, dass jede Faser, jeder Muskel, jeder Knochen, jedes Atom und Elektron seines Seins nun mit dem »Bilde … auf dem Berge« (2. Mose 25, 40) übereinstimmt. Möge er erkennen, dass der Heilige Geist, der ihn durchströmt, der Geist der Allmacht ist und dass der geistige Mensch sich in diesem Augenblick offenbart.

Während er in dieser Weise fortfährt, wechselt er von Sorge und Angst zu Liebe und Frieden. Seine Angst wird verwandelt in das Gefühl von Vertrauen in eine Allmächtige Kraft, die gemäß seinem Gefühl oder Glauben handelt. Dann endet das Zungenreden (die Begrenzung) des Menschen, und das Zungenreden Gottes (Liebe und Frieden) hebt triumphierend an.

»… so doch … die Erkenntnis aufhören wird.« Ja, in Gottes Augen ist das Wissen des Menschen Torheit. Die meisten Pioniere, Erfinder, Künstler und Wissenschaftler wurden einmal von der Welt verspottet, als Träumer und Schwärmer verhöhnt. Die Leute sagten, Radio, elektrisches Licht, Telefon und dergleichen seien unmöglich. Diese und viele andere Erfindungen schienen nicht praktikabel zu sein. Doch die Träumer glaubten an das Unglaubliche; sie waren davon überzeugt, dass das Unmögliche möglich sei. Sie wussten, dass die Liebe – das Gefühl oder die Überzeugung vom Einssein mit dem Guten oder dem Ideal – obsiegen würde. Die Unendliche Intelligenz zeigte den Weg dorthin auf.

8

Denn unser Wissen ist Stückwerk,
und unser Weissagen ist Stückwerk.
Wenn aber kommen wird das Vollkommene,
so wird das Stückwerk aufhören.

Korinther 13, 9–10

Im Ersten Brief des Johannes lesen wir: »Meine Lieben, wir sind nun Gottes Kinder; und es ist noch nicht erschienen, was wir sein werden. Wir wissen aber, wenn es erscheinen wird, dass wir ihm gleich sein werden; denn wir werden ihn sehen, wie er ist« (1. Johannes 3, 2). Wir sind hier, um uns unserer Göttlichen Vollkommenheit bewusst zu werden. Sobald all unsere falschen Überzeugungen und Vorstellungen erloschen sind, ist unser Unterbewusstsein wieder in reinem Zustand. Dann wird Christus – der erleuchtete Mensch – als der Gesalbte erscheinen. Das Bewusstsein (Jesus) und das Unterbewusstsein (Christus) werden verschmelzen, in vollkommener Harmonie vereint sein. Die beiden werden eins; der Teil ist verschwunden. Der begrenzte Mensch ist nun tot und der vollkommene Mensch (Christus) offenbart. So sehen wir uns als Gottes Söhne und Töchter im Schoß des Vaters. Wir sind erwacht!

Der folgende Vers im Korintherbrief bedient sich einer ähnlichen Metaphorik: »Da ich ein Kind war, da redete ich wie ein Kind und war klug wie ein Kind und hatte kindliche Anschläge; da ich aber ein Mann ward, tat ich ab, was kindlich war« (1. Korinther 13, 11). Das heißt, wir dürfen nicht beherrscht werden von kindischen oder toten Gedanken. Millionen aber lassen sich von den Überzeugungen und Meinungen knechten, die sie in der Kindheit und Jugend akzeptiert haben. Ihr kindischer Glaube an den schwarzen Mann unter der Treppe, den Teufel mit Hörnern oder an Hölle und Verdammnis muss abgelegt werden. Mit anderen Worten: Es muss uns die Vorstellung beherrschen, dass wir die Söhne und Töchter Gottes (der Wahrheit) sind.

Dementsprechend verfügen wir auch über die gleichen Eigenschaften und Fähigkeiten wie der Vater. Schreiten wir voran und machen uns Gott gleich, dann erscheint es uns nicht als Diebstahl, Seine Werke zu tun. »Ein jeglicher sei gesinnt, wie Jesus Christus auch: welcher, ob er wohl in göttlicher Gestalt war, nahm er's nicht als einen Raub, Gott gleich zu sein« (Philipper 2, 6).

Wenn ein Kind erwachsen wird, muss es aufhören, die Kraft im Innern auf äußere Dinge zu übertragen, also falsche Götter wie Krankheit, Schmerz oder Armut anzubeten, die durch falsche Gedanken und Überzeugungen sowie Ängste hervorgerufen werden. Dieser Mensch kennt nun die Gesetze des Lebens und weiß, dass er ein Sohn Gottes ist, der Anrecht auf alles Gute hat. Er lässt nie davon ab, seine Sohnschaft zu beanspruchen. Folglich wird ihm klar, dass alle seine Wege angenehm und friedlich sind.

Auch in unserer Liebe müssen wir erwachsen werden. Es hat jedoch den Anschein, dass wir auf der Gefühlsebene noch äußerst unreif sind. Wir dürfen nicht mehr eitel, hochmütig und großspurig sein. Gott ist Liebe; daher ist die Liebe gut in all ihren Formen und Veränderungen. Wenn wir im Ehemann oder in der Schwester immer wieder Fehler sehen, so hat das nichts mit Liebe zu tun. Eifersucht und Ressentiment sind lediglich deren Fälschungen.

Betrachten wir folgenden Fall. Ein bestimmter Mann war dagegen, dass sich seine Frau als schöpferische Künstlerin hervortat. Sie entwarf neue, reizvolle Hüte und wollte im nahe gelegenen Modeatelier eine Stelle annehmen. Die günstige Gelegenheit ergab sich von selbst, doch ihr Mann war derart besitzergreifend, dass er sagte: »Nein, dein Platz ist hier im Haus! Sei da, wenn ich heimkomme!« Sie hatten keine Kinder. Die Frau war frustriert und unglücklich, weil sie den Wünschen des Partners nicht zuwiderhandeln wollte.

Dieser Mann wurde beherrscht von kindischen Gedanken; er wusste nicht, was Liebe ist. Seine Vorstellung von Liebe war nicht ausgereift. Liebe ist Freiheit. Sie leugnet nicht das Recht des anderen, sich selbst zum Ausdruck zu bringen. Hätte der Mann seine Frau wirklich geliebt, hätte er sie jeden Tag ermutigt und sich daran erfreut, dass sie in der Kreation von Hüten ein bestimmtes Maß an Glück fand.

Wenn man den anderen Menschen innig liebt, möchte man ihn glücklich und erfolgreich sehen. In uns gibt es jenen kosmischen Drang, der sich auf immer höheren Bewusstseinsebenen äußern möchte. Daher darf man die Liebe niemals begrenzen, einschränken oder in Ketten legen und sagen: »Deine Aufmerksamkeit richtet sich ausschließlich auf mich, vergiss deine künstlerischen Fähigkeiten.« Diese Selbstbezogenheit beruht auf der Angst vor Verlust. Doch man verliert gerade das, was man nicht wachsen und zur Entfaltung kommen lässt. Zwangsläufig endete der vorliegende Fall vor dem Scheidungsrichter.

Die Frau wurde dann zu einer großartigen Künstlerin, die vielerlei Beiträge für die Welt leistete. Sie fand ihren idealen Ehemann durch das Gebet. Natürlich förderte er ihr Talent, wodurch sie schönere Werke schuf als je zuvor. Beider Sinn für persönliche Freiheit verweist auf die echte, geistige Ehe, in der jeder mit Gott (dem Guten) verheiratet ist, eins mit Ihm in Lebendigkeit und Großzügigkeit.

Ehepartner müssen lernen, einander zu befreien, anstatt sich in Fesseln zu legen. Wenn ihnen das gelingt, sind sie wirklich erwachsen und haben kindische Gedanken überwunden. Die in Vorstellungen, Worten, Taten gegenwärtige Liebe Gottes wird sie auf all ihren Wegen führen. Sein Name ist ihrem Herzen, ihrem inneren Sinn eingeschrieben.

Die Liebe zwischen Mann und Frau ist ein gegenseitiges Gefühl, bei dem ihr subjektives Wesen vervollständigt wird von seinem objektiven Wesen. Sie findet das Ebenbild und die Ähnlichkeit ihrer subjektiven Wünsche in ihm. Die Fülle ihres subjektiven Gefühls verwirklicht sich in einer Ehe, die im Himmel (also im geistigen Bewusstsein) geschlossen wurde.

Erweitern wir unseren Horizont und dehnen unsere Grenzen aus, damit unsere Liebe allmählich zu jener Liebe wird, die Jesus in sich trug. Diese war nicht beschränkt auf Mutter, Vater oder Jünger. Jesus liebte alle Menschen. Das ist die universale Liebe, die den Bettler ebenso einschließt wie den Heiligen – ja sogar den Schächer am Kreuz.

Wir müssen erkennen, dass Gott der Absolute Liebende ist und der Unparteiische, Universale, Göttliche Geber. Er gibt allen Menschen – ungeachtet ihrer Hautfarbe, Konfession oder gesellschaftlichen Stellung – genau das, was sie als wahren Teil ihrer selbst empfinden. Nie fragt er sie: »Was wirst du machen mit den tausend Dollar, die du dir wünschst?« Gott ist der Geber und das Geschenk, der Mensch der Empfänger.

Unser Verständnis von Gott vertieft sich, sobald wir nicht mehr die Teile wahrnehmen, sondern die allem zugrunde liegende Einheit, die in der Vielheit zum Ausdruck kommt. Dann ist unsere tätige Liebe die Sehnsucht der Vielheit nach Einheit. Von der hiesigen Daseinsebene führt unsere Reise zurück zu dem Einen und Seiner Herrlichkeit, die schon vor Erschaffung der Welt bestand. »In Eden warst du, im Garten Gottes, geschmückt mit Edelsteinen jeder Art …« (Hesekiel 18,13).

Durch ihre Heirat gelangen Mann und Frau also auf eine höhere Stufe zur Einheit mit dem Einen, dem All.

9

Wir sehen jetzt durch einen Spicgel
in einem dunkeln Wort;
dann aber von Angesicht zu Angesicht.
Jetzt erkenne ich stückweise;
dann aber werde ich erkennen,
gleichwie ich erkannt bin.

Korinther 13, 12

Ohne Augen können wir nicht sehen, ohne Ohren nicht hören, ohne Verstand nicht denken. Hier und jetzt ein vollkommener Mensch zu werden wäre unmöglich, wenn das vollkommene Ideal nicht schon in uns geschaffen worden wäre. »Wir sehen jetzt durch einen Spiegel in einem dunkeln Wort …« Das heißt, wir sehen nicht die Göttliche Gegenwart – die absolute Vollkommenheit – im Innern, sondern fühlen instinktiv und intuitiv, dass etwas Göttliches in uns vorhanden ist und sich immer stärker bemerkbar macht.

Die Natur liefert Zeichen, die auf künftige Ereignisse hindeuten. Wenn es morgens dämmert, fliehen die Schatten der Nacht. Bevor sich der Jungvogel in die Lüfte erhebt, schlägt er mit den Flügeln, schüttelt sie; das ist das Versprechen, dass er fliegen kann. Der gleiche Prozess findet im Menschen statt. Er liest die Geschichte von Jesus, der hier auf Erden erwachte, sein Einssein mit Gott beanspruchte, seinen Körper entrückte und heimkehrte, um im Schoß des Absoluten Vaters zu wohnen.

Die Menschen wenden sich in Gebet und Verehrung Gott zu. Das Gebet bekundet eine devotionale oder mystische Ehrfurcht, in der wir über unser eigenes ICH BIN nachsinnen. In dieser meditativen Stimmung vergegenwärtigen wir uns das Gute und freuen uns auf die Antwort, die kommen wird. So empfinden wir

Freude vor der Freude, Schönheit vor der Schönheit, Glück vor dem Glück.

Auch der Baum treibt Zweige, Blätter und Blüten aus, um schließlich Frucht zu tragen. Und der Weinstock, ein Meisterwerk von Gottes Hand, spricht mit seinen Sprossen, Ranken und Blütenblättern seine eigene Sprache und verkündet die Freude über die bald reifende Frucht.

Lassen wir uns erleuchten vom Heiligen Geist. Dadurch werden wir zur Geburt des Erlösers geführt; denn da Maria (das Subjektive) ständig von christusähnlichen Gedanken und Idealen durchdrungen wird, verschwindet aus dem Garten Gottes das Unkraut. Auf diese Weise kommt der Bewusstseinszustand des Jesus Christus zum Vorschein.

Jedes aufrichtig formulierte Gebet wird beantwortet; folglich sehen wir Gott (unser Gutes) »von Angesicht zu Angesicht«. Sehen wir das Gesicht des anderen, erkennen wir ihn. Wenden wir uns der Wahrheit zu und erkennen sie, erkennt sie uns; wir werden eins mit der Wahrheit und sind frei.

Das Gebet kann verglichen werden mit dem Gleichnis vom verlorenen Sohn, der zu seinem Vater zurückkehrt. (Auf der symbolischen Ebene bedeutet dies: Das Bewusstsein erkennt die gottähnlichen Kräfte in seinem tieferen Selbst, das auf alles eine Antwort weiß.) Der Vater kritisiert oder verurteilt den Sohn nicht, sondern erwidert dessen Zuneigung und küsst ihn. Er weist ihn nicht zurecht, fragt nicht, warum er von zu Hause weggelaufen ist. Nein, er ist der Absolute Liebende, der alles gibt; er handelt ohne Ansehen der Person.

Wenn wir uns über das eigene Schicksal beklagen, so lautet die Antwort: »Mein Sohn, du bist allezeit bei mir, und alles, was mein ist, das ist dein« (Lukas 15, 31).

In der Bergpredigt steht geschrieben: »Selig sind, die reines Herzens sind; denn sie werden Gott schauen« (Matthäus 5, 8). Wir hören zwar, kein Lebender könne Gott erblicken, aber wer sich auf Tugend und Schönheit besinnt, wird Tugend und Schönheit, Gott und das Gute sehen. Die zutiefst reinen Menschen sehen Gott jeden Tag.

Frieden ist die Kraft im Herzen Gottes. Mit Frieden im Herzen sitzen wir an jener Tafel, an deren Kopfende der Gott der Liebe thront. Er vergisst seine Kinder niemals. Wenn sie ihren Göttlichen Ursprung vergessen und anderswo vergeblich nach ihrem Guten suchen, fühlen sie sich von Gott getrennt. Doch sie brauchen nur zurückzukehren, um sich in der unveränderlichen Gegenwart Gottes wiederzufinden, die ihnen stets innewohnt. Seine Liebe hellt das Dunkel auf. Lächeln wir also; dieses liebevolle Lächeln, das wir einander schenken, erleuchtet Sein Herz.

Wenn die Gedanken sich aufschwingen, spiegelt ein jeder von uns zu einem bestimmten Grad die Herrlichkeit Gottes wider. Sobald der subjektive Zustand des Denkens einzig vom Heiligen Geist beherrscht wird, bezeugt er diese Wirklichkeit in all unseren Äußerungen und Taten. »… *dann aber werde ich erkennen, gleichwie ich erkannt bin …*« So wird der Mensch dann als Gottes Sohn erkannt: »Meine Lieben, wir sind nun Gottes Kinder« (1. Johannes 3, 2).

Während Gott in uns geboren wird, indem wir all unsere falschen Überzeugungen ablegen und all unsere richtigen Gedanken mit dem Heiligen Geist salben, kommen wir in das Licht des Geistes und erkennen, dass Gott und das Göttliche Leben uns tatsächlich immer innewohnen. Von Herrlichkeit zu Herrlichkeit wandernd, werden wir eines Tages erwachen und unser tiefes Selbst entdecken.

Das Höhere Selbst ist wegen der Dunkelheit unserer Gedanken, die es verdeckt, noch verborgen. Wenn wir jedoch das Fenster unserer Seele reinigen, werden Licht und Inspiration eindringen, wird die Göttliche Erleuchtung uns erleuchten. So sehen wir mit geistigen Augen, erblicken ausschließlich Ordnung, Symmetrie, Proportion und Vollkommenheit. Wir erkennen die Wahrheit hinter der Maske, die Göttlichkeit jenseits der Form. Gegensätze werden verschwinden, und übrig bleibt nichts als die Einheit aller Dinge.

Wir werden uns so sehen, wie wir tatsächlich sind, nämlich als einheitliche Wesen im Schoß des Vaters, als Lichter, die zusammen das eine Große Licht ergeben oder die Stille Schöpferische Gegenwart »ohne Anfang und Ende, älter als Nacht und Tag, jünger als das Neugeborene, heller als Licht, dunkler als Dunkelheit, jenseits aller Wesen und Dinge und doch verankert im Herzen von uns allen« (Paul Foster Case). »… denn die Liebe ist von Gott, und wer liebhat, der ist von Gott geboren und kennt Gott« (1. Johannes 4, 7). »So ist nun die Liebe des Gesetzes Erfüllung« (Römer 13, 10). »Ihr sind viele Sünden vergeben, weil sie mir viel Liebe gezeigt hat« (Lukas 7, 47).

Wer erfüllt ist vom Göttlichen Feuer, kann alles schaffen und die feine Essenz der Liebe an alle verströmen. Seine Wünsche werden erfüllt, denn Gott hat ihn beschenkt. Dieses Geschenk besteht in einem umso größeren Reichtum des Lebens, in himmlischer Liebe und dauerndem Frieden. Durch Liebe, die in unseren Herzen aufwallt, die wir allen Menschen und dem Vater entgegenbringen, kommen wir jenem *Uralten* nahe, den der Prophet Daniel (7, 9) in seiner Vision erblickt hat.

10

Nun aber bleibt Glaube, Hoffnung, Liebe, diese drei; aber die Liebe ist die größte unter ihnen.

Korinther 13, 13

Hoffnung ist die Erwartung alles Guten. Das Beste zu erwarten ist fürwahr ein großartiges Gebet. »Es ist aber der Glaube eine gewisse Zuversicht des, das man hofft, und ein Nichtzweifeln an dem, das man nicht sieht« (Hebräer 11, 1). Der Glaube ist jenes innere Wissen, sichere Gefühl oder Vertrauen, das die Form der Verwirklichung bereits in sich trägt. Die Liebe wiederum ist unsere Vereinigung mit dem Ideal, die Erfüllung des Gesetzes, und dieses lautet: Das Formlose Bewusstsein im Innern nimmt gemäß unserem Glauben genau die Form an, die wir im Hinblick auf unsere Person uns vorstellen oder empfinden. Das geschieht durch die Liebe, die im Gebet bewirkt, dass wir von dem Gefühl erfüllt werden, so zu sein, wie wir es ersehnen.

Wenn wir unser Ideal lieben und damit eins werden, entsteht die innere Gewissheit oder Genugtuung, die auf das wahre Gebet folgt. Durch Göttliche Liebe – eine Liebe zu der Wahrheit und den Geheimnissen des Lebens – gewinnen wir intuitiv, also nicht über den Verstand, tiefe Einsichten. Während wir über unsere Einheit mit dem Leben, mit Gott und dem All nachzusinnen beginnen, werden wir uns zunehmend der Göttlichen Gegenwart bewusst.

Wir müssen die heilige Kommunion immer wieder erfahren. Das gelingt uns, indem wir die fünf Sinne beherrschen, Körper und Geist zur Ruhe bringen und unsere tiefe Verbundenheit mit dem erkennen, der *ist*. »Sprich zu Ihm, denn Er hört …« (Alfred Lord Tennyson). Manchmal wird man geblendet von diesem

Licht der Erleuchtung – jenem Göttlichen Feuer, dem die Mystiker huldigen und das das ganze Haus (den menschlichen Geist) erhellt. In solchen Augenblicken sind viele verblüfft von der Strahlkraft des Grenzenlosen Lichts.

Der völlig oder zumindest teilweise erleuchtete Mensch hat einen kurzen Einblick in die wahre Wirklichkeit bekommen. Er weiß nun, dass er unsterblich ist, dass seine Individualität ewig fortdauert und dass jeder eine Verkörperung des Einen Lebens ist. Was immer ihm oder uns geschieht, bleibt aufgezeichnet im universalen Bewusstsein, an dem wir alle teilhaben.

Der Einzelne ist einer von vielen, die das Ganze – Gott – bilden, denn Gott ist der Eine im Vielen, und die Ströme der Vielheit fließen allesamt zurück zu der Einheit, wo sie dieses Einssein mit dem ursprünglichen Strom – der Quelle – fühlen. Nachdem wir das Allumfassende gefunden haben, richtet sich unser Denken an Gott aus; wir sind Seine Mitarbeiter in der großen Symphonie der Schöpfung. So erfreuen wir uns an der Entwicklung und Entfaltung aller Menschen. Diese geistige Einstellung entspricht jener Eigenschaft Gottes, die *Liebe* heißt, denn was wir besitzen, gehört zugleich allen.

Wenn Glück und Erfolg meines Mitmenschen mich froh stimmen, werden sie auch mir zuteil, weil die Liebe niemals fehlgeht. Das ist das Göttliche Maß, das überwältigt, erschüttert und triumphiert. Wenn wir dagegen jemanden verletzen, so verletzen wir auch uns. Warum also sollten wir nicht lieben, da doch die Liebe, die wir anderen schenken, am Ende uns zugutekommt? Dadurch werden wir in die Freiheit entlassen …

Der Mensch selbst ist sowohl der Geber wie das Geschenk und der Empfänger.

Er verkörpert eine Idee, die seinem Bewusstsein innewohnt. Dieses wird ICH BIN genannt. Das ICH BIN jedes Menschen ist das Gleiche, das Gott kennzeichnet. In Ihm leben wir, bewegen uns und haben unser Sein. Daher wollen wir unsere wesentliche Einheit entdecken, das heißt einander lieben und in Weisheit und Verständnis miteinander eins werden. Hören wir auf, Schatten und Schemen – die Dunkelheit unseres Denkens – zu bekämpfen, und erkennen wir den Gott im Innern. Wenden wir uns Ihm lächelnd zu und sagen: »Vater, ich bin nach Hause gekommen.« Sobald wir ruhig werden, spüren und fühlen wir die Sanftheit dessen, der uns liebevoll willkommen heißt. In Seiner Gegenwart werden wir bemerken, dass Sein Leben das Leben all unserer Brüder und Schwestern im Kosmos ist.

Über diese Göttliche Wahrheit nachsinnend, verwandeln wir uns in jedes andere Geschöpf, denn ein jedes sagt auf unterschiedliche Weise: »ICH BIN.« Wir haben herausgefunden, dass alle Wesen gleichsam Erweiterungen unserer selbst sind, das Eine Selbst, unsere eigene Ichheit, das Leben oder die Wirklichkeit jedes Geschöpfs. Gott ist Leben, und Sein Leben ist das des Menschen; solange Er lebt, leben wir. Gott ist das, was war, ist und sein wird; daher leben wir ewig. Wir wissen, dass die Sonnen, Planeten und Monde Gedanken sind und dass unser Bewusstsein jene Wirklichkeit ist, die sie alle am Leben erhält. Einstweilen bewegen sich die Träume der Träumer im Raum; der Kosmos und sämtliche Körper darin sind Gedanken der Denker. Wir haben sie alle berührt. Gott meditiert, und wir sind Seine Meditation. Es ist unser Bewusstsein, das über die eigenen tiefen Geheimnisse meditiert.

Der Wahrheitssucher, der einen Einblick in die Wirklichkeit bekommen hat, ist nicht länger erfüllt von Ängsten und düsteren Vorahnungen. Er fürchtet weder Leben noch Tod nich irgendetwas sonst in Vergangenheit, Gegenwart, Zukunft. Die Liebe hat jede Angst vertrieben. Er wirft die alten Gewänder des Stolzes, des Hochmuts ab, den Flitterkram der Glaubensbekenntnisse, der Dogmen und des Aberglaubens. Er kennt jetzt die Herrlichkeit, die von hoch oben kommt; er fühlt und weiß, dass er in der Ewigkeit wohnt. Sein Bewusstsein, das ihm zu sagen ermöglicht: »Vater«, bewegte sich über das Wasser und sprach: »Es werde Licht!«

Für ihn besteht kein Zweifel, dass »die Morgensterne miteinander lobten und jauchzten alle Gottessöhne« (Hiob 38,7), als er der Sehnsucht seines Bewusstseins folgte.

Ja, der Mensch hat bereits alle Rollen gespielt, ist überall gewesen und hat alles gesehen. Darüber hinaus erschuf das ICH BIN in ihm alles. Wir sind Gott, der in begrenztem Traum über die Erde wandelt, aber wir haben unseren Göttlichen Ursprung vergessen. Sobald wir jedoch erwachen, stellen wir fest, dass die ganze Welt eine Projektion unseres tiefen Selbst ist. Nur in der Wahrheit liegt Göttliche Freiheit, nur in Gott die höchste Macht.

Wir bewohnen die Ewigkeit als unsterbliche Wesen. Um allen Menschen Gottes Liebe zu überbringen, wollen wir unseren Tempel wieder aufbauen im Schweigen jenseits des Lärms und der Hast. Setzen wir in unserem Geist die Regierung der Göttlichen Ideen ein, behütet und gestärkt vom Heiligen Geist; das wird eine Regierung der Weisen sein.

Unser Morgen ist die Widerspiegelung unseres Heute, dessen Abbild und Gleichnis. Gott ist das ewige Jetzt. »Jetzt ist der Tag des Heils!« (2. Korinther 6, 2).

Leben wir mit Liebe im Herzen; dann wird der Pulsschlag der Heiligen Mutter, der heute in uns pocht, uns und die Menschen ringsum morgen beleben. Das Gefühl der Liebe, das jetzt von uns ausstrahlt, wird durch die künftigen Generationen sprechen. Eines Tages werden wir ihre Worte lesen, die für Gott »wie goldene Äpfel auf silbernen Schalen« (Sprüche 25, 11) sind – unser *Wahres Selbst*, das sein soll und sein muss.

Widmen wir diesen Tag unseren Gedanken und Gefühlen, die um Gott kreisen. Kleiden wir uns in das Gewand der Unsterblichkeit und der Liebe. Das Lied des Lammes steigt jetzt in unseren Herzen auf. Die Engel und Erzengel gesellen sich zu uns im himmlischen Chor. Jesus, der Große Dirigent, gibt den Takt vor, und so spielen wir nun alle dank der Liebe im Göttlichen Orchester. »Ein neu Gebot gebe ich euch, dass ihr euch untereinander liebet …« (Johannes 13, 34).

11

Da traten zu ihm die Pharisäer, versuchten ihn und sprachen: Ist's auch recht, dass sich ein Mann scheide von seiner Frau um irgendeiner Ursache willen? Er antwortete aber und sprach: Habt ihr nicht gelesen, dass, der im Anfang den Menschen geschaffen hat, schuf sie als Mann und Weib und sprach (Mose 2, 24): »Darum wird ein Mensch Vater und Mutter verlassen und an seinem Weibe hangen, und werden die zwei ein Fleisch sein?« So sind sie nun nicht mehr zwei, sondern ein Fleisch. Was nun Gott zusammengefügt hat, das soll der Mensch nicht scheiden. Da sprachen sie: Warum hat dann Mose geboten, einen Scheidebrief zu geben, wenn man sich scheidet? Er sprach zu ihnen: Mose hat euch erlaubt, euch zu scheiden von euren Frauen, um eures Herzens Härtigkeit willen; von Anbeginn aber ist's nicht so gewesen. Ich aber sage euch: Wer sich von seiner Frau scheidet, es sei denn um der Hurerei willen, und freit eine andere, der bricht die Ehe. Da sprachen die Jünger zu ihm: Steht die Sache eines Mannes mit seiner Frau so, dann ist's nicht gut, ehelich zu werden. Er sprach aber zu ihnen: Dies Wort fasset nicht jedermann, sondern denen es gegeben ist. Denn etliche enthalten sich der Ehe, weil sie von Geburt an zur Ehe unfähig sind; etliche, weil sie von Menschen zur Ehe untauglich gemacht sind; und etliche enthalten sich, weil sie um des Himmelreichs willen auf die Ehe verzichten. Wer es fassen kann, der fasse es!

Matthäus 19, 3–12

»Habt ihr nicht gelesen, dass, der im Anfang den Menschen geschaffen hat, schuf sie als Mann und Weib …?« Diese Frage verweist auf den dualen Aspekt des Bewusstseins beziehungsweise auf die beiden Phasen oder Funktionen des Geistes: das Bewusste und das Unterbewusste. Das Bewusste wird mit dem Männlichen identifiziert, das Unterbewusste bezeichnet die weibliche Seite der Schöpfung.

Der bewusste Geist ist persönlich und selektiv; der unterbewusste Geist ist unpersönlich und nicht selektiv. Der bewusste Geist besitzt die Macht, dem unterbewussten Geist durch Gefühle bestimmte Ideen und Begriffe einzuprägen. Dieser akzeptiert alle als wahr empfundenen Vorstellungen und verleiht ihnen auf seine Weise, die uns verborgen bleibt, Gestalt und Ausdruck.

Eingedenk dessen wählt der Wahrheitssucher oder Mentalist seine Gedanken sehr sorgfältig aus. Denn sobald wir uns mit einer bestimmten Vorstellung von uns selbst länger befassen, wird unser emotionales Wesen entweder positiv oder negativ beeinflusst. Es ist ein Gesetz des Lebens, dass jede emotionalisierte Vorstellung – ob gut, schlecht oder neutral – zunächst subjektiviert und dann zu gegebener Zeit objektiviert wird. Wenn wir das erkennen, achten wir äußerst genau auf unsere Stimmungen und Gefühle.

Diese Gemütsverfassungen gebären gleichsam unsere Kinder – Ereignisse, Umstände, Bedingungen usw. Kinder besitzen die Eigenschaften der Eltern. Daher müssen wir sorgfältig darauf achten, dass die Mutter – Stimmung oder Gefühl – unserer Kinder rein und heilig ist.

»Darum wird ein Mensch Vater und Mutter verlassen …« Ja, der Mensch muss Vater und Mutter verlassen, das heißt: Er muss seine überholten Überzeugungen, abergläubischen Vorstellungen und diskriminierenden Vorurteile ablegen. Er darf nicht länger falschen Göttern wie Angst, Zweifel, Sorge oder Ressentiment huldigen, nicht in der Welt nach Frieden, Unterweisung, Erleuchtung oder Stärke suchen, sondern muss sich dem Gott im

Innern zuwenden, der die Quelle aller stofflichen und geistigen Vorräte ist und dessen Belohnungen stets verfügbar sind.

Sein Glaube sollte weder auf Vater und Mutter noch auf Bruder noch Freund gerichtet sein, sondern auf Christus oder Emmanuel, den Gott in uns, denn Er ist das ICH BIN eines jeden. Nur dann ist der Glaube wohlbegründet. Deshalb sagt Jesus: »Wer Vater oder Mutter mehr liebt als mich, der ist mein nicht wert« (Matthäus 10, 37).

Aus sentimentalen Gründen klammert sich der Mensch gern an seine tief verwurzelten Weltanschauungen, Dogmen und Doktrinen. Obwohl er ihnen entwachsen ist, zögert er aus religiösen, politischen, sozialen oder familiären Bindungen, sie ein für alle Mal zu verwerfen und sich allein der Wahrheit des Seins zu widmen. Infolgedessen leidet er unter einem Gewissenskonflikt und kann die Gegenwart Gottes nicht wirklich erkennen. Sein falscher Stolz veranlasst ihn, gerade jene Wahrheit zu verleugnen, die ihn befreit.

»… und an seinem Weibe hangen …« Dies wiederum bedeutet, dass man seinem Ideal – dem ersehnten Ziel – treu bleiben muss, indem man bewusst den Anspruch erhebt, so zu sein, wie man sein möchte, und die Wirklichkeit dieses Wunsches deutlich fühlt. Man darf nicht empfänglich sein für Suggestionen, die von Angst, Zweifel oder Mangel zeugen, denn wenn man ihnen Glauben schenkt und Raum gibt, werden sie zu Bedingungen in der eigenen Welt. Ebendeshalb gilt es, seiner großen Liebe (dem Ideal oder Wunsch) die Treue zu halten.

»… und werden die zwei ein Fleisch sein …« Wenn man sich im Gebet von der Welt zurückzieht, über die Freude und das Glück nachsinnt, die einem durch die Verwirklichung des Wunsches zuteilwürden, gelangt man in einen bestimmten psychischen Zustand. Bewusstseinsmäßig ist man nun eins mit seinem fixierten Ziel oder Ideal und von Ruhe erfüllt. Die »zwei« (der Mensch und sein Wunsch) sind eins geworden. Das tiefe Gefühl von Freude deutet darauf hin, dass man vom früheren in den neuen Bewusstseinszustand übergewechselt ist.

Die Braut oder Ehefrau versinnbildlicht die Vorstellung, die der Mann von sich selbst hat. Sie sollte eine Braut des Herrn mit edlem, christusähnlichem Bewusstseinszustand sein. Halten wir an diesem fest, bewahren und vertiefen wir ihn, bis wir den Bund der Ehe mit ihm eingehen. Von Herrlichkeit zu Herrlichkeit fortschreitend, werden wir so den christusähnlichen Bewusstseinszustand erreichen.

»Was nun Gott zusammengefügt hat, das soll der Mensch nicht scheiden.« Die feste Überzeugung, dass das eigene Gebet beantwortet wurde, lässt sich durch nichts mehr erschüttern. Gott hat beide zusammengefügt, zur Einheit verschmolzen. Der spirituelle Mensch weiß, dass die subjektive Verkörperung im Bereich geistig-schöpferischer Aktivität zum Vorschein kommen muss; der geistige Aspekt ist unverzichtbar.

»Da sprachen sie: Warum hat dann Mose geboten, einen Scheidebrief zu geben, wenn man sich scheidet?« Moses steht hier für einen Bewusstseinszustand, demzufolge man Gesetze und heillose Lehren befolgt, die der Mensch ersonnen hat.

Die Anschauungen und Überzeugungen der Welt sind meist vom Fleisch und nicht vom Geist bestimmt. Das weltliche, materialistisch ausgerichtete Individuum, das von seiner Vergangenheit beherrscht wird, weiß weder, dass Gott ihm innewohnt, dass also sein unbedingtes Bewusstsein identisch ist mit Gott, noch dass die Lösungen für all seine Probleme in ihm selbst liegen, dass seine Wünsche nach Frieden, Glück, Sicherheit und Integrität der inneren Quelle entspringen. Wäre ihm das Gesetz des Lebens bekannt, würde er diese Wünsche bejahen. Das Unbedingte Bewusstsein oder die Unendliche Intelligenz würden sie dann verwirklichen.

Doch wer das Gesetz nicht kennt, weist diese Wünsche und Ideale zurück, weil sie ihm unmöglich erscheinen. Ein solcher Mensch sagt: »Ich bin zu alt … Ich verfüge nicht über die richtigen Beziehungen … Ich habe nicht genug Geld« oder dergleichen. Er führt zahllose Gründe an, warum er seine Herzenswünsche nicht wahr machen kann. Daher gibt er, bildlich gesprochen, den Ambitionen und Ideen, die in ihm aufsteigen, einen »Scheidebrief« und schiebt sie beiseite. Diese Ablehnung ist das Ergebnis seiner Unwissenheit. Er hat keine Ahnung, dass im Innern eine Macht am Werk ist, die alles bewerkstelligen kann; dass dort Inspiration, göttliche Unterweisung und Erleuchtung nur darauf warten, von ihm erkannt und beansprucht zu werden. Auch diese beachtet er nicht weiter infolge seiner Unwissenheit und sucht stattdessen nach Belehrungen aus der Außenwelt.

Nicht von ungefähr heißt es also bei Matthäus: »Mose hat euch erlaubt, euch zu scheiden von euren Frauen, um eures Herzens Härtigkeit willen.« Das bezieht sich auf den Menschen, der sich Gott als ein tyrannisches, im Himmel lebendes Wesen vorstellt. Seine Einbildungskraft entwirft einen launenhaften, parteiischen Gott, der angeblich auf Rache sinnt, eine Art Monstrum, dem er nicht vertrauen kann, da es jederzeit einen Wirbelsturm, ein Erdbeben oder sonstiges Unheil auf die Erde schicken kann.

Diese Vorstellung von Gott verhärtet das Herz des Menschen. Aber wenn er erwacht und entdeckt, dass das Subjektive Selbst oder Leben in ihm Gott ist, überwindet er die alte Denkweise. Dann lernt er allmählich die Wahrheit kennen und verlässt den Irrgarten überholter theologischer Konzepte der Existenz. Das genaue Gegenteil der vom Menschen stammenden Gesetze ist oft richtig, ebenso wie der Augenschein oft trügt.

»Wer sich von seiner Frau scheidet, es sei denn um der Hurerei willen, und freit eine andere, der bricht die Ehe.« Dieser Vers ist leicht zu interpretieren, wenn wir uns von jener merkwürdigen Auffassung verabschieden, dass Gott die Ehegesetze erlassen habe und dass wir sie peinlich genau einhalten müssten.

Gott hat nie irgendwelche Ehegesetze erlassen. Alle heutigen Zeremonien und Rituale, die damit zusammenhängen, sind vom Menschen ersonnen und in jedem Teil der Welt anders. Folglich konnte Gott nicht solch unterschiedliche und einander widersprechende Vorstellungen von der Ehe hegen. Erinnern wir uns: »Hier ist nicht Jude noch Grieche, hier ist nicht Knecht noch Freier, hier ist nicht Mann noch Weib …« (Galater 3, 28). Im Himmel werden die Menschen »weder freien noch sich freien lassen …« (Matthäus 22, 30).

Die genannte »Hurerei« bedeutet so viel wie Götzenanbetung. Wer zum Beispiel äußeren Bedingungen Macht zugesteht, betrügt damit sein Denken. Tatsächlich setzt er voraus, dass die Göttliche Kraft in seinem Innern nicht imstande sei, den Umstand oder die Bedingung zu überwinden. Mit anderen Worten: Er wird beladen mit Angst, die von mangelndem Glauben an Gott zeugt.

Wenn jemand die Verwirklichung seiner Wünsche von äußeren Faktoren wie Geld oder Einfluss abhängig macht, verdirbt er sein Denken. Er sagt: »Ich muss Gott aushelfen!« Fragt er sich: »Wann? Wo? Wie?«, ist er in diesem Sinne ebenfalls ein Ehebrecher. Gibt er seine Frau (sein höchstes Ideal) auf und verbindet sich mit Angst, Zweifel, Hass, einem Gefühl von Scheitern oder der Abhängigkeit von anderen, begeht er Ehebruch.

Wer wiederum sein Gebet an einen Gott im Raum richtet, setzt damit voraus, dass Gott außerhalb seiner selbst und von ihm getrennt ist. Dieser Glaube an einen unendlich fernen Gott ist falsch und daher ebenfalls eine abwegige Vorstellung. Da dieser Mensch nie sicher sein kann, ob Gott seine Nachricht hören oder empfangen wird, lebt er in Unwissenheit. Unterwürfig bittet er um etwas, als wäre Gott hartherzig und würde es ihm vorenthalten.

Gott ist das Geschenk und der Geber. »Wohlan, alle, die ihr durstig seid, kommt her zum Wasser! Und die ihr kein Geld habt, kommt her, kauft und esst! Kommt her und kauft ohne Geld und umsonst Wein und Milch!« (Jesaja 55, 1). Der einzige Preis für göttliche Geschenke ist der *Glaube*. Niemand kann einen glauben machen, was man ablehnt, denn dafür gibt es keine Grundlagen, keine Anhaltspunkte. Zugleich aber gilt: »Alle Dinge sind möglich dem, der da glaubt« (Markus 9, 23).

»Da sprachen die Jünger zu ihm: Steht die Sache eines Mannes mit seiner Frau so, dann ist's nicht gut, ehelich zu werden.« Die Jünger repräsentieren unsere geistigen Einstellungen oder zwölf Fähigkeiten. In den meisten Fällen sind sie nicht geschult, sondern von weltlichen Überzeugungen beherrscht; daher kann der weltliche Mensch nicht verstehen, dass er mit seinem Bewusstseinszustand oder mentalen Konzept den Bund der Ehe eingeht.

Es fällt ihm schwer zu glauben, dass seine Frau das verkörpert, dessen er sich bewusst ist – die eigene dominierende geistige Einstellung. Er kann kaum begreifen, dass der Bewusstseinszustand, in dem er sich befindet, nichts anderes ist als diese Frau oder die Mutter seiner Kinder. Die Kinder sind sein Körper, seine Gesundheit, seine Angelegenheiten und Finanzen … Doch wer der Welt verhaftet ist, sagt: »Es ist nicht gut zu heiraten. Es gibt so viele Trennungen und Scheidungen, so viel Unglück und Leid im Zusammenleben.« Er betrachtet die Ehe als ein Glücksspiel, ohne zu erkennen, dass er eine Frau an sich zieht, die genau seiner inneren Verfassung oder Überzeugung entspricht.

Die wahre Ehe findet ihre Glückseligkeit im Einklang von Idealen, in harmonischer Atmosphäre und reinen Absichten. Hören wir also auf, Gott verantwortlich zu machen für Übergriffe, die unter dem Namen der Ehe geschehen. Für viele klingt er wie »ein tönend Erz oder eine klingende Schelle«, als würde damit die Sache verhöhnt. Erwachen wir endlich und entdecken die wahre, unpersönliche, universale Liebe – dann wird die Ehe ein beseligender Zustand sein, ein unverbrüchlicher Bund, gesegnet mit dem Feuer der Göttlichen Liebe.

Die Liebe sucht nicht das Ihre. Sie *ist*, und alles, was ist, ist Liebe. Die Liebe ist der Knoten, der Mann und Frau (Gedanke und Gefühl) in den endlosen Strang des Lebens einbindet, Vergangenheit und Zukunft in ewiger Gegenwart vereint. Alles, was war, und alles, was sein wird, ist jetzt, denn in den Augen der Liebe gibt es keine Zeit. Liebe und Lebensweise sind identisch. Achten wir also darauf, dass wir Gott in menschlicher Gestalt nicht geringschätzen. Dank Seiner Gnade mag Er im geliebten Wesen an unserer Seite sein …

Der Wunsch nach Freiheit drückt sich oft darin aus, dass man jemand anders heiraten möchte. Voller Bitterkeit und Groll gegenüber ihrem Mann lässt eine Frau sich scheiden. Doch was wird sie feststellen, wenn sie wieder heiratet, ohne ihm zu verzeihen? Der zweite ist noch schlimmer als der erste! Sie versucht es mit einem dritten, einem vierten, einem fünften. Jeder ist schlimmer als sein Vorgänger. Die ganze Zeit hat sie keine Ahnung, dass gerade ihre innere, von Ressentiments geprägte Verfassung sie veranlasste, aufgrund der Gesetze der Anziehung ähnliche Typen von Männern für sich einzunehmen.

Diese Frau findet ihr Heilmittel darin, sich in eine liebevolle und friedliche Stimmung zu bringen. So verzeiht sie zunächst sich selbst, ersetzt ihren Hass durch Liebe und kommt zur Ruhe. Der Groll über die angeblich von ihrem jeweiligen Exmann begangenen Fehler führte dazu, dass sie Mangel und Begrenzung anzog, eben weil sie mit einer Einstellung lebte und handelte, die sich durch Mangel und Begrenzung kennzeichnete.

Auf der Suche nach echter Harmonie müssen sich ihre Vorstellungen von Liebe und Ehe ändern. Sie muss das Gefühl der Liebe auf eine geistige Stufe heben. Die Liebe darf weder eingeschränkt noch behindert werden. Liebe, Freiheit und Achtung sind eins, und die Einheit entfaltet sich in diesen drei Aspekten. Wenn einer von ihnen fehlt, ist auch die Liebe abwesend. Die drei Begriffe sind demnach synonym.

»Er sprach aber zu ihnen: Dies Wort fasset nicht jedermann, sondern denen es gegeben ist.« Das heißt, nicht alle Menschen können diese Wahrheit erkennen. Sie glauben vielmehr an Glück, Zufall und Pech. Sie können nicht den Spruch in sich aufnehmen: »Alles ist Gesetz, und alles ist Liebe.« Doch es gibt nur *ein*

Gesetz, und daher kann es in der von ihm beherrschten Welt weder Glück noch Zufall noch Pech geben.

Eine unglückliche Ehe oder Scheidung ist das charakteristische Abbild eines bestimmten Bewusstseinszustandes – der Ausdruck des Missklangs in Mann und Frau, der durchaus gut, ja sehr gut ist. Denn er veranschaulicht die vollkommene Wirkungsweise jenes Gesetzes, das sich nie ändert und nie parteiisch ist. Wir erkennen nur einen Teil des Prozesses und verurteilen ihn, aber wenn wir mit geistigen Augen sehen könnten, würden wir auch das makellose Ende wahrnehmen. Sobald wir begreifen, dass das Gesetz eigentlich von Freiheit handelt, und mit ihm kooperieren, wird uns bewusst, dass es ein Gesetz der Liebe ist.

»Denn etliche enthalten sich der Ehe, weil sie von Geburt an zur Ehe unfähig sind; etliche, weil sie von Menschen zur Ehe untauglich gemacht sind; und etliche enthalten sich, weil sie um des Himmelreichs willen auf die Ehe verzichten. Wer es fassen kann, der fasse es!« Jene »Unfähigen« verkörpern Wünsche, Vorstellungen oder Ideale, die abgestorben in uns schlummern. Wir erweisen uns als unfähig, wenn wir solch gottgegebene Sehnsüchte nicht zum Leben erwecken und verwirklichen können.

Wir sind hier, um Frieden, Liebe und Glück auszustrahlen. Das heißt, als Gottes Söhne und Töchter sind wir auf Erden, um Ihn in Gedanken, Worten und Taten zum Ausdruck zu bringen. Unsere Handlungen müssen gottähnlich sein. Wir müssen anfangen, die Wahrheit zu leben, und unser Licht unter den Menschen scheinen lassen, damit sie unsere guten Werke sehen. »Darum: an ihren Früchten sollt ihr sie erkennen« (Matthäus 7, 20).

Sind unsere Gedanken gottähnlich? Millionen von Menschen sind unfähig, während sie in der Welt und deren Problemen leben. Sie häufen irdische Reichtümer an, die von Motten oder Rost verzehrt und von Dieben entwendet werden. Sie sind unfähig, wenn ihre Ängste und törichten Überzeugungen sie daran hindern, geistig zu schöpfen. Sie haben nicht teil an der mystischen oder heiligen Kommunion mit dem Vater, um den Glanz des Grenzenlosen Lichts nach allen Seiten zu verbreiten.

»Denn etliche enthalten sich der Ehe, weil sie von Geburt an zur Ehe unfähig sind …« Das heißt, viele folgen dem alten theologischen Muster von Hölle und Verdammnis, hegen falsche Meinungen und Vorurteile. Sie sind Sklaven der Traditionen, Bedingungen und Diskriminierungen. Sie können keine geistigen Werke erschaffen und sind zwangsläufig dem Massenbewusstsein unterworfen. Deshalb spricht der Herr: »Gehet aus von ihnen und sondert euch ab …« (2. Korinther 6, 17).

»… etliche, weil sie von Menschen zur Ehe untauglich gemacht sind …« Wir lauschen den negativen Suggestionen der anderen, neutralisieren dadurch unseren Wunsch nach Erfüllung und reduzieren die Wahrscheinlichkeit, die gesetzten Ziele zu erreichen. Beispielsweise sagt ein Arzt zum Patienten: »Sie werden in sechs Monaten an Ihrer Herzkrankheit sterben.« Der akzeptiert und glaubt dies und bereitet sich darauf vor, in sechs Monaten zu sterben. Er vollstreckt das ärztliche Urteil, denn ihm geschieht nach seinem Glauben.

»… und etliche enthalten sich, weil sie um des Himmelreichs willen auf die Ehe verzichten.« Das sind diejenigen, die ihrem reinen und erleuchteten Bewusstsein treu bleiben. Sie leben ständig in heiliger Gemeinschaft mit dem Vater im Innern. Sie tragen das saumlose Gewand – das der Göttlichen Herrlichkeit, mit dem der Mystiker angetan ist, während er nach innen geht und sich dem Wahren nähert, um die geistige Pilgerreise zum Allerheiligsten zu unternehmen. Ohne dieses Gewand kann niemand sie antreten. Viele werden ausgeschlossen, weil ihr Gewand Säume, Löcher und beschädigte Stellen aufweist.

Wenn wir in weißer Kleidung vor dem Großen Weißen Thron erscheinen und das Abzeichen der Unschuld und der Reinheit tragen, so erkennt uns die Wahrheit, weil wir sie erkennen. Wir atmen den Duft des Weihrauchs ein, der dort ewiglich verbrannt wird; dieses kostbare Parfüm Seiner Innersten Essenz erleuchtet unseren Geist und Körper, und wir erwachen in vollendeter und makelloser Gestalt. Auf der Stelle sind wir geheilt.

»Wer es fassen kann, der fasse es!«

Der aufgeschlossene und empfängliche Mensch wird erkennen, dass sich dieses ganze Drama in seinem eigenen Bewusstsein abspielt. Er wird der Wahrheit ansichtig und nimmt sie in sich auf. Wer immer solch Gleichnis nur als Regelwerk eines Mannes namens Jesus begreift, suhlt sich im Morast der Meinungen und Überzeugungen dieser Welt; er huldigt allein dem Buchstaben des Gesetzes. »Denn der Buchstabe tötet, aber der Geist macht lebendig« (2. Korinther 3, 6).

Wenn wir im Gebet über die Freude nachsinnen, das zu sein oder zu haben, was wir gerne sein oder haben möchten, vollziehen wir die geistige Hochzeit. In solchem Zustand völliger Ruhe und gesteigerter Aufnahmefähigkeit mag der Mann seiner Frau oder dem Mutterleib gleichen, sodass er während dieser Phase intensive Eindrücke empfangen kann. Er empfindet sich selbst als Bräutigam, denn das ist der Name oder die Natur, die er annimmt. Infolgedessen wird sein objektives Bewusstsein nachhaltig geprägt. Und während er den Namen oder die Natur dieser Prägung bejaht, stirbt in ihm der Mensch, der er war. Die überschwängliche Freude über das beantwortete Gebet sowie die Genugtuung, welche aus der Aneignung und Verwirklichung des tiefsten Wunsches resultiert, sind der untrügliche Beweis, dass er nun den Bund der Ehe geschlossen hat.

12

Betrachten wir diese großartigen Wahrheiten in neuem Licht. Ich habe mit vielen Menschen in allen Teilen der Welt gesprochen, die es für eine schlimme Sünde halten, ihre Ehe aufzulösen, weil die Bibel sagt: »Was denn Gott zusammengefügt hat, soll der Mensch nicht scheiden« (Markus 10, 9). Doch eine ganze Reihe von ihnen empfindet schon seit langer Zeit einen tiefen Hass gegenüber dem Lebenspartner; das ist keine Ehe, sondern ein Hohn, gepaart mit übler Heuchelei.

Offenbar schreibt die Vernunft eine derartige Einstellung vor, weil ein Geistlicher (oder Standesbeamter) den Satz verkündete: »Hiermit erkläre ich euch für Mann und Frau.« Aber diese Worte geben nicht den eigentlichen Sinn des obigen Bibelzitats wieder, denn damit ist die geistige Überzeugung des Menschen gemeint und sein absoluter Glaube an das Gebet.

»Ich und der Vater sind eins« (Johannes 10, 30). Wer seine Einheit mit dem Vater im Innern erkennt, beginnt die Werke Gottes auszuführen. Keine Macht, kein Organ, kein Mensch ist imstande, diese geistige Einheit aufzulösen oder gar zu zerstören.

In wie vielen Fällen ist die Ehe wirklich eine geistige Verbindung? Häufig ist sie nur eine gesetzlich oder kirchlich anerkannte Institution, gegen die sich die Vertragspartner bereits nach wenigen Wochen auflehnen! Prinzipiell jedoch schließen sie den Bund mit einem bestimmten Bewusstseinszustand. Wenn zwischen zwei Menschen eine echte geistige Verbindung besteht, kann niemand – auch nicht unter Aufbietung aller Kräfte – sie trennen.

Um eine falsche Partnerwahl zu verhindern, sollte man *systematisch* beten. Es gibt keine Religion ohne Wissenschaft und keine Wissenschaft ohne Religion. Beide Bereiche sind sozusagen Halbkreise, die sich zum Kreis schließen.

Die systematische Methode bei der Partnerwahl gestaltet sich folgendermaßen: Man schließe die Augen, komme zur Ruhe und stelle sich konkret vor, jetzt mit einem edlen, loyalen, spirituellen und fabelhaften Menschen verheiratet zu sein. Sodann benennt man jene bewunderungswürdigen Eigenschaften oder Qualitäten, die ihn auszeichnen, und besinnt sich auf das Gefühl, von nun an eine Ehe mit ihm zu führen. Schließlich legt man sich schlafen in der Gewissheit, dass die Unendliche Intelligenz den richtigen Partner unwiderstehlich anziehen wird.

In solchen Fällen werden Mann und Frau einander sofort erkennen. Ihre Zuneigung beruht auf Gegenseitigkeit, und es gibt keine Verwirrung. Sie passen geistig, seelisch und körperlich zusammen. Diese Art des Gebets verhindert also eine Täuschung durch die Sinne, die gewöhnlich trügen. Wer den Bund der Ehe eingehen möchte, darf nie aufgrund der äußeren Erscheinung urteilen. Möge er der Aufforderung Jesu folgen: »Richtet nicht nach dem, was vor Augen ist, sondern richtet ein rechtes Gericht« (Johannes 7, 24).

Einmal erzählte mir ein Mann, dass die Frau, mit der er seit drei Jahren liiert sei, ihn nicht heiraten wolle und dass er sich umbringen werde, falls sie bei ihrer Ablehnung bleibe. Nachdem ich ihn darin unterwiesen hatte, wie man durch systematisches Beten seine Ehefrau findet, traf dieser Mann eine Bedienung in dem Hotel, wo er gerade nächtigte, verliebte sich und heiratete sie bald darauf. Die beiden sind heute überglücklich.

Und was ist mit der Frau, die keine Ehe mit ihm eingehen wollte? In der Zwischenzeit hat er durch Freunde erfahren, dass sie bereits sechsmal verheiratet war, sich aber nie darum bemüht hatte, die Scheidung einzureichen. Außerdem war sie mehrfach wegen Straftaten verurteilt worden. Während ihrer Beziehung mit ihm hatte sie heimlich mit einem anderen Mann zusammengelebt.

Wenn wir aufrichtig beten, wird niemandem Schmerz oder Leid zugefügt. Einige Leute meinen, sie hätten das Recht, das Privatleben anderer zu zerstören, und sagen: »Diesen Mann (oder diese Frau) will ich um jeden Preis!« Tatsächlich scheuen sie vor nichts zurück, um ihr Ziel zu erreichen. Vielleicht ist ihnen Erfolg beschieden, aber was handeln sie sich damit ein? Ihr Bewusstsein wurde förmlich geschwängert mit der Vorstellung von Mangel und Begrenzung; daraus resultieren dann oftmals Enttäuschung und Unglück.

Und was ist mit der goldenen Regel geschehen? Wo ist sie? Haben diese Leute sie angewandt? »Behandle andere so, wie du von ihnen behandelt werden willst.« Dieses Gebot enthält das ganze Gesetz eines glücklichen und erfolgreichen Lebens. Selbstsucht und Habgier haben damit nichts zu tun. Was soll die Familie des Mannes von der Frau denken, die ihn seiner Ehefrau abspenstig gemacht hat? Welche Gefühle sollen die anderen ihr gegenüber empfinden? Im Grunde möchte sie von der Ehefrau und deren Familie für eine edle, liebenswürdige und anmutige Dame gehalten werden, die Christus ähnlich ist. Also soll sie auch die goldene Regel anwenden und dann sehen, ob sie weiterhin das Leben anderer Menschen zerstören möchte.

Wir dürfen uns nicht mehr auf endliche Weise um einen absoluten Zustand bemühen. Ehen werden im Himmel geschlossen, entstehen also in Harmonie und Frieden. Es heißt: »Frieden ist die Macht im Herzen Gottes.« Ja, Gott ist Frieden! Als Jakob um eine Frau bat, sah er Engel absteigen und aufsteigen. Sie stellen jene Eigenschaften und Qualitäten dar, die ein Mann bei einer Frau bewundert.

»Wie innen, so außen …« Hat man die Wirklichkeit eines Zustandes deutlich gefühlt, wird er subjektiviert, und was immer subjektiv akzeptiert wird, kommt zum Ausdruck. Daher begegnet man in der Außenwelt den Bildern und Dingen, die der inneren Überzeugung entsprechen. Wenn man einen Ton auf dem Klavier anschlägt, reagieren darauf alle Töne, die mit ihm zusammenklingen. Sie sind höher oder tiefer, aber immer ähnlich. Demnach zieht man jene Menschen an, deren Qualitäten mit den eigenen Vorstellungen und Gemütsverfassungen übereinstimmen.

Die Affinität oder Anziehungskraft hängt von dem Ton ab, den man wählt. Man kann einen Misston anschlagen, jedoch nicht durch sämtliche Misstöne Harmonie herstellen. Erst wenn der Geist im Gebet geschult wird, kann man eine göttliche Harmonie spielen.

Nehmen wir an, ein Mann betrügt seine Frau. Würde er sie lieben und achten, wollte er keine andere. Wer sein wahres geistiges Ideal in der Ehe gefunden hat, sehnt sich nicht nach einer anderen Frau. Die Liebe ist Einheit, weder Zweiheit noch Vielheit. Ein Mann, der sich mit vielen Frauen einlässt – die seine ehebrecherischen Neigungen verkörpern –, verbindet sich mit vielerlei Empfindungen und Einstellungen wie Frustration, Ressentiment, Zynismus usw. Wer aber mit seiner Partnerin die Liebe gefunden hat, hat die Fülle des Lebens gefunden.

Der Leser mag fragen: »Warum hatten einige Männer früher mehrere Frauen?« Eine der Antworten lautet: Ehemals war die Erde nur spärlich bevölkert, und die irdischen Oberhäupter schlugen diese Methode vor, weil sie keine bessere kannten. Heute jedoch sind wir geistig wacher und wissen, dass die Erde in zahlreichen Teilen bereits übervölkert ist. Folglich hat die Polygamie ausgedient.

Wenn also ein Mann seine Frau betrügt, ist er frustriert und hat nie wirklich geliebt oder ein Gefühl von Einheit empfunden. Er hat einen starken Minderwertigkeitskomplex und schlägt genau diesen Ton an. Und wem begegnet er? Niemand anderem als sich selbst. Das heißt, er hat die eigene Gemütsverfassung, seine Vorstellung von sich selbst angezogen.

Zwangsläufig sind die Frauen, die er trifft, wankelmütig, neurotisch, verwirrt, und mit diesen Eigenschaften verbindet er sich. Dabei sieht und hört er nur *seine* inneren Schwingungen. Jene Frauen sind genauso frustriert und labil wie er. »Gleich und gleich gesellt sich gern« lautet hierzu das passende Sprichwort.

Betrachten wir nun den umgekehrten Fall, in dem eine Frau sich mit einem verheirateten Mann einlässt. Sie war unfähig, einen Junggesellen zu finden, und verschafft sich eine scheinbare Befriedigung oder Hochstimmung dadurch, dass sie einer anderen Frau den Mann wegnimmt. Auch sie hat einen Minderwertigkeitskomplex und ist labil. Sie prahlt mit den zahlreichen Heiratsanträgen, die ihr angeblich gemacht wurden, weil sie diese herbeisehnt.

Ein Mann, der die Gesetze des Lebens kennt, wird seine Frau immer so sehen, wie er sie beim ersten Mal sah. In seinem Denken und Fühlen wird sie stets mit dem Gewand der Rechtschaffenheit und des Heils bekleidet sein. Dann wird sie für ihn jederzeit die sein, für die er sie hält. Wir leben weniger mit den Menschen selbst als mit der Vorstellung, die wir von ihnen haben.

Wenn ein Mann nie den Glauben an seine Frau verliert, wird sie seiner Vorstellung von ihr entsprechen. Verfällt sie jedoch in Mutlosigkeit, Überdruss, Sorge und identifiziert er sich mit ihrer Gemütsverfassung, fallen beide in den Graben. Nur wenn er diese negativen Schwingungen zurückweisen kann, wohlwissend und fühlend, dass seine Frau geheilt wird, dass sie ungeachtet ihres Trübsinns wunderbar und vollkommen ist, hebt er sie aus den Niederungen empor.

Durch das Gefühl von Mangel setzt der Mann sich selbst herab. Die damit verbundene Angst teilt sich seiner Frau mit, die wiederum in der gleichen Weise auf ihn reagiert. Sie kann ihn nicht mehr so sehen wie vorher, da er sich anders fühlt. Sie kann ihn nur so sehen, wie er sich sieht. Ebenso kann er sie nur so sehen, wie sie sich sieht.

Wenn ein Mann sich als würdig empfindet, verlangt er Respekt, der ihm dann auch entgegengebracht wird. Seine von Erfolg und Glück geprägte Gemütsverfassung strahlt aus und stellt zwischen den Familienmitgliedern ein tiefes Band her. Er beeinflusst sie alle nachhaltig. Stirbt er, geraten sie untereinander oft in Streit, denn er war das verbindende Element. Er *fühlte* die Harmonie und den Frieden im Haushalt. Seine vorherrschende Überzeugung führte dazu, dass die anderen sahen, was er sah.

Jesus veranschaulichte diese Kraft durch den Satz: »Lazarus, unser Freund, schläft, aber ich gehe hin, dass ich ihn aufwecke« (Johannes 11, 11). Jesus erkannte die Wahrheit und sah darin das Leben. Er bewirkte, dass der angeblich Verstorbene sich erhob, und alle sahen ihn wieder lebendig. An anderer Stelle sagt er: »Das Kind ist nicht gestorben, sondern es schläft« (Markus 5, 39). Wir sind nur eingeschlafen gegenüber Gott.

Die Spannungen zwischen Mann und Frau können durch das Gebet gelöst werden. Möge sie in ihm Christus erkennen. Möge sie ihn so sehen, wie er sein sollte – selig, strahlend und friedlich. Möge sie in meditativem Zustand ihn sagen hören, wie wunderbar und liebenswürdig sie ist und wie glücklich er mit ihr ist. Wenn sie seinem Verhalten gerecht wird, wird er sich umbesinnen und der Friede schließlich wiederhergestellt.

In einigen Fällen besteht die Ehe im Grunde nur auf dem Papier. Mann und Frau haben zwar einen Ehevertrag geschlossen und leben zusammen, aber daraus folgt nicht, dass sie ein echtes Zuhause bewohnen. Vielleicht ist es sogar der Ort für Zwietracht und Hass. Sind Kinder anwesend und die Eltern beachten nicht das Gesetz des Lebens, sollten sie sich lieber trennen, anstatt ihnen mit dieser feindseligen Haltung schwer zu schaden. Oft unterdrücken Eltern mit ihrer Gemütsverfassung das Leben und das Bewusstsein der Kinder, die dann zu Neurosen, Straftaten oder dergleichen neigen. Es ist viel besser für ein Kind, mit einem Elternteil aufzuwachsen, der es liebt, anstatt mit Vater und Mutter, die einander hassen und die ganze Zeit streiten.

Männer wie Frauen fragen sich: »Soll ich mich scheiden lassen?« Das ist ein individuelles Problem, für das es keine allgemeine Lösung gibt. In manchen Fällen ist die Scheidung ebenso wenig eine Lösung wie die Ehe für den Single.

Die Scheidung mag für den einen richtig, für den anderen verkehrt sein. Fest steht jedenfalls: »So gibt es nun keine Verdammung für die, die in Jesus Christus sind« (Römer 8, 1). Wo kein Bewusstsein von Schuld ist, besteht auch keine Schuld. Eine geschiedene Frau kann weitaus edler und christusähnlicher sein als viele ihrer verheirateten Schwestern, die die Lüge der Wahrheit vorziehen. Ein solches Eheleben ist eine Schwindelei und Farce, obwohl es beiden Partnern vielleicht gelingt, den äußeren Schein zu wahren. Denn sie haben Angst vor dem Urteil der Nachbarn und Freunde oder vor beruflichen Nachteilen, die ihnen aus der Trennung erwachsen würden. Andere wiederum bleiben aus politischen oder sozialen Gründen zusammen. Natürlich spricht das der Ehe Hohn. Auf der physischen Ebene ist sie nämlich das Symbol der spirituellen und esoterischen Verbindung zweier Seelen, die ins Herz der Wirklichkeit – also zum Inbegriff der Liebe – zurückkehren möchten. Denn Gott ist Liebe.

Die Auffassung, eine Scheidung unterliege göttlicher Verdammung, ist absurd und zeigt nur einen völligen Mangel an Einsicht. Oft erweist es sich als richtig und ehrenwert, getrennte Wege zu gehen. Wenn die Partner feststellen, dass sie geistig und seelisch überhaupt nicht zusammenpassen, sollten sie diesen Schritt genauso wie einer meiner Freunde unternehmen. Er sagte kürzlich zu seiner Frau: »Auf Wiedersehen, Gott segne dich.« Woraufhin sie erwiderte: »Auf Wiedersehen, und Gott segne dich.« Das meinten die beiden auch so. Sie wurden gesegnet und hatten keinerlei Schuld, eben weil sie sich keiner Schuld bewusst waren.

Der Mensch verzeiht sich selbst. Das kann keiner sonst tun. »Hat dich niemand verdammt? … So verdamme ich dich auch nicht« (Johannes 8, 10–11). Wir können uns voneinander trennen und doch einander lieben. Die Liebe ist die Erfüllung des Gesetzes. Sie selbst ist ein unpersönliches Gesetz, ein unpersönlicher guter Wille. Man erfreut sich daran, dass das Gesetz Gottes oder des Guten für und durch den anderen Menschen wirkt und dass in seinem Herzen, seinem Zuhause, seinen Angelegenheiten göttlicher Friede herrscht. Dazu ist – dank Gottes Liebe – jeder imstande. Die Liebe beschenkt und befreit, sie ist der Geist Gottes, der Schlüssel, der die Schatzkammern des Himmels öffnet.

Die Besinnung auf göttliche Ideale, die Erforschung der Geheimnisse des Lebens, ein gemeinsames Ziel, ein aus geteilten Interessen entworfener Plan, wie es zu erreichen sei, und nicht zuletzt persönliche Freiheit – darauf basiert die mystische Hochzeit, die eheliche Glückseligkeit, jener heilige Bund, in dem die zwei eins werden. Jeder ist mit Gott vermählt. Erinnern wir uns stets, wer wir sind, nämlich Söhne und Töchter Gottes auf dem Weg der Selbsterkenntnis.

Die Reise, die wir unternehmen, ist die innere Pilgerfahrt zum Allerheiligsten. Der Gott, den wir suchen, ist die wohlriechende Essenz oder unterbewusste Gegenwart unseres eigenen ICH BIN. Doch manchmal gehen wir in die Irre. »Wenn ich nicht gekommen wäre und hätte es ihnen gesagt, so hätten sie keine Sünde …« (Johannes 15, 22). Unsere Sünde besteht in der Unfähigkeit, unsere elementaren Wünsche zu erkennen und ein erfülltes, glückliches Leben zu führen. Stimmen wir ihm zuliebe das Lied des Lammes an: »Ich bin Christus.« Fühlen Sie es! Glauben Sie es! Handeln Sie danach! Denn diese Wörter müssen Fleisch werden.

In ihrem Tagebuch schreibt Jane Mansfield: »Ein plötzlicher Einfall hinsichtlich der Beziehung zwischen Liebenden … Wir sind weder Mann noch Frau, sondern eine Mischung aus beiden. Ich wähle den Mann, der das Männliche in mir entwickeln und erweitern wird; er wählt mich, um das Weibliche in ihm zu erweitern. So werden wir zu *ganzen* Menschen – und dienen einander durch Liebe.«

13

Die Wahl des göttlichen Gefährten

Aber Jakob zog aus von Beerseba und machte sich auf den Weg nach Haran und kam an eine Stätte, da blieb er über Nacht, denn die Sonne war untergegangen. Und er nahm einen Stein von der Stätte und legte ihn zu seinen Häupten und legte sich an der Stätte schlafen. Und ihm träumte, und siehe, eine Leiter stand auf Erden, die rührte mit der Spitze an den Himmel, und siehe, die Engel Gottes stiegen daran auf und nieder.

Genesis 28, 10–12

Der Name Jakob bedeutet so viel wie »Umstürzler«. Sie sind Jakob, wenn Sie wissen, wie man betet – und erkennen, dass der Glaube an und das Vertrauen in Gott oder alles Gute die Angst, die einen plötzlich befällt, überwinden und den Frieden wiederherstellen werden.

Jakob steht auch für die erleuchtete Vernunft oder jene Person, die systematisch zu beten weiß. Achten Sie darauf, wie Jakob in dem obigen Bibeltext betete. Wenn Sie also einen Ehemann oder eine Ehefrau suchen, sollten Sie es ihm nachtun.

»Aber Jakob zog aus von Beerseba und machte sich auf den Weg nach Haran und kam an eine Stätte, da blieb er über Nacht, denn die Sonne war untergegangen. Und er nahm einen Stein von der Stätte und legte ihn zu seinen Häupten und legte sich an der Stätte schlafen.«

Diese Stelle besagt, dass Sie nicht aufgrund von Erfahrungen oder Sinneseindrücken urteilen sollten, sondern die Augen schließen, zur Ruhe kommen und einen der Steine nehmen, der die tiefe Überzeugung symbolisiert, dass das, wofür Sie beten, bereits existiert. Ihr Platz ist bei Gott, das heißt, Sie beanspruchen Ihren Gefährten im *Innern*, in der Stille der Seele.

Die Leiter, die bis zum Himmel reicht, stellt die systematischen Schritte des Gebets dar: die Anerkenntnis der Gegenwart Gottes, die Bejahung des eigenen Ideals und den unerschütterlichen Glauben an die Wirklichkeit des erfüllten Wunsches.

Die Engel Gottes, die an der Leiter auf- und absteigen, repräsentieren jene Eigenschaften und Qualitäten, die Sie bei Ihrem künftigen Lebenspartner ersehnen. Das ist eine perfekte Formel für die im Himmel geschlossene Ehe.

Denken Sie nie an einen bestimmten Menschen, sondern entspannen Sie vielmehr Körper und Geist und verharren Sie unbewegt, um über die Gegenwart Gottes nachzusinnen. Erkennen Sie dann, dass Sie sich mit einem *Bewusstseinszustand* vermählen.

Sagen Sie leise und liebevoll zu sich selbst: »Ich verbinde mich jetzt mit diesen Eigenschaften und Qualitäten; der Mann, den ich anziehe und heirate, wird spirituell, loyal, talentiert, aufrichtig, erfolgreich und glücklich sein. Darauf besinne ich mich jetzt, indem ich den Geist solcher Wesenszüge wachrufe. So fühle ich mich in gehobener Stimmung und inspiriert (aufsteigende Engel). Ich begebe mich jetzt in die Tiefen des Schlafs, wohlwissend, dass diese Eigenschaften und Qualitäten, über die ich meditiert habe, meinem Unterbewusstsein eingeprägt werden (absteigende Engel). Davon habe ich Kenntnis; daran glaube ich; das bejahe ich. Ich lege mich jetzt schlafen und fühle: Es ist geschehen!«

»Und Jakob stand früh am Morgen auf und nahm den Stein, den er zu seinen Häupten gelegt hatte, und richtete ihn auf zu einem Steinmal und goss Öl oben darauf …« (Genesis 28, 18). Das wird geschehen, nachdem Sie erfolgreich um Ihren göttlichen Gefährten gebeten haben. Wie Jakob werden Sie morgens aufwachen und Öl auf den Stein gießen, und das heißt: Tief im Herzen wissen Sie, dass Ihr Gebet beantwortet wurde. Das *Öl* ist das Öl der Freude, der *Stein*, der als Kopfkissen dient, ein bestimmter Bewusstseinszustand. Sie sind jetzt fest davon überzeugt, dass der Gegenstand Ihres Gebets eine Tatsache in Ihrem Bewusstsein ist, denn beim Aufwachen waren Sie ruhig und ausgeglichen. Ja, Sie haben wie Jakob die Freude des beantworteten Gebets empfunden!

Viele Menschen haben diese biblische Formel bereits angewandt und damit den idealen Lebenspartner in ihren Bann gezogen. Auf diese Weise wurden sie gesegnet.

Vergessen Sie nicht, Mann und Frau werden durch *Gott* in der Ehe verbunden. Niemand sonst kann diese weihen oder für gültig erklären, es sei denn mittels einer amtlichen Bestätigung.

Diese biblische Formel führt Ihnen vor Augen, dass eine Ehe zuerst geistig und im Herzen verankert sein muss; erst dann kann sie in der Wirklichkeit Gestalt annehmen. Das Herz ist der Wohnort Gottes. Wenn beide Herzen durch Liebe, Aufrichtigkeit und Offenheit bewegt werden, stellt Gott das Band zwischen ihnen her. Die Ehe wird fürwahr im Himmel geschlossen. Sie wissen und fühlen, dass Ihr Herz aus Liebe handelt und dass Gott Liebe ist.

Doch Er ist nicht in jeder Ehe gegenwärtig, zumal wenn diese nur auf profanen Motiven beruht. Wer des Geldes, der Macht oder der Befriedigung des eigenen Ego wegen heiratet, lebt in der Lüge. Das Gleiche gilt für Ehen, die Sicherheit oder Nervenkitzel bescheren oder dazu dienen sollen, mit jemandem abzurechnen. Solche Gemeinschaften sind nicht von Gott, denn Er ist darin ebenso wenig anwesend wie die Wahrheit; sie haben keine reale Existenz.

Ältere Menschen heiraten vielleicht, um nicht allein zu sein; sie sind ehrlich und erkennen Gott im Gegenüber. Ihre Aufrichtigkeit entspringt der Liebe. Sie respektieren und lieben einander; auch das sind Ehen, die im Himmel geschlossen werden, obwohl das Feuer der Leidenschaft und der schöpferische Drang längst erloschen sind. Dennoch kommen Aufrichtigkeit, Respekt und Rechtschaffenheit ebenfalls aus dem Herzen, jenem Ort, wo der Heilige Eine wohnt.

Wenn die Ehe echt ist, eine Vereinigung der Herzen, geistigen Fähigkeiten und Körper, kann sich keine Scheidung vollziehen. Die Partner erstreben sie auch nicht, eben weil die Verbindung geistiger Natur ist. Ein jeder ist mit Gott verheiratet. »Was denn Gott zusammengefügt hat, das soll der Mensch nicht scheiden« (Markus 10, 9).

Dem Neuen Testament zufolge (Galater 3, 28) hat Jesus die Frage, wann das Reich Gottes komme, so beantwortet: Wenn es weder Mann noch Frau gibt, also kein in sich getrenntes, ungeschultes Bewusstsein. Und im apokryphen *Evangelium der Heiligen Zwölf* steht sein Ausspruch: »Wahrlich, ich sage euch, in Gott gibt es weder Mann noch Frau, und doch sind beide eins, und Gott ist die Zwei im Einen. Er ist Sie und Sie ist Er. Der Elohim, unser Gott, ist vollkommen, unendlich und eins.«

Mein göttlicher Gefährte

Ich übe jetzt meine Anziehungskraft auf einen Mann aus, der meinem Ideal entspricht. Er will mich ebenso wenig ändern wie ich ihn. Ich liebe seine Ideale, er liebt die meinen. Er ist frei, frohgemut, erfolgreich, glücklich und am Geistigen orientiert. Er liebt Gott und Seine Werke. Ich liebe, schätze und bewundere ihn. Er liebt, schätzt und umsorgt mich.

Diese Eigenschaften habe ich ihm zu bieten: Ich bin aufrichtig, liebevoll und freundlich. Ich lebe die Gegenwart Gottes. Ich halte wunderbare Gaben für ihn bereit, die von Gott stammen, nämlich Frieden, Gutwilligkeit, ein frohes Herz und einen gesunden Körper. Er offeriert mir die gleichen Gaben, unsere Verbindung beruht auf Gegenseitigkeit.

Ich verlange jetzt und weiß, dass der Mann, den ich heiraten werde, meinen Ansprüchen genügen muss. Derjenige, dem ich aufgrund der Gesetze des Geistes begegne, wird eine Widerspiegelung meiner eigenen Gedanken und Gefühle sein.

Ebenso bewusst wie freudig wünsche ich mir Tag und Nacht die Gesellschaft Gottes. Diese Gegenwart manifestiert sich jetzt durch einen Mann, mit dem ich geistig, seelisch und körperlich völlig in Einklang bin. Er überbringt mir die Geschenke der Liebe, der Hingabe, der Treue und des Glücks. Ich mache ihm die gleichen Geschenke.

Ich habe das tiefe, nie nachlassende Bedürfnis, ihm ein erfülltes und glückliches Leben zu bescheren. Gott lenkt mein Leben auf Seine Weise und schickt mir den Mann, den ich anziehe. Der, den ich suche, sucht mich. Er gehört dem Reich der Liebe, der Gesundheit und der Harmonie an. Ich öffne jetzt meinen Geist und nehme dieses Geschenk des Himmels an.

Danke, Vater.

Die wundersamen Wirkungen Ihres Geistes

1

Unterbewusstsein und Gesundheit

Heute erfahren die mental ausgerichteten Therapieformen auf der ganzen Welt steigendes Interesse. Der Mensch wird sich allmählich der Heilkräfte bewusst, die seinem Unterbewusstsein innewohnen. Bekanntlich gelingen den verschiedensten Schulen immer wieder wundersame Heilungen. Die Erklärung dafür lautet: Es gibt *ein* allgemeines Heilprinzip, das Unterbewusstsein, und *eine* allgemeine Heilmethode, den Glauben. Deshalb formulierte der große Arzt und Philosoph Paracelsus schon vor einem halben Jahrtausend: »Ob der Inhalt deines Glaubens nun wahr oder falsch ist, die Wirkung ist die gleiche.«

Darüber hinaus ist es eine anerkannte Tatsache, dass an heiligen Orten auf sämtlichen Kontinenten außergewöhnliche Heilungen stattgefunden haben. Jede der zahlreichen Theorien liefert dafür eindeutige Beweise. Der geistige Mensch erkennt ohne Weiteres, dass auch in diesen Fällen ein bestimmtes Prinzip zugrunde liegen muss. Ungeachtet der geografischen Lage oder der angewandten Mittel gibt es nur ein Heilprinzip, und der Heilungsprozess ist stets im Glauben verankert.

Zunächst müssen wir uns die zweifache Natur unseres Geistes vergegenwärtigen. Das Unterbewusstsein ist fortwährend empfänglich für die Macht der Suggestion; außerdem hat es die völlige Kontrolle über die Funktionen, Zustände und Empfindungen des Körpers.

Wahrscheinlich sind alle Leser dieses Buches vertraut mit dem Umstand, dass durch Suggestion die Symptome fast jeder Krankheit hervorgerufen werden können bei Menschen, die in Hypnose versetzt wurden. So treten bei ihnen – je nach Art der Suggestion – zum Beispiel erhöhte Temperatur, Schamröte oder Schüttelfrost auf. Suggeriert man einer hypnotisierten Testperson, dass sie gelähmt ist und nicht gehen kann, wird sie reglos verharren. Überdies kann man in jedem ihrer Körperteile Schmerz oder andere Reaktionen auslösen. Zur Veranschaulichung hält man ihr eine Tasse mit kaltem Wasser unter die Nase und sagt: »Hier ist ein Gefäß voller Pfeffer. Riechen Sie ihn!« Die Testperson wird aller Voraussicht nach niesen. Was veranlasste sie zu dieser Reaktion? Das Wasser oder der Pfeffer?

Wenn eine Testperson erklärt, sie sei allergisch gegen Timotheusgras, kann man ihr unter Hypnose eine künstliche Pflanze oder ein leeres Glas vorsetzen und sagen, es handle sich um Timotheusgras; daraufhin wird sie die üblichen allergischen Symptome entwickeln. Das zeigt, dass die Ursache der Krankheit im Geist liegt; folglich kann auch deren Heilung auf mentalem Wege geschehen.

Obwohl Chiropraktik, Osteopathie oder Naturheilkunde ebenso bemerkenswerte Heilungen herbeiführen wie all die verschiedenen religiösen Überzeugungen, beharren wir darauf, dass sie durch das Unterbewusstsein bewirkt werden, den ursächlichen und einzigen Heiler.

Achten Sie nur einmal darauf, wie der Arzt – wohlwissend, was zu tun ist – eine Schnittwunde erfolgreich behandelt, die Sie sich zugefügt haben. Er verbindet die Wunde und sagt: »Das heilt die Natur.« Diese verweist auf das natürliche Gesetz, das Gesetz des Unterbewusstseins oder der Selbsterhaltung, die dessen Funktion ist. Der instinktive Drang nach Selbsterhaltung ist unter allen Autosuggestionen die stärkste.

Sie haben also gesehen, dass Sie durch Suggestion im eigenen oder anderen Körper Krankheiten hervorrufen können, den natürlichen Instinkten zum Trotz. Von daher ist es völlig natürlich und offensichtlich, dass Suggestionen in Einklang mit der instinktiven Autosuggestion eine umso größere Macht entfalten.

Es ist leichter, die Gesundheit wiederherzustellen und zu bewahren, als im Körper eine Krankheit auszulösen. Der Glaube, ıer die Heilung zur Folge hat, entspricht einer bestimmten geistigen Einstellung, einer Denkweise, einer Erwartung des Besten.

Bei der Heilung des Körpers ist es zwar durchaus wünschenswert, den übereinstimmenden Glauben von Bewusstsein und Unterbewusstsein zu unterstützen; doch letztlich kommt es nicht darauf an, ob die betreffende Person durch Tiefenentspannung in einen Zustand der Passivität und Rezeptivität gelangt. Ich kenne Menschen, die ihren Körper ebenso verleugneten wie die Materie überhaupt; trotzdem wurden sie auf wunderbare Weise geheilt. Andere hingegen erklärten, ihr Körper sei ebenso wirklich wie die Materie und die Welt; auch sie erlebten das Wunder der Heilung.

Der springende Punkt lautet: Jede der angewandten Methoden oder Praktiken, die eine Veränderung des Bewusstseins oder eine neue mentale Atmosphäre bewirkt, ist legitim. Die Ergebnisse stellen sich dann von selbst ein. Mit anderen Worten: Die Heilung geht zurück auf eine geistige Transformation, die sich in einer bislang unbekannten Sichtweise ausdrückt.

Erinnern wir uns der Weisheit des Paracelsus: »Ob der Inhalt deines Glaubens nun wahr oder falsch ist, die Wirkung ist die gleiche.« Wenn Sie demnach glauben, dass die sterblichen Überreste eines Heiligen oder die Kräfte eines bestimmten Wassers heilsam sind, so werden Sie die erwünschten Resultate erzielen aufgrund der nachhaltigen Suggestion, die Sie Ihrem Unterbewusstsein übermittelt haben. Ebendieses sorgt für die Heilung. Auch der Medizinmann mit seinen Beschwörungsformeln heilt durch den Glauben.

Jedes Verfahren, das Sie veranlasst, Angst und Sorge in Glauben und Erwartung umzuwandeln, wird einen heilsamen Einfluss ausüben. Wahre geistige Heilung geschieht durch die miteinander verbundenen, systematisch gesteuerten Funktionen des Bewussten und des Unbewussten.

Selbst derjenige, der sein Geschwür an der Hand, ja seinen ganzen Körper verleugnet und meint, alles Sicht- und Greifbare habe keine reale Existenz, kann geheilt werden. Das erscheint Ihnen vielleicht absurd, und Sie fragen sich: Wie soll dieser Mann gesunden, wenn er jene obigen Aussagen ablehnt und behauptet, sie beleidigten seine Intelligenz? Nun, die Antwort ist völlig klar, wenn man weiß, wie das Unterbewusstsein arbeitet.

Der Mann wird aufgefordert, Körper und Geist zu entspannen, sich in einen ruhigen, passiven Zustand zu begeben. Dann sind die objektiven Sinne teilweise ausgeschaltet. So befindet er sich in einer Art Dämmerzustand, in dem das Unterbewusstsein empfänglich ist für Suggestionen. Der Heiler spricht dann wunderbare Wörter aus, die von vollkommener Gesundheit zeugen und ins Unterbewusstsein des Patienten eindringen. Dieser fühlt schließlich eine tiefe Erleichterung und wird vielleicht gänzlich geheilt. Der Heiler wiederum wird nicht behindert durch die widersprechenden Autosuggestionen seines Gegenubers, die aus dessen Zweifeln an der Macht des Heilers oder an der Richtigkeit der Theorie resultieren. Im Dämmerzustand ist der Widerstand des Bewusstseins auf ein Minimum reduziert; folglich kann der Heilungsprozess beginnen.

Viele behaupten, ihre Theorie sei deshalb die einzig richtige, weil sie konkrete Ergebnisse zeitige. Wie zuvor ausgeführt, kann das nicht stimmen, denn es gibt alle möglichen Heilmethoden. So erklärte etwa der deutsche Arzt Franz Anton Mesmer im 18. Jahrhundert, er würde mittels magnetisierter Flüssigkeiten heilen. Andere hingegen sagten, das sei Unsinn, die Heilung trete nur durch Suggestion ein.

Ob Mesmerianer oder Geistheiler, Akupunkteur oder Chiropraktiker, Facharzt oder Allgemeinarzt sowie die Vertreter von religiösen Gemeinschaften – sie alle benutzen die eine universale Heilkraft, die dem Unterbewusstsein innewohnt. Jeder mag verkünden, die Genesung sei ausschließlich seiner Theorie oder Therapie zu verdanken. Im Wesentlichen jedoch beruht dieser Prozess auf einer bestimmten positiven Einstellung, einer inneren Gewissheit oder Denkweise namens *Glauben*. Die von Zuversicht geprägte Erwartung dient dem Unterbewusstsein als wirkungsvolle Suggestion, mit der es sein heilsames Potenzial aktiviert.

Menschen gesunden nicht dank verschiedener Kräfte, auch wenn manche ihre eigene Theorie oder Methode haben. Es gibt nur *einen* Heilungsprozess, der auf Glauben beruht, und nur *eine* Heilkraft, nämlich das Unterbewusstsein. Wählen Sie jene Theorie und Methode, die Ihnen zusagt. Sie können sicher sein, dass Sie damit – Ihren Glauben vorausgesetzt – positive Ergebnisse erzielen werden.

Im *Los Angeles Examiner* beschrieb vor einiger Zeit John McDowell ein Experiment, das an der kalifornischen Redlands University unter dem Titel »Psychosomatic Tests Bare Prayer's Power« (Psychosomatische Tests offenbaren die Macht des Gebets) durchgeführt wurde. Der Autor des Artikels erklärte: »Dr. William R. Parker, der 37-jährige Direktor der Klinik, gab heute erstmals die günstigen Ergebnisse der Gebetstherapie in einer Gruppe mit zwanzig Patienten bekannt, die an Arthritis, Tuberkulose, Geschwüren oder Sprachstörungen leiden.

Jene Patienten, die sich bereit erklärten, zusätzlich zur regelmäßigen psychologischen Gruppentherapie der Klinik eine Gebetstherapie zu praktizieren, sind in ihrer Genesung weiter fortgeschritten als die anderen.

Zum Beispiel hat ein Patient mit Magengeschwür, der allein auf Gebet und Gruppentherapie vertraute, berichtet, dass alle Symptome seiner Krankheit in den letzten drei Wochen verschwunden seien.

Ein Professor an der Redlands University, fast sein ganzes Leben lang unter schwerem Stottern leidend, das verschiedene, über mehrere Jahre angewandte Behandlungsmethoden nicht beseitigen konnten, hat nach sechs Monaten Gebetstherapie keinerlei Sprachstörung mehr.

Ein weiterer Hochschullehrer, vor einem Jahr wegen seiner Tuberkulose zur frühzeitigen Pensionierung gezwungen, ist offenbar geheilt und hat inzwischen seine berufliche Tätigkeit wieder aufgenommen.

Der behandelnde Spezialist für Tuberkulose hat kürzlich bei ihm eine Sputum-Untersuchung vorgenommen – mit negativem Befund, wie Dr. Parker mitteilte. In der festen Überzeugung, dass ein Fehler vorlag, machte der Arzt einen zweiten Test, und auch dieser war negativ.

Dr. Parker – ein Doktor der Psychologie, nicht der Medizin – hob hervor, dass die Gebetstherapie weder ›Quacksalberei‹ noch wunderkräftiges ›Allheilmittel‹ sei, sondern eine wissenschaftliche Annäherung an das Gebet und dessen Wirkung auf das Unterbewusstsein.

Für die bahnbrechende psychosomatische Medizin ist das Unterbewusstsein die Quelle zahlreicher menschlicher Leiden wie etwa Arthritis, Asthma, Heuschnupfen, multiple Sklerose, Tuberkulose, Geschwüre und Bluthochdruck. Nach ihrer in Fachkreisen intensiv diskutierten Theorie beginnen solche Leiden als Funktionsstörung im Unterbewusstsein und entwickeln sich dann zu organischen Krankheiten, die meist aufgrund ihrer Symptome anstatt ihrer Ursachen behandelt werden.

Dr. Parker zufolge ist die Gebetstherapie ein psychosomatischer Ansatz, um auf die Ursachen dieser Störungen im Unterbewusstsein einzuwirken. Er hält vier fundamentale persönliche Probleme als Auslöser für all das, was im Unterbewusstsein verkehrt läuft: Angst, Hass, Schuldgefühl und Minderwertigkeitskomplex.

In den hier durchgeführten Experimenten mit der Gebetstherapie werden zunächst diese wesentlichen Schwierigkeiten aufgespürt, und zwar durch eine Reihe von psychologischen Standardtests, denen sich die am Projekt teilnehmenden Patienten unterziehen. Anschließend kommen sie einmal wöchentlich zu einer neunzigminütigen Gruppensitzung zusammen, um ihre Probleme zu besprechen. Dabei wird jedem von ihnen ein versiegelter Umschlag ausgehändigt, der Informationen über einen bestimmten schädlichen Aspekt ihrer Persönlichkeit enthält, den die Tests zum Vorschein brachten.

Nach Hause zurückgekehrt, öffnet jeder der Patienten seinen Umschlag und erfährt etwas über jene Schwachstelle in seinem Innern, die er dann durch tägliches Gebet bis zur nächsten Gruppensitzung zu beheben versucht.

Es gibt nur ein ›Muss‹: Vom Patienten wird verlangt, jeden Abend vor dem Einschlafen zu beten.

›Wir bestehen auf dem Gebet zu dieser späten Stunde, weil der letzte Gedanke, den jemand vor dem Einschlafen hegt, höchstwahrscheinlich in sein Unterbewusstsein eindringt‹, sagte Dr. Parker.

Er, der seine Theorien über das Gebet zuerst an sich selbst ausprobierte, als bei ihm vor drei Jahren Magengeschwüre ausgebrochen waren, fügte hinzu, dass man den meisten Patienten die richtige Art zu beten beibringen müsse.

Die Patienten in der Gebetstherapie lernen also eine positive Annäherung an das Gebet, bei dem die Liebe ebenso betont wird wie eine erhebende Vorstellung von Gott und dem Universum.

›Unsere Gebete sind keine Bitten um Gesundheit, sondern Bestätigungsformeln bezüglich der Heilung jenes ungesunden Aspekts, mit dem sich der Patient auseinandersetzen möchte. Sie werden mehrfach auf so positive Weise wiederholt, dass sie ins Unterbewusstsein absinken und ein Teil der Person werden‹, erklärte Dr. Parker.

›Infolgedessen können die destruktiven Charaktereigenschaften mithilfe des Gebets hinterfragt und schließlich überwunden werden; dadurch werden auch die eigentlichen Ursachen der physischen Krankheiten beseitigt.‹«

Im überfüllten Wilshire Ebell Theatre in Los Angeles, wo ich jeden Sonntag meine Vorträge halte, gibt es eine Art Interludium mit der Bezeichnung »Das heilsame Schweigen«. Zunächst bitte ich das Publikum, zu entspannen, innerlich loszulassen und das

Räderwerk der Gedanken zum Stillstand zu bringen. Der Zweck besteht darin, den »ungläubigen Thomas« (das Bewusstsein) zu beruhigen und dem empfänglichen Geist der Zuhörer neue Vorstellungen – etwa von Gesundheit, Frieden, Freude und Fülle – einzuprägen. Wer auf diese Weise inspiriert ist, wird für sein Gebet eine Antwort finden oder eine Heilung bewirken. Darin drückt sich die kinetische Energie des Unterbewusstseins aus. Zahlreiche Personen schicken mir hinterher Dankschreiben, welche die hervorragenden Resultate dieser Methode bezeugen.

Nun möchte ich einige wichtige Faktoren hinsichtlich der Verfahrensweise des Unterbewusstseins hervorheben. Eines Tages kam ein Mann zu mir und fragte, warum seine Migräne nicht weggehe, obwohl er sich dauernd vorsage: »Ich habe keine Migräne.« Das Unterbewusstsein wird diese Behauptung nicht ohne Weiteres übernehmen, denn es akzeptiert nur das, was man glaubt und als wahr empfindet oder zumindest für möglich erachtet. Wenn man mental die Möglichkeit bejaht, dass sich die eigene Vorstellung verwirklicht, wird das Unterbewusstsein kooperieren. Angewandt auf den vorliegenden Fall: Erst wenn man das Unterbewusstsein *überzeugt*, dass man keine Migräne hat, wird diese tatsächlich verschwinden.

Ich schlug dem Mann ein bestimmtes Prozedere vor. Er solle immer wieder leise und friedlich erklären: »Die Migräne geht jetzt weg.« So könne er diese Vorstellung oder Folgerung dem weisen und tiefen Selbst namens Unterbewusstsein eindrücklicher nahebringen. Schon bald stellte sich der Erfolg ein, auch durch den Zusatz: »Sie wird nie mehr zurückkommen.«

Jahrelang hatte der Mann keinerlei Kopfschmerzen gehabt. Doch nach den ersten Anfällen glaubte oder erwartete er, dass sie jeden Dienstag- und Samstagmorgen auftreten. Die Vorahnung diente seinem Unterbewusstsein als Autosuggestion. Dieses wiederum sorgte dafür, dass er zur angegebenen Zeit wirklich starke Kopfschmerzen bekam, und sagte sich einfach: »Es ist Dienstagmorgen; der Chef will Kopfschmerzen.« So konnte die negative Suggestion erst durch die positive Suggestion beseitigt werden.

Ein anderer Fall. Vor einigen Jahren suchte mich eine beeindruckende Frau auf und erzählte, sie leide am ganzen Körper unter Psoriasis. Durch Auftragen einer Salbe klinge diese zwar ab, trete aber erneut auf, sobald die Behandlung ausgesetzt werde. Die Frau hegte keinerlei Groll; sie war sehr religiös und offenbar im inneren Gleichgewicht. Während unseres Gesprächs fand ich jedoch heraus, dass sie in ständiger Angst vor weiteren Anfällen lebte. Zwangsläufig war dies für ihr Unterbewusstsein eine extrem starke Suggestion, und da es von Suggestion und Glauben beherrscht wird, fiel seine Reaktion dementsprechend aus.

Die Frau bekräftigte zwei- oder dreimal täglich: »Ich bin ganz, rein und vollkommen. Meine Haut ist makellos. Ich bin geheilt.« Nichts geschah. Man erkennt sofort, warum. Sobald sie nämlich sagte: »Meine Haut ist makellos«, regte sich eine Stimme in ihrem Kopf und erwiderte: »Nein, deine Haut ist nicht makellos.«

Die folgende Technik funktionierte bei ihr auf wunderbare Weise. Drei- oder viermal am Tag sprach sie fünf bis zehn Minuten lang die Worte aus: »Jetzt tritt eine Besserung ein.« Diese Botschaft rief in ihrem Unterbewusstsein keinen Widerspruch hervor und führte zum Erfolg. Die Schuppenflechte verschwand allmählich und kehrte nie mehr wieder. Eingedenk der Tatsache, dass einem genau das widerfährt, was man am meisten fürchtet, hat die Frau aufgehört, sich den neuerlichen Ausbruch der Krankheit einzureden.

Vertrauen Sie darauf, dass das Unterbewusstsein Sie heilen wird. Es hat Ihren Körper erschaffen und kennt all seine Prozesse und Funktionen. Es weiß viel mehr als Ihr Bewusstsein – und die weisesten Menschen dieser Welt – über Heilung und die Wiederherstellung des inneren Gleichgewichts. Versuchen Sie niemals, den Geist zu etwas zu zwingen. Damit sei nicht behauptet, dass jene Leute, die krampfhaft wiederholen: »Ich bin ganz, rein und unversehrt«, keine positiven Ergebnisse erzielen. Natürlich tun sie das, eben weil es ihnen gelingt, sich selbst von ihrer Botschaft zu überzeugen. Entsprechend dem unerschütterlichen Glauben des Individuums nimmt die erwünschte Wirklichkeit Gestalt an.

Ein befreundeter Psychologe berichtete mir, dass einer seiner Lungenflügel stark infiziert sei. Röntgenaufnahmen und Diagnose deuteten auf Tuberkulose hin. So bekräftigte er abends vor dem Einschlafen mit leiser Stimme: »Jede Zelle, jeder Nerv und jedes Blutgefäß meiner Lungen wird jetzt ganz, rein und vollkommen. Mein ganzer Körper wird jetzt geheilt und in einen harmonischen Zustand versetzt.« Das sind nicht genau die Worte, die er benutzte, aber sie geben den wesentlichen Inhalt wieder. Nach etwa einem Monat trat die völlige Genesung ein, die durch anschließende Röntgenuntersuchungen bestätigt wurde.

Ich wollte mehr über seine Methode erfahren und fragte ihn, warum er die Worte vor dem Einschlafen wiederholte. Seine Antwort lautete: »Die kinetische Aktion des Unterbewusstseins dauert während der gesamten Schlafphase an. Deshalb übermittelt man ihm beim Einschlafen eine positive Vorstellung, an der es dann nachts arbeiten kann.« Das ist eine sehr kluge Bemerkung. Indem sich der Freund auf Gesundheit und Harmonie besann, kamen Krankheit und Problem gar nicht zur Sprache.

Demgemäß lege ich Ihnen nahe, die eigenen Leiden nicht mehr zu benennen oder zu erörtern. Sie nähren sich ausschließlich von der Aufmerksamkeit, die ihnen zuteilwird, und der Angst, die Sie vor ihnen haben. Entwickeln Sie sich – ähnlich jenem Psychologen – lieber zu einem tüchtigen mentalen Chirurgen; dann werden Ihre Probleme genauso beseitigt wie die toten Zweige von einem Baum.

Wenn Sie Ihre Schmerzen und Symptome ständig thematisieren, erhalten diese Ausdrücke und Beschreibungen durch das Gesetz des Geistes eine reale Gestalt – genau wie jene Sache, die Sie am meisten befürchtet haben.

Eine Methode, dem Unterbewusstsein Botschaften einzuprägen, besteht darin, dass man es veranlasst, die vom Bewusstsein formulierte Bitte zu übernehmen. Diese »Übergabe« wird am besten im traumähnlichen Zustand vollzogen.

Vergessen Sie nicht: Ihr Tiefenbewusstsein verfügt über unendliche Intelligenz und unendliche Macht. Denken Sie also einfach in aller Ruhe über Ihre Wünsche nach und sehen Sie mit eigenen Augen, wie diese sich von nun an verwirklichen. Seien Sie wie jenes kleine Mädchen mit Keuchhusten und Halsentzündung. Immer wieder erklärte es entschieden: »Jetzt geht's weg. Jetzt geht's weg.« Nach ungefähr einer Stunde war das Kind genesen. Wenden Sie diese Methode in ganz einfacher und aufrichtiger Weise an.

Indem Sie sich Ihres Unterbewusstseins bedienen, erzeugen Sie keinen Widerstand. Sie benutzen nicht die Willenskraft, sondern die Vorstellungskraft. Sie stellen sich das ersehnte Ziel vor sowie den Zustand der Freiheit. Wahrscheinlich wird Ihnen der Verstand einen Strich durch die Rechnung machen wollen, doch Sie bewahren ungerührt einen schlichten, kindlichen, wundertätigen Glauben. Entwerfen Sie ein Bild von sich ohne Leiden oder Problem. Malen Sie sich jene Gefühle aus, die mit dem gewünschten Gleichgewichtszustand einhergehen. Beseitigen Sie sämtliche Hindernisse oder Komplikationen, die den inneren Prozess beeinträchtigen. Die einfachste Methode ist immer die beste.

Vergessen Sie nicht: Ihr Körper verfügt über einen organischen Mechanismus, der das Zusammenspiel von Bewusstsein und Unterbewusstsein widerspiegelt, also von zerebrospinalem und vegetativem Nervensystem. Diese beiden Systeme können getrennt oder zusammen arbeiten und werden durch den Vagusnerv miteinander verbunden. Untersucht man das Gewebe von Organen wie Auge, Ohr, Herz, Leber oder Harnblase, so sieht man, dass sie aus zusammengeballten Zellen bestehen, die über eine Art Gruppenintelligenz verfügen, durch welche sie zusammenwirken, Befehle annehmen und in deduktiver Weise ausführen – gemäß der Suggestion des leitenden Bewusstseins. Ebendeshalb reagierten bei dem weiter oben erwähnten Psychologen die Zellen im Lungengewebe auf die positiven und konstruktiven Suggestionen, die er ihnen eingeprägt hatte.

Die vorliegende Schrift verfolgt den Zweck, das Geheimnis des Geistes zu lüften, um dessen Verfahrensweise besser zu verstehen. Im entspannten Zustand kommt der subjektive Geist – ein Synonym für »Unterbewusstsein« – an die Oberfläche und arbeitet an den korrekten Mustern, die ihm vorgegeben werden. Die kinetische Aktion des Unterbewusstseins wird über den Vagusnerv wirksam. Im Bereich zwischen Wachen und Schlafen durchbricht es die materielle Hülle wie auch die Grenzen von Raum und Zeit, um seine ursprüngliche Freiheit geltend zu machen.

Dr. Warren Felt Evans, ein Schüler des bereits genannten amerikanischen Heilpraktikers Phineas Parkhurst Quimby, besaß die Fähigkeit, sein Bewusstsein auszuschalten und dank einer tiefen Erleuchtung – die jedoch keineswegs mit einem Verlust der Wahrnehmung äußerer Umstände und Ereignisse einherging – Krankheiten zu diagnostizieren.

Hellsicht ist eine der Kräfte des Unterbewusstseins, die Qimby, Evans und vielen anderen ermöglichte, die innere Verfassung des Menschen sowie Ursache, Eigenart und Ausmaß der betreffenden Krankheit deutlich zu erkennen. Das erwies sich als große Hilfe bei der Therapie. In den meisten Fällen lag in der Erklärung der mentalen und emotionalen Ursachen des Leidens der Schlüssel zur Heilung.

Dieser Prozess vollzieht sich normalerweise in drei Schritten:

1. Untersuchen Sie das Problem.
2. Konzentrieren Sie sich dann auf die Lösung, die nur das Unterbewusstsein kennt.
3. Halten Sie fest an dem Gefühl oder der tiefen Überzeugung, dass die Aufgabe erledigt ist.

Verwässern Sie Ihre Behandlung nicht durch Sätze wie »Ich hoffe es!« oder »Wird schon!«. Die Zellstruktur Ihres Körpers wird getreu jenen Plan befolgen, den ihr das Bewusstsein via Unterbewusstsein übermittelt. Ihr deutliches Gefühl, dass die Arbeit getan ist, hat gewissermaßen die Leitung inne. Gesundheit und Harmonie sind ein wesentlicher Teil Ihrer selbst, vergegenwärtigen Sie sich das! Und seien Sie gerade dadurch klug, dass Sie zum Werkzeug für die unendliche Heilkraft des Unterbewusstseins werden.

Die Gründe für das Scheitern dieser Methode sind Mangel an Vertrauen und übermäßige Anstrengung. Daher sollten Sie Ihre Botschaften mit Gewissheit, zugleich aber mühelos dem Unterbewusstsein suggerieren, bis es davon völlig überzeugt ist. Danach entspannen Sie sich. Greifen Sie nicht mehr in den Gang der Dinge ein! Begegnen Sie Umständen und Bedingungen mit der Formel: »Auch das wird vorbeigehen.« Durch Entspannung beeinflussen Sie nachhaltig das Unterbewusstsein, sodass es die kinetische Energie Ihrer Vorstellung aktivieren und diese schließlich verwirklichen kann.

Die sorgfältige Untersuchung am einzelligen Lebewesen führt vor Augen, was in unserem komplexen Körper geschieht. Obwohl der Einzeller keine Organe hat, geben doch seine Grundfunktionen wie Bewegung und Anpassung, Ernährung und Ausscheidung zu erkennen, dass zwischen den gesteuerten Aktionen und Reaktionen ein enger Zusammenhang besteht.

Analog dazu stellt auch der menschliche Körper die Wirkungsweise des ihm innewohnenden Geistes dar. Unsere wahren Kräfte liegen im Unterbewusstsein. Niemand kennt all dessen Tätigkeiten, denn in seinem Bereich ist es unendlich. Wir lernen so viel wie möglich darüber, wie es arbeitet, und machen uns dieses Wissen zunutze.

Manche sagen, es gebe eine Intelligenz, die für den Körper sorgt, falls wir ihn vernachlässigen oder gar aufgeben. Das stimmt zwar, aber das Bewusstsein urteilt stets aufgrund der Wahrnehmung äußerer Erscheinungen und führt so zu einer Vielzahl von bloßen Meinungen, falschen Überzeugungen, schlimmen Ängsten. Wenn diese negativen Muster durch psychologische oder emotionale Konditionierung im Unterbewusstsein gespeichert werden, hat es keine andere Wahl, als ihnen gemäß aktiv zu werden.

Das subjektive Selbst in Ihrem Innern arbeitet fortwährend für das allgemeine Gute und spiegelt das ursprüngliche Prinzip der Harmonie hinter allen Dingen wider. Studieren Sie die Werke von Edison, Carver, Einstein und vielen anderen, die zum Teil auch ohne umfassende Bildung wussten, wie man die mannigfachen Schätze des Unterbewusstseins erschließt.

Geben Sie dem Glauben an sich selbst eine Grundlage. Sie kommen nicht sehr weit, wenn Sie nicht an das Unsichtbare glauben. Liebe kann man nicht sehen, aber fühlen; ideale Schönheit bleibt dem Auge verborgen, aber es erblickt sie in ihren Erscheinungsformen.

Der subjektive Glaube ist oft stärker in dem schwächlichen Körper eines Dichters, der seine Dachkammer liebt, als in der mächtigen Gestalt des Profiboxers. Unser größtes Versagen ist das mangelnde Vertrauen in die Kräfte des Unterbewusstseins. Lernen Sie diese näher kennen!

Was nutzt das Wissen, dass Sie vollkommen sind, wenn Sie es nicht in der Praxis zur Anwendung bringen? Selbsterkenntnis gepaart mit intensiver Empfindung – das ist der einzige Schlüssel zur Heilung. Irgendwelche Scheinerfolge auf diesem Gebiet sind kein Beweis dafür, dass Ihre Methode systematisch oder wirklich gesund ist.

Ich kannte einen Mann, der angeblich sieben Mal den Fuß eines Hasen um seinen Kopf schwenkte, woraufhin eine große Warze von ihm abfiel. Er glaubte an seine Behandlungsweise, und das Ergebnis war eindeutig. Der Fuß des Hasen hatte damit nichts zu tun; vielmehr trat das Gesetz des Geistes in Kraft. Bejahung und Glaube waren die Ursache, das Verschwinden der

Warze war die Wirkung. Wenn Sie dagegen angespannt und ängstlich sind, wird Ihnen das Unterbewusstsein in einer heiklen Situation keine Beachtung schenken.

Ein Hausbesitzer beschwerte sich einmal bei seinem Klempner, weil der ihm für die Reparatur des Boilers zweihundert Dollar in Rechnung gestellt hatte. Der Handwerker erwiderte: »Ich habe fünf Cent für den kaputten Bolzen berechnet und einhundertneunundneunzig Dollar und fünfundneunzig Cent für das Wissen, was genau defekt war.«

In ähnlicher Weise ist auch Ihr Unterbewusstsein der meisterhafte Handwerker, der Allwissende, der Mittel und Wege kennt, um jedes Organ Ihres Körpers zu heilen, all Ihre Angelegenheiten zu regeln. Beanspruchen Sie Gesundheit, und das Unterbewusstsein wird dafür sorgen. Dazu müssen Sie jedoch innerlich loslassen und sich entspannen, nach dem Motto »Immer mit der Ruhe!«. Besinnen Sie sich nicht auf das Problem und seine Details, sondern auf das gewünschte Endresultat. Bekommen Sie ein *Gefühl* für die glückliche Lösung bezüglich Ihrer Gesundheit, Familie, beruflichen oder finanziellen Situation usw. Erinnern Sie sich, was nach der Genesung von einer schweren Krankheit in Ihnen vorging. Und beachten Sie stets, dass das Gefühl der Prüfstein jeder unterbewussten Manifestation ist. Ihre neue Vorstellung muss subjektiv in verwirklichter Form empfunden werden – nicht als Projektion in die Zukunft, sondern als *jetziges* Ereignis.

Einer meiner Schüler, der den Vorträgen zum Thema *The Miracles of the Mind* (Die wundersamen Wirkungen des Geistes) beiwohnte, hatte ernste Augenprobleme, die nach Ansicht seines Arztes eine Operation erforderten. Ich wies ihn an, die Methode der um 1900 gegründeten und auf Hypnosetherapie spezialisierten École de Nancy anzuwenden: Er solle eine kurze Bestätigungsformel finden, die sich dem Gedächtnis leicht einprägt, und sie wie ein Wiegenlied ständig wiederholen.

Daraufhin begab sich der Mann jeden Abend vor dem Einschlafen in einen dösigen, meditativen Zustand. Sein Wachbewusstsein wurde ausgeschaltet und seine Aufmerksamkeit auf den Augenarzt gelenkt. Er malte sich aus, dass dieser vor ihm steht, und hörte – oder glaubte zu hören –, wie sein Gegenüber sagte: »Ein Wunder ist geschehen!« Allabendlich vernahm er diese Worte etwa fünf Minuten lang, ehe ihn der Schlaf übermannte. Drei Wochen später suchte er erneut den Augenarzt auf, der ihm nun mitteilte: »Das ist wirklich ein Wunder!«

Was war geschehen? Der Mann hatte seinem Unterbewusstsein eine bestimmte Vorstellung eingeprägt und dabei den Arzt als Instrument oder Mittel benutzt, um sie zu übermitteln beziehungsweise sich selbst davon zu überzeugen. Durch Glauben, positive Erwartung und Wiederholung der Bestätigungsformel beeinflusste er nachhaltig sein Unterbewusstsein. Dank dem ihm eingeschärften mentalen Muster ging es unverzüglich dazu über, die Augen zu heilen. Auch das ist ein großartiges Beispiel für die wundersamen Wirkungen Ihres Geistes.

2

Unterbewusstsein und Reichtum

Das Problem der meisten Menschen besteht darin, dass sie über keine unsichtbaren Hilfsmittel verfügen, wenn die Geschäfte nachlassen, die Aktienkurse fallen oder ihre Investitionen verloren sind. Offenbar sind sie den Ereignissen wehrlos ausgeliefert. Ihre tiefe Verunsicherung resultiert aus der Unkenntnis, denn sie wissen nicht, wie die Kräfte des Unterbewusstseins zu erschließen wären. Die unerschöpfliche innere Schatzkammer bleibt ihnen verschlossen.

Ein Mensch mit ärmlichem Geist findet sich in ärmlichen Verhältnissen wieder. Der andere hingegen, dessen Geist angefüllt ist mit Vorstellungen von Reichtum, besitzt alles, was er braucht. Es war nie beabsichtigt, dass der Mensch ein karges Dasein fristet. Sie können reich sein, alles Nötige zur Verfügung haben, ja im Überfluss leben. Ihre Worte sind mächtig genug, den Geist von falschen Vorstellungen zu reinigen und diese durch richtige Vorstellungen zu ersetzen.

Im Laufe der Jahre habe ich mit vielen Leuten Gespräche geführt. Ihre übliche Klage lautet: »Über Wochen und Monate habe ich mir immer wieder gesagt, dass ich reich und glücklich bin, aber nichts ist geschehen.« Mir fiel auf, dass sie den Eindruck hatten, sich selbst zu belügen, als sie erklärten: »Ich bin reich und glücklich.«

Ein Mann brachte seinen Unmut so zum Ausdruck: »Bis zum Überdruss habe ich bekräftigt, dass ich wohlhabend und erfolgreich bin. Doch alles ist nur noch schlimmer geworden. Sobald mir diese Worte über die Lippen kamen, wusste ich, dass sie überhaupt nicht der Wahrheit entsprachen.« Seine Aussagen und die der anderen wurden vom Bewusstsein zurückgewiesen, und es trat das genaue Gegenteil dessen ein, was sie zu bestätigen schienen.

Die Autosuggestion funktioniert am besten, wenn sie präzis ist und keinen mentalen Einwand oder Konflikt provoziert. Die Aussagen jenes Mannes verschlimmerten die Situation umso mehr, weil sie eigentlich seinen Mangel suggerierten. Das Unterbewusstsein akzeptiert nur beherrschende Vorstellungen und unerschütterliche Überzeugungen, nicht bloße Worte oder leere Formeln. Den Ersteren aber gewährt es *immer* Zugang.

Wer mit derlei Schwierigkeiten zu kämpfen hat, möge sie durch die folgende Methode überwinden. Sprechen Sie sich insbesondere vor dem Einschlafen häufig den praxisbezogenen Satz vor: »Tag und Nacht werde ich in einer Weise begünstigt, dass all meine Unternehmungen von Erfolg gekrönt sind.« Dies wird keinen inneren Protest hervorrufen, denn es widerspricht nicht dem Eindruck des Unterbewusstseins, dass tatsächlich ein Mangel besteht.

So empfahl ich einem tief besorgten Geschäftsmann, dessen Verkäufe extrem rückläufig waren, er solle sich in seinem Büro hinsetzen, zur Ruhe kommen und ständig wiederholen: »Meine Verkäufe steigen täglich. Ich erziele Fortschritte und werde jeden Tag wohlhabender.« Diese Aussage führte dazu, dass Bewusstsein und Unterbewusstsein kooperierten; schon bald stellten sich die erwünschten Ergebnisse ein.

Das ist eine sehr einfache und zugleich einzigartige Methode, dem Unterbewusstsein die Vorstellung von Reichtum einzuprägen. Wenn auch Ihnen bei der Lektüre dieses Kapitels der Gedanke durch den Kopf schießt: *Ich brauche Erfolg und Wohlstand*, dann wiederholen Sie drei oder vier Mal täglich etwa fünf Minuten lang die Begriffe »Erfolg« und »Wohlstand«. Da beide die Macht des Unterbewusstseins ausdrücken, geht von ihnen eine enorme Wirkung aus. Besinnen Sie sich ganz auf diese wesentliche Kraft im Innern, so werden sich die entsprechenden Umstände und Bedingungen in Ihrem Leben manifestieren. Sie sagen nicht: »Ich bin ein Erfolgsmensch« oder »Ich bin wohlhabend«, sondern richten die Aufmerksamkeit auf Ihr wahres Potenzial.

Durch die artikulierten Wörter »Erfolg« und »Wohlstand« entsteht kein Konflikt im mentalen Bereich. Außerdem rufen derlei Vorstellungen das *Gefühl* von Erfolg und Wohlstand hervor.

Das Gefühl von Erfolg erzeugt Erfolg, das Gefühl von Wohlstand erzeugt Wohlstand. Vergessen Sie das nie. Das Unterbewusstsein gleicht einer Art universalen Bank; es vermehrt alles, was Sie dort hinterlegen, sei es gut oder schlecht.

Sie unterzeichnen jedoch Blankoschecks, wenn Sie solche Aussagen treffen wie »Ich hab nicht genug, um über die Runden zu kommen«, »Ein Engpass nach dem anderen« oder »Ich werde die Hypothek nicht mehr abbezahlen können«. Auch mit Ihrer Zukunftsangst unterzeichnen Sie Blankoschecks und ziehen negative Bedingungen an. Das Unterbewusstsein begreift diese Angst und die damit verbundene Überzeugung als einen Wunsch und verfährt dann auf seine Weise, um Hindernisse, Verspätungen, Mangel und Begrenzung in Ihr Leben zu bringen. Wer das Gefühl hat, auf vieles verzichten zu müssen, wird mit noch mehr Verzicht konfrontiert. Wer hingegen das Gefühl hat, reich zu sein, dem wird noch mehr Reichtum zuteil.

Das Unterbewusstsein belohnt Sie auch mit Zinseszins. Deponieren Sie dort jeden Morgen nach dem Aufwachen Gedanken, die von Erfolg, Glück, Reichtum und Frieden zeugen. Sinnen Sie über diese positiven Vorstellungen nach, beschäftigen Sie sich damit so oft wie möglich. Als Anlage werden sie den Weg in Ihr Unterbewusstsein finden und zum gegebenen Zeitpunkt Wohlstand und Fülle einbringen.

Ich kann Sie sagen hören: »Oh, das hab ich bereits getan, aber es ist überhaupt nichts passiert.« Die gewünschten Ergebnisse wurden deshalb nicht erzielt, weil Sie vielleicht zehn Minuten später ängstlichen Gedanken nachhingen und so das zuvor bekräftigte Gute neutralisierten. Wenn Sie einen Samen in die Erde setzen, graben Sie ihn ja auch nicht gleich wieder aus.

Angenommen, Ihr Standardsatz lautet: »Ich werde diese Zahlung nicht leisten können!«, so brechen Sie ihn nach »Ich werde

…« einfach ab, um eine positive und konstruktive Aussage zu formulieren und zu verinnerlichen, etwa: »Tag und Nacht werde ich in all meinen Lebensbereichen begünstigt.«

»Begünstigt werden« oder »gedeihen« heißt, dass man in jeder Hinsicht Fortschritte erzielt, ob im Verstehen, in der Weisheit oder bei materiellen Besitztümern. Geld steht für Reichtum und ist ein Symbol des Austauschs; es repräsentiert Freiheit, Überfluss und Verfeinerung. Ich kenne niemanden, der behaupten würde, zu viel zu haben; höchstwahrscheinlich strebt jeder nach mehr.

Einige glauben, der Wert ihres Geldes hänge von den Goldvorkommen in Südafrika oder den Goldbeständen des US-Schatzamtes ab; andere leben in der Angst, durch eine Abwertung der eigenen Währung hohe Summen zu verlieren. Diese Menschen vergessen jedoch eines: Wenn das Blut harmonisch in ihren Adern zirkuliert, erklärt der Arzt sie für gesund; wenn dementsprechend das Geld frei in ihrem Leben zirkuliert und all ihre Bedürfnisse befriedigt, wobei immer noch etwas übrig bleibt, sind sie erfolgreich und wohlhabend.

Erfahren Sie zum Beispiel durch die Medien von einem Börsencrash und sind deshalb voller Sorge und Angst, so werden Sie durch Nachrichten und Statistiken stark beeinflusst, ja regelrecht konditioniert. Aber Ihre finanzielle Sicherheit beruht letztlich auf dem subjektiven oder inneren Gefühl von Wohlstand.

Sobald Sie die Vorstellung von Reichtum und Erfolg Ihrem Unterbewusstsein übermitteln möchten, dürfen Sie nie irgendwelche törichten Bemerkungen machen wie »Ich verachte Geld«, »Es ist ein Fluch« oder »Es ist die Wurzel allen Übels«. Eine derartige Einstellung führt nur dazu, dass das Geld Flügel bekommt und Ihnen davonfliegt. Auf diese Weise würden Sie dem Unterbewusstsein zwei widersprüchliche Befehle geben, die einander neutralisieren und im Patt enden.

Im Laufe der Zeitalter hat das Geld als Zahlungsmittel viele unterschiedliche Formen angenommen. Doch für Sie kommt es darauf an, unterbewusst die Überzeugung zu hegen, dass in Ihrem Leben das Geld ständig zirkuliert und in jedem Augenblick, an jedem Ort Ihre Wünsche erfüllt.

Geld trägt wesentlich zu Ihrer wirtschaftlichen Gesundheit bei; folglich sollten Sie alles Nötige besitzen und noch einiges mehr. Fangen Sie jetzt an zu glauben und zu beanspruchen, dass Geld etwas Wunderbares ist. Lieben Sie es und gehen Sie freundlich damit um. Dann werden Sie immer viel davon haben und niemals Mangel leiden.

Liebe ist eine emotionale Bindung. Wenn Sie Ihre Arbeit, Ihren Beruf nicht lieben, können Sie nicht wirklich erfolgreich sein. Liebe vergrößert und vervielfacht alles. Lieben Sie also die Vorstellung von Reichtum, bis sie subjektiv zum Ausdruck gelangt. Prägen Sie die beiden Sätze in Großbuchstaben Ihrem Geist ein: WAS ICH LIEBE, WÄCHST AN. WAS ICH ABLEHNE, VERSCHWINDET AUS MEINEM LEBEN.

Sie sind mit dieser grundlegenden Tatsache vertraut: Wenn Geld in einem Land frei zirkuliert, ist dessen finanzieller Zustand ausgeglichen. Möge das Geld daher auch in Ihrem Leben und insbesondere in Ihrer geistigen Einstellung frei zirkulieren. Glauben Sie fest, dass Geld etwas Gutes ist, und denken Sie an all das Gute, das Sie damit bewirken können. Werden Sie mental zu einem Kanal für den ununterbrochenen Strom des Reichtums, der in vollkommenem Kreislauf Ihnen zufließt und von Ihnen abfließt.

Falls Sie in finanziellen Schwierigkeiten stecken und kaum über die Runden kommen, so bedeutet dies: Sie haben Ihr Unterbewusstsein nicht davon überzeugt, dass Ihnen stets mehr als genug zur Verfügung steht. Sie kennen Männer und Frauen, die lediglich ein paar Stunden pro Woche arbeiten und sagenhafte Summen verdienen. Diese Menschen schuften nicht wie Sklaven. Demgemäß sollten auch Sie nicht glauben, nur durch harte Arbeit im Schweiße Ihres Angesichts erfolgreich und vermögend werden zu können, denn das ist ein Ammenmärchen. Die mühelose Lebensweise ist die beste. Tun Sie einfach das, was Sie sehr gerne tun, und tun Sie es der Freude und der Spannung wegen. Singen Sie bei der Arbeit; wenn Sie diese lieben, stimmen Sie von selbst ein Lied an und sind auf direktem Weg zum Erfolg.

Ich kenne einen leitenden Angestellten, der jährlich über 200 000 Dollar verdient. Letztes Jahr ging er auf eine zehnmonatige Weltreise und sah die herrlichsten Orte auf allen Kontinenten. Er hat sein Unterbewusstsein überzeugt, dass er so viel Geld wert ist. Mir gegenüber bekannte er, etliche Kollegen in seiner Firma verdienten weitaus weniger, obwohl sie über die Geschäfte mehr wüssten als er und bessere Manager seien, aber es fehle ihnen an Ideen und Ambitionen …

Geld ist eigentlich nur der Ausdruck einer unterschwelligen Überzeugung des Individuums. Sie werden nicht zum Millionär durch die Affirmation: »Ich bin ein Millionär, ich bin ein Millionär!« Ihr Bewusstsein von Erfolg und Reichtum entwickelt sich in dem Maße, wie Sie Ihrem tiefen Selbst die entsprechenden Vorstellungen einprägen.

Einer unserer Schüler, der früher als Verkäufer 1000 Dollar im Monat verdiente, ist jetzt Verkaufsleiter mit einem Jahresgehalt von 50 000 Dollar. Sein beruflicher Aufstieg vollzog sich innerhalb kurzer Zeit.

Jeden Morgen schaute er beim Rasieren in den Spiegel und sagte zu sich: »Du bist reich. Du hast großen Erfolg.« So fuhr er wochenlang fort. Nach etwa zwei Monaten war plötzlich er derjenige, der unter achtzig Verkäufern befördert wurde. Bei der Rasur ist man in entspanntem Zustand, der es einem ermöglicht, dem Unterbewusstsein mit Nachdruck und freudiger Erwartung immer wieder eine bestimmte Vorstellung zu suggerieren.

Während meiner Vorträge im Wiltshire Ebell Theatre in Los Angeles vor bis zu 1300 Zuhörern wird häufig die folgende Frage gestellt: »Wenn ich einen gewissen Betrag brauche, sagen wir 5000 Dollar, soll ich mich denn dann ausschließlich darauf konzentrieren?« Meine Antwort lautet: »Ja, durchaus, und es würde funktionieren. Doch die allgemeine und zugleich beste Methode besteht darin, nicht an eine vorgegebene Summe zu denken. Vergegenwärtigen Sie sich lieber Reichtum und Überfluss, um unbeschwert und völlig frei handeln zu können. Denn was immer Sie dem Unterbewusstsein einprägen, wird vergrößert und vervielfacht – so wie die ausgesäten und keimenden Weizenkörner ein Zigfaches ihrer selbst hervorbringen.«

Das Unterbewusstsein arbeitet nach dem Gesetz der Fülle. Die Natur ist überreich, verschwenderisch und ausschweifend. Wenn Sie mit dem Leben täglich um einen Cent feilschen, wird das Universum in der gleichen Weise reagieren. Viele Menschen haben den sehnlichen Wunsch nach mehr Geld, doch ihr mentales Muster beschränkt sich auf eine Handvoll Dollar. Genau so verhalten sie sich dann auch, obwohl ihnen viel mehr zur Verfügung stehen würde.

Es folgt eine einfache Methode, mit der Sie Ihr Bewusstsein von Reichtum schärfen können. Sprechen Sie sich diese Aussagen mehrmals täglich vor: »Ich mag Geld ... Ich liebe Geld ... Ich verwende es klug und nutzbringend ... Es zirkuliert ständig in meinem Leben ... Ich gebe es frohgemut aus, und auf wunderbare Weise kehrt es vervielfacht zu mir zurück ... Es ist gut, ja sehr gut.« Das wird Ihnen helfen, die richtige Einstellung zum Geld zu finden.

Kritisieren Sie das Geld niemals durch Worte wie: »Es ist nur schmutziger Mammon, etwas Übles und Verdorbenes.« Sie können nicht an sich ziehen, was Sie derart ablehnen. Nach reiflicher Überlegung werden Sie erkennen, dass wahrer Reichtum vom Kreislauf wunderbarer Ideen abhängt, die von Ihrer unterbewussten Ebene aufsteigen.

Die obige Bestätigungsformel benutzte ein junger Kriminalbeamter, der sich nach mehr Geld sehnte. Eines Morgens erwachte er mit dem intensiven Wunsch, über eine seiner Erfahrungen eine

Kurzgeschichte zu schreiben. Er setzte sich an den Tisch, und die Ideen sprudelten aus ihm hervor. Bald darauf wurde sein Manuskript von einer Zeitschrift angenommen. So schrieb er viele weitere Geschichten, die stattliche Honorare einbrachten. Der Reichtum fiel ihm genauso zu wie die Ideen. Auch Ihr Geist kann Ihnen das Material für ein Buch, ein Theaterstück oder eine neue Erfindung offenbaren. Dazu müssen Sie nur von Ihrem Unterbewusstsein Gebrauch machen.

Ein mir bekannter Verkaufsleiter hatte die besten Ideen für seine Werbekampagnen gewöhnlich morgens nach dem Aufwachen. Auf diese Weise stieg er zum Geschäftsführer auf, dessen Leistung die der Mitarbeiter bei Weitem übertraf.

Ihrem Unterbewusstsein mangelt es nie an Ideen. In unermesslicher Zahl strömen sie von dort ins Bewusstsein und erscheinen schließlich als Bargeld in Ihrer Brieftasche. Dieser geistige Prozess setzt sich ununterbrochen fort, ob der Markt floriert oder stagniert, ob der Währungskurs fällt oder steigt. Ihr Reichtum beruht letztlich nicht auf Aktien, Anleihen oder dem Sparkonto. Das sind zwar ebenso notwendige wie nützliche Anlagen, aber entscheidend ist, das Unterbewusstsein davon zu überzeugen, dass der Reichtum einem zusteht und dass im eigenen Leben ständig viel Geld zirkuliert, über das man jederzeit verfügen kann, welche Form es auch annehmen mag.

Wer dagegen glaubt, seine finanzielle Situation hinge hauptsächlich von der beruflichen Stellung oder den Überstunden ab, hat eine allzu begrenzte Vorstellung und ist ein Gefangener der eigenen Überzeugungen. Diese Welt besteht aus Ursache und Wirkung. Ihre Sorgen und Ärgernisse in puncto Geld deuten auf ein Gefühl von Mangel hin, das einen noch größeren Mangel an Geld zur Folge haben wird. Die geistige Einstellung ist die Ursache, die Geldnot die Wirkung.

Bei vielen Menschen resultiert der Geldmangel aus einer bestimmten Empfindung, dem Neid, aber das begreifen sie oft erst auf die harte Tour. Wenn Sie zum Beispiel sehen, wie ein Konkurrent riesige Summen verdient, während Sie selbst bloß magere Erträge erzielen, sind Sie dann neidisch auf ihn? Wenn ja, sollten Sie dieses Gefühl überwinden, indem Sie sich sagen: »Ist das nicht wunderbar! Ich freue mich über den Wohlstand dieses Mannes und wünsche ihm noch größeren Reichtum.«

Durchschauen Sie, was dabei passiert? Sie prägen Ihrem Unterbewusstsein die Vorstellung von Reichtum ein! Neidvolle Gedanken zu hegen ist deshalb verheerend, weil dieses mentale Muster Sie in eine äußerst ungünstige Position bringt: Der Strom des Reichtums fließt Ihnen nicht zu, sondern fließt von Ihnen ab.

Wenn also der Wohlstand einer bestimmten Person Sie stört oder nervt, müssen Sie ihr sofort aufrichtig wünschen, noch mehr Wohlstand in jedweder Form genießen zu können. Dies wird Ihre negativen Gedanken neutralisieren und dazu führen, dass sich – gemäß dem Gesetz des eigenen Unterbewusstseins – Ihr finanzieller Rahmen zunehmend vergrößert.

Vielleicht kennen Sie Leute, die ständig über die Runden zu kommen versuchen und offenbar echte Geldprobleme haben. In ihren Gesprächen ist häufig die Rede davon, dass sie jene verurteilen, die im Leben Erfolg haben und sich von der Menge abheben. Vielleicht sagen sie sogar: »Der Typ ist echt durchtrieben, ein rücksichtsloser Gauner.« Genau deshalb leiden sie Mangel; sie verdammen, was sie sich insgeheim wünschen, beneiden den anderen um seinen Wohlstand, der ihnen allerdings durchaus willkommen wäre. Eine solche Verachtung läuft rasch darauf hinaus, dass selbst noch ihre spärlichen Mittel sich in Luft auflösen.

Behaupten Sie etwa, Sie hätten nie eine Chance gehabt? Werfen Sie den Eltern oder ferneren Verwandten mangelnde finanzielle Unterstützung vor? Hören Sie sofort auf damit. Begreifen Sie, dass das Geheimnis des Reichtums im richtigen Gebrauch der eigenen Geisteskraft liegt. Sämtliche Quellen des unendlichen Geistes stehen Ihnen zur Verfügung und wollen durch Sie in Erscheinung treten – vorausgesetzt, Sie zeigen sich dafür empfänglich.

Zerbrechen Sie sich nicht mehr den Kopf wegen eines Menschen, der Ihrer Meinung nach sein Geld auf unredliche Weise verdient. Sollte dies tatsächlich zutreffen, verstößt er gegen das Gesetz des Geistes; es wird ihn irgendwann zur Rechenschaft ziehen. Achten Sie jedenfalls darauf, ihn aus den zuvor genannten Gründen nicht mit weiterer Kritik zu überhäufen.

Falls Sie in einem finanziellen Engpass stecken, so handelt es sich um eine *mentale* Blockade. Sie sind imstande, diese umgehend zu beseitigen. Generell gilt der Grundsatz: Kommen Sie geistig mit sich selbst ebenso gut aus wie mit den anderen.

Abschließend sei noch einmal auf jene einfache Methode verwiesen, die Ihnen dabei von großer Hilfe ist. Wiederholen Sie abends vor dem Einschlafen leise, mühelos und gefühlvoll das Wort »Reichtum«, so als würden Sie ein Wiegenlied singen. Lullen Sie sich mit diesem einen Wort in den Schlaf. Schon bald werden Sie erstaunt sein über das Resultat: Aus vielerlei Richtungen fließen Ihnen Reichtümer in Hülle und Fülle zu. Auch das ist ein Beispiel für die wundersamen Wirkungen des Unterbewusstseins.

3

Unterbewusstsein und geistige Führung

Als ich in einem meiner Kurse die Funktionsweisen des Unterbewusstseins erklärte, meldete sich ein Mann und sagte, die Lösungen zu seinen Problemen kämen ihm häufig beim Rasieren. Das ist nicht verwunderlich, denn er führte diese Tätigkeit im Zustand völliger Entspannung aus. So gingen Weisheit und Intuition aus dem Unterbewusstsein allmählich in sein Bewusstsein über.

Diesem Mann waren tagelang ebenso genaue wie nützliche Hinweise auf sein Problem übermittelt worden. Indem er sich dann zusätzlich abends vor dem Einschlafen die folgenden Sätze vorsagte, war ihm Erfolg beschieden: »Ich übergebe nun meine Bitte dem Unterbewusstsein. Ich weiß, dass es die Lösung kennt, und werde sie empfangen.«

Das Unterbewusstsein nahm diese Bitte an, leitete aus seiner höchsten Einsicht die vollkommene Lösung ab und offenbarte sie frühmorgens dem Mann.

Auch Sie werden oft feststellen, dass Ihnen gleich nach dem Aufwachen, noch im Halbschlaf, die gesuchte Lösung einfällt. Zu diesem Zeitpunkt kommt die Weisheit des Unterbewusstseins zum Vorschein.

Was machen Sie, wenn ein Problem Ihnen zusetzt? Viele zerbrechen sich darüber den Kopf und sind tief besorgt. So wird die Sache aber nur schlimmer, denn das Unterbewusstsein verstärkt immer, was man ihm einprägt. Wenn Sie also ständig mit Sorge, Wut, Bitterkeit oder Ablehnung reagieren, gelangen diese Gefühle in den Speicher Ihres subjektiven Selbst. Daraus können Sie dann bei Bedarf weder Kraft noch Glaube oder Zuversicht abrufen, eben weil solche Qualitäten dort von Ihnen nicht eingegeben wurden.

Fangen Sie jetzt an, Ihrem Unterbewusstsein die Botschaften der Liebe, der Freude, des Friedens, der guten Stimmung einzuflößen, und besinnen Sie sich darauf. So wird es sie in einer Weise verstärken, die noch Ihre kühnsten Träume übersteigt.

Wenn Sie eine schwierige Entscheidung treffen müssen oder keine Lösung für Ihr Problem sehen, wandeln Sie die destruktiven Gedanken in konstruktive um. Furcht und Sorge sind ein Zeichen dafür, dass Sie nicht wirklich denken. Echtes Denken besteht in der Kontemplation dessen, was wahr, gerecht, aufrichtig, liebenswert und angesehen ist. Es kennt keine Angst. Diese hat ihre Ursache in einer falschen Vorstellung oder Auffassung. Wahrscheinlich glauben Sie, dass äußere Umstände und Bedingungen Sie beherrschen und zu einem bestimmten Handeln zwingen. Aber vergessen Sie nicht: Allein *Sie* gebieten über Ihre Welt.

Eine einfache Methode möge Ihnen zu dieser Einsicht verhelfen. Kommen Sie innerlich zur Ruhe und entspannen Sie den Körper. Er hat Ihnen zu gehorchen, verfügt er selbst doch weder über Willen noch Initiative noch Intelligenz. Er ist eine Art emotionale Disc, die Ihre Eindrücke und Überzeugungen aufzeichnet. Bringen Sie den mentalen Fluss zum Stillstand. Lenken Sie die Aufmerksamkeit einzig und allein auf die Lösung Ihres Problems. Versuchen Sie, diese mit Ihrem Bewusstsein zu finden. Stellen Sie sich vor, wie glücklich Sie wären über die perfekte Lösung. Falls Ihre Gedanken abschweifen, leiten Sie sie behutsam zum Ausgangspunkt zurück. In diesem schläfrigen Zustand sagen Sie leise und mit bejahendem Unterton: »Die Lösung ist jetzt mein. Ich weiß, dass das Unterbewusstsein sie kennt.« Geben Sie sich dem Gefühl hin, die Lösung endlich gefunden zu haben. Empfinden Sie, was in Ihnen vorginge, wenn dem tatsächlich so wäre. Kreisen Sie spielerisch und gelöst um diese Stimmung. Anschließend lassen Sie sich in den Schlaf sinken.

Sie schlummern vielleicht schneller ein als erwartet, haben jedoch über die Lösung meditiert und keineswegs Zeit vergeudet.

Falls die gesuchte Antwort beim Erwachen noch nicht aufgetaucht ist, beschäftigen Sie sich mit etwas anderem. Wahrscheinlich wird sie Ihnen während dieser Tätigkeit plötzlich in den Sinn kommen, ähnlich wie der Toast aus dem Toaster hochschnellt.

Denken Sie über Ihr Problem nie laut nach mit den Worten: »Ständig geht's bergab. Ich werde die Lösung niemals finden.« »Ich sehe keinen Ausweg.« »Es ist hoffnungslos.« Damit kehren Sie das Gesetz des Geistes um und machen die geleistete Arbeit zunichte. Wenn Sie sich dagegen auf die Lösung besinnen, wird die Intelligenz des Unterbewusstseins aktiviert, das alles weiß, alles sieht und über das »Know-how« verfügt, jene herbeizuführen.

Das Unterbewusstsein besitzt schöpferische Kraft und gehorcht zugleich den Befehlen aus dem Bewusstsein. Vergessen Sie nie diese einfache Wahrheit: Das Bewusstsein hat die Macht der Wahl; das Unterbewusstsein hingegen tut das, was ihm aufgetragen wird. Es akzeptiert Ihre Anschauungen und Überzeugungen und verwandelt sie in gelebte Erfahrung. Seine Ressourcen sind unbegrenzt und voller Schaffensdrang.

Vor einiger Zeit erhielt ich einen Zeitschriftenausschnitt, in dem beschrieben wurde, wie ein gewisser Dr. Frederick Banting die Diabetes gründlich erforschte und so die Probleme mit dieser Krankheit maßgeblich linderte. Eines frühen Morgens erwachte er mit der Idee, die Substanz des degenerierten Ausführungsgangs der Bauchspeicheldrüse von Hunden zu extrahieren. Damit legte er den Grundstein zur Entdeckung des Insulins, das bis heute zig Millionen Menschen geholfen hat.

Daraus folgt nicht, dass Sie über Nacht immer die richtige Antwort empfangen; das kann Wochen oder gar Monate dauern. Lassen Sie sich nicht entmutigen. Fahren Sie unermüdlich fort, das Problem abends vor dem Einschlafen dem Unterbewusstsein anzuvertrauen, als würden Sie dies zum ersten Mal tun.

Die Verzögerung mag dadurch bedingt sein, dass Sie glauben, es handle sich um ein schwerwiegendes Problem, dessen Lösung viel Zeit beanspruchen wird.

Das Unterbewusstsein aber ist zeit- und raumlos. Legen Sie sich schlafen mit der Überzeugung, dass Sie die Antwort bereits gefunden haben. Projizieren Sie sie nicht in die Zukunft. Glauben Sie stets an das positive Endergebnis. Seien Sie jetzt, während der Lektüre dieses Buches, ganz sicher, dass es für Sie eine perfekte Lösung gibt.

Manchmal ist sie derart naheliegend, dass wir ihr keine Beachtung schenken. Das musste auch ich erfahren, als mir kürzlich ein Missgeschick passierte. Ich hatte einen kostbaren Ring verloren, ein Familienerbstück. Überall suchte ich danach – vergebens. Also beschloss ich, genau das zu praktizieren, was ich predige. Abends vor dem Einschlafen sprach ich zu meinem Unterbewusstsein genau so, wie ich zu einem anderen Menschen sprechen würde: »Du weißt alles. Demnach weißt du auch, wo der Ring ist. Diese Information wirst du mir jetzt übermitteln.«

Kurz nach dem Aufwachen hörte ich in meinem Ohr die Worte widerhallen: »Frag Robert!«

Robert ist unser vierzehnjähriger Sohn. Es erschien mir seltsam, ihn zu fragen. Trotzdem gehorchte ich der inneren, intuitiven Stimme.

Robert erwiderte: »O ja. Ich hab den Ring auf dem Bürgersteig vorm Haus entdeckt und mitgenommen. Er ist in meiner Schublade. Ich dachte, der ist nicht besonders wertvoll, also hab ich nichts darüber gesagt.«

Das Unterbewusstsein wird Ihnen immer antworten, wenn Sie ihm wirklich vertrauen.

Ein junger Mann, der an unseren Kursen teilnimmt, erlebte folgende Geschichte. Sein Vater war in die nächste Dimension übergegangen und hatte offenbar kein Testament hinterlassen. Alle Versuche, es zu finden, schlugen fehl, obwohl die Schwester des Mannes vom Vater in Kenntnis gesetzt worden war, dass er ein für alle gerechtes Testament gemacht habe. So wandte der junge Mann jene Methode an, die er in den Kursen gelernt hatte. Vor dem Einschlafen sagte er zu sich: »Ich übergebe nun meine Bitte dem Unterbewusstsein. Es weiß, wo sich das Testament befindet, und zeigt mir die Stelle.« Dann verkürzte er seine Bitte auf ein Wort: »Antwort«, und wiederholte es ständig wie ein Wiegenlied. Mit diesem Wort schlummerte er ein.

In der gleichen Nacht hatte er einen äußerst lebhaften, wirklichkeitsnahen Traum, in dem er den Namen und die Adresse einer Bank in Los Angeles sah. Tags darauf ging er dorthin und stieß auf ein Schließfach seines Vaters. Darin lag tatsächlich das Testament, das all seine Probleme löste.

Der zentrale Gedanke, mit dem Sie sich schlafen legen, aktiviert das mächtige Potenzial Ihres Geistes. Angenommen, Sie stehen gerade vor einer wichtigen Entscheidung und überlegen, ob Sie Ihr Haus veräußern, eine bestimme Aktie kaufen, eine Partnerschaft beenden, einen Vertrag auflösen oder umziehen sollen. Verfahren Sie folgendermaßen: Setzen Sie sich zu Hause oder im Büro in Ihren Sessel und kommen Sie zur Ruhe. Erinnern Sie sich, dass es das universale Gesetz der Aktion und Reaktion gibt. Die Aktion ist Ihr Gedanke; die Reaktion ist die Antwort aus Ihrem Unterbewusstsein. Seinem Wesen nach ist es reaktiv und reflexiv. Es antwortet, gibt zurück, belohnt. Es beruht auf Wechselwirkung und reagiert dementsprechend. Im Nachsinnen über die richtige Handlung werden Sie automatisch eine innere Reaktion verspüren. So haben Sie die unendliche Intelligenz des Unterbewusstseins in einem Maße benutzt, dass es anfängt, Sie zu benutzen. Von nun an wird Ihre Handlungsweise beherrscht und gelenkt von jener Intelligenz, die allwissend und allmächtig ist. Ihre Entscheidung wird richtig sein und die einzig richtige Handlung nach sich ziehen, eben weil Sie unter dem subjektiven Zwang stehen, das Richtige zu tun. Der Begriff »Zwang« rührt daher, dass das Gesetz des Unterbewusstseins *zwingend* ist.

Unsere unterbewussten Anschauungen und Überzeugungen diktieren und kontrollieren all unsere bewussten Handlungen. Das Geheimnis der geistigen Führung, die zum richtigen Handeln führt, liegt darin, sich mental so lange der richtigen Antwort zu widmen, bis eine innere Reaktion erfolgt. Diese ist ein Gefühl, eine Einsicht oder übermächtige Ahnung, die Sie wissen lässt, dass Sie wissen. Unter der Leitung der sowohl subjektiven wie universalen Weisheit können Sie unmöglich scheitern oder auch nur einen falschen Schritt machen.

Sie brauchen sich nur einen Garten oder eine Plantage zu vergegenwärtigen, um das zweifache Wesen des Geistes und das Gesetz zu verstehen, demgemäß es seine Operationen ausführt. Das Bewusstsein entscheidet darüber, welche Samen in die Erde gesetzt werden. Bekanntlich lässt die Erde praktisch jede Art von Samen gedeihen, ob den der Weintraube oder den des Dornenstrauchs.

Betrachten Sie in diesem Zusammenhang auch das Unterbewusstsein als Erde. Sie enthält alle Nährstoffe, die für das Wachstum der Pflanze notwendig sind, und strebt von Natur aus immerzu danach, Blüten und Früchte zu tragen. Aber sie hat nicht das geringste Interesse daran, was sie ans Tageslicht bringt. Ein Birnbaum ist ihr ebenso recht wie ein Apfelbaum. Würde sie sich weigern, giftige Pflanzen hervorzutreiben, wäre das ein Verstoß gegen sämtliche Naturgesetze.

Das Gleiche trifft auch auf das Unterbewusstsein zu. Es ist ein »Macher«, der weder Fragen stellt noch freche Antworten gibt. Es akzeptiert, was Sie in ihm hinterlegen, und gestaltet daraus Ihre Erfahrung, ob auf positive oder negative Weise. Daher müssen Sie unbedingt lernen, Ihr Unterbewusstsein wohlüberlegt und nutzbringend einzusetzen.

An dieser Stelle sei eine Tatsache besonders hervorgehoben: Bezüglich des Gegenstandes, über den Sie am meisten nachdenken, werden Sie immer Anleitungen erhalten. Das Unterbewusstsein ist unpersönlich und macht zwischen Menschen keinen Unterschied. Wenn Sie zum Beispiel in Erwägung ziehen, wie Sie ein bestimmtes Gebäude in Brand stecken können, ohne erwischt zu werden, kommen Ihnen Gedanken und Ideen für den böswilligen und zerstörerischen Gebrauch von Feuer. Die universelle Energie oder Kraft ist an sich vollkommen harmlos; doch Sie können diese entweder für konstruktive oder für destruktive Zwecke nutzen.

Womit auch immer Sie sich innerlich beschäftigen – es wird Ihnen die entsprechende Unterweisung zuteil. Wenn Sie über Probleme, Ängste und Misserfolge nachgrübeln, werden Sie in die falsche Richtung geführt und noch mehr Verwirrung und Chaos erleben.

Beherzigen Sie diese großartige Vorstellung und sinnen Sie darüber nach: Im ganzen Universum gibt es nichts zu befürchten! Dank der Macht Ihres Unterbewusstseins haben Sie die Kontrolle inne. So nehmen Sie nun unbesorgt Platz an einem Ort, der Ihnen behagt, und malen sich einen herrlichen See hoch oben auf dem Berg aus. Die Nacht ist klar und lautlos. Auf der unbewegten Wasseroberfläche sehen Sie die Sterne und den Mond widergespiegelt, vielleicht auch einige nahe Bäume. Wäre der See aufgewühlt, würden Sie nichts von alldem erkennen. Tun Sie es ihm nach, besänftigen Sie Ihren Geist, entspannen Sie sich und lassen Sie völlig los. Versenken Sie sich in diesen Zustand des Friedens und der Stille. Über den glitzernden Wassern des Geistes wird die Antwort auf Ihre Frage auftauchen – ein Flüstern im innersten Ohr.

Die Magie des Glaubens

1

Das Hohelied Salomos

Sage mir an, du, den meine Seele liebt, wo du weidest, wo du ruhst am Mittag, damit ich nicht herumlaufen muss bei den Herden … Siehe, meine Freundin, du bist schön; schön bist du, deine Augen sind wie Taubenaugen … Er führt mich in den Weinkeller, und die Liebe ist sein Zeichen über mir … Seine Linke liegt unter meinem Haupte, und seine Rechte herzt mich … Mein Freund antwortet und spricht zu mir: Steh auf, meine Freundin, meine Schöne, und komm her! Denn siehe, der Winter ist vergangen, der Regen ist vorbei und dahin. Die Blumen sind aufgegangen auf dem Lande, der Lenz ist herbeigekommen, und die Turteltaube lässt sich hören in unserem Lande … Steh auf, meine Freundin, und komm, meine Schöne, komm her! … Mein Freund ist mein, und ich bin sein, der unter den Lilien weidet. Bis der Tag kühl wird und die Schatten schwinden …

Das Hohelied Salomos 1, 7, 15; 2, 4, 6, 10–17

Unvorstellbar, dass eine Textsammlung zum Thema Liebe nicht *Das Hohelied Salomos* mit einschließt. Es gehört wirklich zu den inspirierendsten Büchern der Bibel und offenbart Gott als den Großen Liebenden. Diese Hymne ist rauschhaft und atemberaubend …

Um ein triumphales Leben zu führen, muss man von der Liebe zutiefst bewegt werden, überschäumen vor Freude, ja trunken sein vom Göttlichen Geist. Das heißt, indem man das Hohe Lied anstimmt, wird man befeuert von Göttlicher Leidenschaft und dazu getrieben, die Göttliche Liebe jeden Tag umso stärker zum Ausdruck zu bringen.

Gewiss haben Sie schon einmal jemanden gesehen, der vor Leidenschaft und Überschwang sprühte. In jenem Augenblick sang dieser Mensch das Lied Gottes. »Du tust mir kund den Weg zum Leben: Vor dir ist Freude die Fülle und Wonne zu deiner Rechten ewiglich« (Psalm 16, 11).

Wenn Sie ein Lied singen, offenbaren Sie Ihre ganze Natur. Geist und Körper gehen in das Lied ein. Sobald Ihr Herz erfüllt ist von Liebe und gutem Willen, um Frieden auszustrahlen, singen Sie in der Tat Gottes Lied. Es ist das Lied der jubilierenden Seele.

Das wahre Ich ist ein geistiges, ewiges, vollkommenes Wesen. Sie sind hier und jetzt der lebendige Ausdruck Gottes. »Wohl habe ich gesagt: Ihr seid Götter und allzumal Söhne des Höchsten« (Psalm 82, 6).

Wenn Sie beten, gehen Sie mit Gott oder Ihrem Guten eine Liebesbeziehung ein. Ihr Herzenswunsch beschert Ihnen Freude und Frieden, wenn er verwirklicht wird. Dazu müssen Sie Ihre tiefe Sehnsucht – im Hohelied Salomos als die Freundin oder Geliebte dargestellt – umwerben. Lassen Sie sich von ihr gefangen nehmen, halten und begeistern, bis sie Ihre Vorstellungskraft beflügelt. Sie werden sich immer in Richtung jener Sehnsucht bewegen, die Ihr Denken beherrscht.

Die Mehrheit der Psychologen weiß: *Das Hohelied Salomos* ist eine Allegorie auf die wunderbare Liebesbeziehung zwischen dem Bewusstsein und dem Unterbewusstsein.

»Sage mir an, du, den meine Seele liebt, wo du weidest ...« Ihre verwirklichte Sehnsucht ist das, was Ihre Seele liebt. Sie werden gefragt: »Wo weidest du?« Mit anderen Worten: Worum kreisen deine Gedanken? Die *Herden* versinnbildlichen Ihre Vorstellungen, Meinungen, Überzeugungen. Sie sollen sich an nichts anderem gütlich tun als an der Freude über das beantwortete Gebet.

Wenn Sie sich sagen: »Ich kann nicht«, »Es ist jetzt zu spät«, »Ich bin zu alt«, »Ich kenne nicht die richtigen Leute« – wenn Sie also über all die Gründe nachgrübeln, warum Sie etwas nicht schaffen oder nicht so sein können, wie Sie gerne sein möchten –, dann irren Sie *bei den Herden* umher.

Am *Mittag* wirft die Sonne keinen Schatten. Das heißt, wenn Sie beten, sollen Sie nicht zulassen, dass ein Schatten der Angst oder des Zweifels Ihren Weg kreuzt oder Sie von Ihrem Lebensziel abbringt. Die Welt der Verwirrung wird zurückgewiesen, und Sie sinnen über die Wirklichkeit Ihrer Sehnsucht nach, beziehen daraus Ihre geistige Nahrung.

»Siehe, meine Freundin, du bist schön; schön bist du, deine Augen sind wie Taubenaugen …« Die Taube ist ein Symbol für Gottes inneren Frieden.

An dieser Stelle fällt mir das Gespräch ein, das ich vor einiger Zeit mit einem Alkoholiker in meinem Büro führte. Er sagte: »Erzählen Sie mir nichts über diesen Gotteskram. Ich will keinen Gott, sondern Heilung.« Der Mann hegte tiefen Groll gegen seine Exfrau, die wieder geheiratet hatte, und gegen mehrere andere Personen. Er brauchte die *Taubenaugen*, und das bedeutete: Er musste die Wahrheit erkennen, die ihm Seelenfrieden bescheren würde.

Ich fragte ihn: »Wollen Sie jetzt mit mir beten? Ich bitte Sie nur, aufrichtig zu sein; dann werden Sie einen inneren Frieden erfahren, der alles menschliche Verstehen übersteigt.«

Als er sich schließlich entspannte, fuhr ich fort: »Stellen Sie sich vor, mit der Unsichtbaren Gegenwart in Ihrem Innern zu sprechen – zu jener Allmacht, die das Universum erschuf. Sie ist zu allem fähig. Sagen Sie einfach: ›Danke, danke für diesen inneren Frieden.‹ Wiederholen Sie es mehrfach.«

Nach zehn Minuten stiller Einkehr wurde er von einem Licht geblendet, das aus dem Boden rings um ihn zu kommen schien. Der ganze Raum war plötzlich von Licht überflutet!

Er rief: »Ich sehe nur noch Licht! Was ist passiert?« Dann schlief er ein, und sein Gesicht leuchtete so hell wie die Sonne. Nach etwa fünfzehn Minuten wachte er auf, war völlig friedlich und sagte: »Gott existiert wirklich! Gott *ist*!« Dieser Mann hatte seinen Liebling gefunden … den mit *Taubenaugen*.

Sagen auch Sie abends vor dem Einschlafen zu Ihrer Sehnsucht, wie schön sie ist und wie wunderbar Sie sich fühlen würden, wenn sie verwirklicht wäre. Verlieben Sie sich in Ihr Ideal, rühmen und preisen Sie es. *Steh auf, meine Freundin!* Fühlen Sie deutlich, dass Sie so sind, wie Sie gerne sein möchten. Schlummern Sie ein in der Gewissheit, das zu sein und das zu tun, wonach Sie sich sehnen.

Einem anderen Mann, der Versicherungspolicen verkauft, riet ich, die Vorstellung von Erfolg gleichsam zu überschlafen. Vor dem Einschlafen sollte er sich ausmalen, was Erfolg für ihn bedeutet, was er als erfolgreicher Vertreter tun würde. Er bediente sich seiner Einbildungskraft und *verliebte* sich in die Vorstellung von Erfolg, indem er genau dieses Wort immer wieder aussprach. So versetzte er sich in »Erfolgsstimmung« und schlummerte in den Armen seines Ewigen Geliebten ein.

Ihr Geliebter – Ihre Göttliche Gegenwart – wird all das geschehen lassen, was Sie als wahr und richtig akzeptieren. Die Erfahrungen, Ereignisse und Bedingungen Ihres Lebens sind die Kinder Ihres Geistes.

»Er führt mich in den Weinkeller, und die Liebe ist sein Zeichen über mir …« Der *Weinkeller* ist Ihr eigenes Bewusstsein, darin Sie Ihre Vorstellung oder tiefe Sehnsucht hegen. Das folgende Beispiel soll illustrieren, was damit gemeint ist.

Eine junge, besonders talentierte Sängerin hatte große Mühe, ein Engagement zu finden. Sie war so oft abgelehnt worden, dass sie befürchtete, eine Art Ablehnungskomplex zu entwickeln. In einer meiner Radiosendungen hörte sie mich dann sagen: »Was immer der Mensch sich vorstellt und als wahr empfindet, kann er verwirklichen.« Sie notierte diesen Satz, kam in einen meiner Kurse und betrat den *Weinkeller*, indem sie ihr aufgewühltes Denken beruhigte und den Körper einfach durch gutes Zureden entspannte. In diesem ausgeglichenen, friedlichen Zustand richtete sie die Aufmerksamkeit ganz auf den imaginären Vertrag in ihrer Hand, der ein Engagement verhieß, und war erfüllt von Freude und Staunen. Sie befand sich nun im *Weinkeller*, und das Zeichen über ihr war die Liebe. *Liebe* ist eine emotionale Bindung, das heißt, die Frau war eindeutig an diesen Vertrag gebunden. »Er ruft Dinge, die nicht zu sehen sind, als ob sie wären, und das Unsichtbare wird sichtbar« (Römer 4, 17). Die sichtbare Welt kommt aus dem Unsichtbaren. Indem sich die Frau in ihrem Geist, dem *Weinkeller*, mit der Vorstellung vom Vertrag gefühlsmäßig verband, bewirkte sie, dass dieser tatsächlich geschlossen wurde. Sie wusste, dass das, was sie intensiv sich vorstellte und glaubte, in der dreidimensionalen Welt Gestalt annehmen muss.

»Seine Linke liegt unter meinem Haupte, und seine Rechte herzt mich …« Die *Linke* ist Ihr tiefes, subjektives Gefühl, die *Rechte* Ihre geschulte Einbildungskraft. Sobald Sie anfangen, sich die verwirklichte Form Ihrer Sehnsucht vorzustellen und zu empfinden, fügen Sie die linke und die rechte Hand in einer Göttlichen Umarmung zusammen; so vereinigen sich Vorstellung und Empfindung. Anders ausgedrückt: Das Einverständnis zwischen Bewusstsein und Unterbewusstsein ist gleichbedeutend damit, dass das Gebet beantwortet wird.

Wenn es weder im Bewusstsein noch im Unterbewusstsein Zweifel oder Zwist gibt, wird Ihr Gebet erhört, weil beide Instanzen zugestimmt haben, darauf einzuwirken.

»Mein Freund antwortet und spricht zu mir: Steh auf, meine Freundin, meine Schöne, und komm her!« Ist es nicht genau das, was Ihr Ziel, Ehrgeiz oder Verlangen Ihnen zuflüstert? Zum Beispiel gibt Ihnen die Vorstellung von vollkommener Gesundheit zu verstehen: »Steh auf und löse dich vom Glauben an Krankheit, Schmerz, Begrenzung!«, um in Ihnen die Sehnsucht nach Harmonie und Seelenfrieden zu wecken.

Kürzlich führte ich ein langes Gespräch mit einem Mann in England, der Probleme mit seinen Beinen hatte. Unfähig, sich in Bewegung zu setzen, war er seit neun Monaten nicht mehr aus dem Haus gegangen. Zunächst fragte ich ihn, was er tun würde, wenn er geheilt wäre, woraufhin er erwiderte: »Ich würde wieder Polo und Golf spielen, schwimmen und auf Berge steigen, wie ich es jedes Jahr getan habe.« Das war die Antwort, die ich suchte.

Ich erklärte ihm, wie er die volle Funktionsfähigkeit seiner Beine zurückerlangen werde. Als Erstes solle er sich intensiv vorstellen, die genannten Tätigkeiten auszuführen. So saß er dreimal täglich fünfzehn bis zwanzig Minuten in seinem Arbeitszimmer und malte sich aus, Polo zu spielen. Er vergegenwärtigte sich die Situation, tatsächlich in die Rolle eines Polospielers zu schlüpfen. Er wurde gleichsam zum Schauspieler, der seine Rolle ausfüllt.

Man beachte, dass er sich nicht Polo spielen sah; das wäre nur eine Illusion gewesen. Vielmehr hatte er das deutliche *Gefühl*, Polo zu spielen. Er verwirklichte dieses Vorhaben, indem er es in seinem Geist – oder *Weinkeller* – erlebte.

Mittags kam er innerlich zur Ruhe, entspannte den Körper und trug in Gedanken seine Bergsteigerkleidung. Er fühlte und stellte sich vor, Berge zu erklimmen, spürte die kalte Luft auf dem Gesicht und hörte die Stimmen seiner alten Kameraden in der Seilschaft. Er empfand die natürliche Härte der Felsen und erfuhr das Drama am eigenen Leib.

Abends vor dem Einschlafen, ehe er sich in die Arme seines Lieblings – seines tieferen Selbst – begab, spielte er eine Partie Golf. Er hielt den Schläger, berührte den Ball mit der Hand, platzierte ihn auf dem Tee, holte aus und schlug ab. Den Flug des Balles zu verfolgen erfüllte ihn mit Freude. Wenn er überzeugt war, richtig gut zu spielen, schlief er ein mit dem Gefühl tiefer Befriedigung und wohligen Glücks.

Nach zwei Monaten waren die Beine dieses Mannes geheilt. Er unternahm wieder all die Dinge, die er sich vorgestellt hatte. Die *Idee*, auf Berge zu steigen, und die *Sehnsucht*, Polo zu spielen, übermittelten ihm die Botschaft: »Steh auf, mein Liebling, und komm her! Überwinde den Glauben an deine körperliche Behinderung!« Das nahm er sich zu Herzen und handelte danach.

Das Gesetz des Unterbewusstseins übt einen unwiderstehlichen Druck aus. Wenn Sie das untrügliche Gefühl haben zu schwimmen und die Kälte des Wassers ebenso spüren wie Ihre natürlichen Schwimmbewegungen, werden Sie früher oder später gezwungen sein zu schwimmen. Ob die Angst Sie behindert oder ein körperliches Gebrechen – Sie werden das tun, was Sie Ihrem Gefühl nach bereits getan haben.

Sehnsucht, Traum, Ehrgeiz und Zielstrebigkeit sind Ihre Retter! Sie ziehen durch die Gänge Ihres Denkens und teilen Ihnen mit: »Steh auf, mein Liebling, und komm her, genieße die herrlichen und wohltuenden Dinge des Lebens!«

Ungeachtet des Problems und seines Ausmaßes müssen Sie tatsächlich nicht mehr tun, als sich von der Wahrheit zu überzeugen, die Sie bekräftigen. Sobald es Ihnen gelingt, jeden Zweifel an der Verwirklichung Ihres Wunsches auszuräumen, werden die Ergebnisse automatisch folgen. Das Unterbewusstsein wird getreu das reproduzieren, was Sie ihm eingeprägt haben.

Die Bibel sagt: »... so wählt euch heute, wem ihr dienen wollt ...« (Josua 24, 15). Sie haben die Freiheit, die Gemütsverfassung zu wählen, die Ihnen behagt. Deren Übertragung in äußere Gestalt ist das Geheimnis Ihres Unterbewusstseins. Demgemäß werden Ihre Handlungen von unterbewussten Eindrücken und Überzeugungen bestimmt.

Denken und Fühlen entscheiden über Ihr Schicksal. Das Wissen um die Wahrheit gibt Ihnen nun zu verstehen: »Denn siehe, der Winter ist vergangen, der Regen ist vorbei und dahin ...« Der *Winter* versinnbildlicht jene kalte Periode, da die Samen im Schoß der Erde gefroren sind und nichts gedeihen kann. Der Winter wie auch die anderen Jahreszeiten sind Zustandsformen Ihres Geistes.

Sind Sehnsüchte, Träume, Visionen und Ziele in Ihnen erstarrt aufgrund von Angst, Sorge oder falschen Überzeugungen? Wenn ja, können Sie sie jetzt auferwecken, indem Sie sich von den bloßen Erscheinungen abwenden, den *Weinkeller* Gottes in Ihrem

Innern betreten und sich sagen: »Ich kann so sein, wie ich sein möchte. Ich muss dem Unterbewusstsein nur meinen Wunsch nach Gesundheit, Wohlstand, Gemeinschaft und dergleichen einprägen, dann wird es ihn zum Ausdruck bringen.«

Der Winter ist jetzt vorbei, und auch der Regen hat aufgehört. Ihr Bewusstsein mag mit negativen Gedanken und irrigen Ansichten überflutet gewesen sein, die Sie in einen Zustand der Mutlosigkeit und Niedergeschlagenheit versetzten. Inzwischen aber wissen Sie, dass Sie Ihren Geist lediglich mit den Wahrheiten Gottes erfüllen müssen, die aus unvordenklicher Zeit auf Sie gekommen sind. Auf diese Weise verbannen Sie aus ihm all das, was diesen Wahrheiten unähnlich ist oder gar widerspricht.

Es mag Ihnen helfen, die Psalmen zu lesen, insbesondere den 23. und 91. Psalm, und die Wahrheit jedes einzelnen Wortes zu fühlen. Oder Sie lesen eine Meditation über Gottes tiefe Wahrheiten laut vor. Dabei werden diese durch Auge und Ohr in Sie eindringen und starke heilsame Schwingungen auslösen, die Geist und Körper vollständig erfassen. Sie neutralisieren und destruieren all die unguten, ängstlichen und krankhaften Gedanken, die das Chaos in Ihrem Leben verursacht haben. Deren Manifestationen werden dann zwangsläufig verschwinden. Eben das ist der Sinn des Gebets. Sprechen Sie es oft genug, bis daraus eine Gewohnheit wird; denn auch das Beten sollte eine Gewohnheit sein.

Handeln Sie stets aus der Perspektive des Einen Gottes und Seiner Liebe. Strahlen Sie Liebe, Frieden und Gutwilligkeit aus. Beanspruchen Sie immer wieder, dass Göttliche Liebe und Transzendente Schönheit all Ihre Gedanken, Worte und Taten durchströmen. Machen Sie auch daraus eine Gewohnheit und Sie werden erkennen: »Die Blumen sind aufgegangen auf dem Lande, der Lenz ist herbeigekommen, und die Turteltaube lässt sich hören in unserem Lande …« Ja, dann beginnen *Sie* zu gedeihen und zu erblühen.

Das *Land* verweist auf Körper, Umwelt, gesellschaftliches Leben sowie all die Dinge, die auf dieser objektiven Ebene notwendig sind. Die *Blumen*, die Sie sehen, verheißen die Geburt Gottes in Ihrem Geist. Seine Blumen werden über Sie wachen, Sie zur *grünen Aue* und zum *frischen Wasser* führen, von denen Psalm 23, 2 spricht, und Ihr Herz mit Liebe erfüllen.

Wenn Sie heute irgendwo auf Zwietracht oder Missklang stoßen, so sehen Sie dahinter die Liebe Gottes, der in Seiner gesamten Schöpfung tätig ist. Und dank dieser Einsicht wird noch in feindseligster Atmosphäre allmählich die Liebe zum Vorschein kommen und abermals Blüten treiben. Denn in den Köpfen und Herzen herrscht an oberster Stelle der Friede Gottes, der nach Ausdruck verlangt.

Wo Sie mit finanziellen Engpässen konfrontiert sind, werden Sie die unendliche Fülle Gottes wahrnehmen, die ewig fließt, all die leeren Gefäße auffüllt und einen Göttlichen Überschuss zurücklässt. Unterdessen leben Sie im Garten Gottes, wo ausschließlich Orchideen, Lilien und andere wunderbare Blumen wachsen. Denn in Ihrem Denken zirkulieren nur Seine Ideen.

Während Sie abends in Schlaf sinken, legen Sie das Gewand der Liebe, des Friedens und der Freude an. Von nun an schlummern Sie immer ein im Gefühl, dass Sie endlich der Mensch sind, der Sie sein wollten. Ihre letzte Vorstellung beim Einschlafen prägt sich dem Tiefenbewusstsein ein, und Sie werden diese zum Leben erwecken. Nehmen Sie in den *Weinkeller* Ihres geliebten Wesens stets eine noble, christusähnliche Idee von sich selbst mit; es wird Ihnen geben, was Sie als wahr erachten und glauben. Jeden Ihrer Entwürfe kann es in die Tat umsetzen, denn die Liebe bringt alles zur Welt. Ihre Zukunft wird bestimmt durch Ihr Selbstbild, während Sie in den Armen Ihres Lieblings (oder Ideals) einschlafen.

Die Turteltaube lässt sich hören, wenn Sie nicht mehr jenes alte Lied des Mangels singen. Sie haben Leuten gelauscht, die es anstimmten: »Ich bin so einsam.« »Bei mir ging immer alles schief.« »Ich hatte nie eine Chance.« »Man hat mich schrecklich behandelt.« »Ich wurde doch sage und schreibe dreimal operiert.« »Wenn Sie wüssten, wie viel Geld ich verloren habe.« Anschließend erzählen sie von ihrer Angst auf der einsamen Straße, von ihren Vorlieben und Abneigungen, ihrem Ärger mit Haustieren und Nachbarn, ihren Hassgefühlen ... Doch mit der Liebe Gottes im Herzen werden Sie nicht mehr solche Klagelieder singen, sondern das neue Lied; denn Gottes Ideen und Wahrheiten werden in Ihnen widerhallen.

Folglich werden Sie eine andere Sprache sprechen, die von Ruhe, Freude, Gutwilligkeit und Liebe zeugt. Sie werden nicht mehr so wie früher auf Menschen und Bedingungen reagieren. Wenn jemand etwas Gehässiges zu Ihnen sagt, werden Sie es sofort umwandeln durch die Erkenntnis, dass Gottes Friede Ihre Seele erfüllt, oder zunichtemachen durch das Feuer der richtigen Gedanken. Die Vögel werden in Ihrem Innern singen genauso wie Sie. Sie sind glücklich, sprudeln über vor Begeisterung und sehen allen guten Dingen mit froher Erwartung entgegen. Sie tragen den Frieden in sich, wohin Sie auch gehen. Wer immer Ihren Umkreis betritt, wird durch Ihr inneres Strahlen gesegnet. Sie werden, frei nach Shakespeare (vgl. *Wie es euch gefällt*, II, 1), Predigten in Steinen, Zungen in Bäumen, Lieder in Bächen und Gott in allem wahrnehmen. Die *Turteltaube* ist jetzt hörbar in Ihrem Land!

Der Dichter Alfred Lord Tennyson schrieb: »Sprich zu ihm, du, Er hört dich, und Geist und Geist werden einander begegnen. Näher ist Er als der Atem und näher als Hände und Füße.«

Der Ruf der *Turteltaube* ist der Ruf des Friedens, die Stimme der Intuition und Gottes innerer Führung. Sie können sie hören, indem Sie behutsam lauschen. Große Musiker haben dies getan, betörende Klänge im Innern vernommen und aufgezeichnet. So gab sich Beethoven den Prinzipien der Harmonie hin. Aber auch ein Abraham Lincoln lauschte nach innen und entdeckte dadurch die Prinzipien der Freiheit.

Wenn Sie ein leidenschaftliches Interesse an den Prinzipien der Mathematik haben, so lieben Sie diese und werden folglich in all ihre Geheimnisse eingeweiht.

Auch Jesus hörte den Ruf der *Turteltaube*, als er sagte: »Den Frieden lasse ich euch, meinen Frieden gebe ich euch. Nicht gebe ich euch, wie die Welt gibt. Euer Herz erschrecke nicht und fürchte sich nicht« (Johannes 14, 27). Wie wunderbar Sie sich fühlen, wenn Sie diese Worte in sich aufnehmen, bis Ihr Geist gesättigt ist von deren heilsamer Kraft.

Die Autoren der Bibel folgten ebenfalls dem Ruf der *Turteltaube*: »So vertrage dich nun mit Gott und mache Frieden« (Hiob 22, 21). »Wer festen Herzens ist, dem bewahrst du Frieden; denn er verlässt sich auf dich« (Jesaja 26, 3). »Denn Gott ist nicht ein Gott der Unordnung, sondern des Friedens« (1. Korinther 14, 33).

Der Ruf der *Turteltaube* kommt Ihnen zu Gehör, indem Sie sich der Unendlichen Intelligenz im Innern zuwenden und sagen: »Vater, das ist es, was ich möchte …« Dann sprechen Sie deutlich aus, was Sie ersehnen. So übergeben Sie Ihren Wunsch der Göttlichen Weisheit, die Ihnen innewohnt, die alles weiß und sieht und über das nötige *Know-how* verfügt. Sie werden immer genau fühlen, ob die Übergabe tatsächlich stattgefunden hat. Sind Sie diesbezüglich ruhig und gelassen, wurde der Akt vollzogen. Angst und Sorge hingegen deuten darauf hin, dass Sie der Göttlichen Weisheit nicht wirklich vertrauen.

Wenn Sie der Unterweisung bedürfen, dann beanspruchen Sie, dass die Unendliche Intelligenz Sie jetzt leitet. Diese wird sich Ihnen in der richtigen Entscheidung und angemessenen Handlung zu erkennen geben. Sie werden wissen, dass Ihnen die Lösung zuteilwurde, weil die *Turteltaube* Ihnen ins Ohr flüstert: »Da ward es ganz stille« (Matthäus 8, 26). Der innere Frieden bezeugt den Empfang der Göttlichen Antwort.

Dazu eine Geschichte aus der Praxis. Eine junge Frau war im Zweifel, ob sie eine höher dotierte Stelle in New York annehmen oder ihre jetzige in Los Angeles behalten sollte. Abends legte sie sich schlafen mit der Frage: »Wie würde meine Reaktion ausfallen, wenn ich die richtige Wahl getroffen hätte?« Rasch kam ihr die Antwort in den Sinn: »Ich würde mich großartig und glücklich fühlen, die richtige Wahl getroffen zu haben.« Dann sagte sie sich: »Ich werde so handeln, als hätte ich die richtige Wahl getroffen«, und wiederholte mehrfach »Ist das nicht wunderbar, ist das nicht wunderbar!« wie ein Wiegenlied. Sie schlummerte ein mit dem Gefühl: *Es ist wunderbar.*

In jener Nacht hatte sie einen Traum, in dem eine Stimme ihr zuflüsterte: »Bleib stehen! Bleib stehen!« Sie wachte sofort auf und wusste, dass es der Ruf der *Turteltaube* war – die Stimme der Intuition.

Ihr vierdimensionales Selbst konnte in die Zukunft blicken, alles erkennen und die Gedanken der Geschäftsinhaber an der Ostküste lesen. Also blieb sie an Ort und Stelle. Die folgenden Ereignisse bestätigten die von der inneren Stimme übermittelte Wahrheit: Das New Yorker Unternehmen ging nämlich bald darauf in Konkurs.

»Mein Freund ist mein, und ich bin sein, der unter den Lilien weidet …« Hier fordert der inspirierte biblische Autor Sie auf, eine Liebesbeziehung mit Gott einzugehen. Wenn Sie sich Ihm zuwenden, wendet Er sich Ihnen zu. Sie erleben die mystische Hochzeit, die Wonne der Vereinigung, sobald Sie sich leidenschaftlich in die Wahrheit verlieben um der Wahrheit willen. Diese wird Sie in einer Weise erleuchten, dass Sie die Welt mit neuen Augen sehen.

Die *Lilien* symbolisieren Schönheit und Ordnung, Symmetrie und Proportion. Die freudige Besinnung darauf, dass Gott Unbeschreibliche Herrlichkeit, Grenzenlose Liebe, Höchste Glückseligkeit, Absolute Harmonie und Unendlicher Friede ist, ruft das Gefühl wach, *unter den Lilien zu weiden*. Wenn Sie Anspruch darauf erheben, dass für Sie das Gleiche gilt wie für Gott, werden in Ihrem Leben Wunder geschehen.

Aufgrund der Einsicht und des Wissens, dass diese Göttlichen Qualitäten durch Sie zum Ausdruck gebracht werden, beginnt jedes Atom Ihres Seins im Rhythmus des Ewigen Gottes zu tanzen. Sie fühlen die Einheit mit Ihm, Seinen unermesslichen Reichtümern und dem Leben selbst. Sie sind vermählt mit Ihrem Liebling, denn Sie sind die Braut beziehungsweise der Bräutigam des Herrn. Von nun an werden Sie die Kinder Ihres Lieblings zur Welt bringen, und diese werden das Spiegelbild von Vater und Mutter sein.

Der *Vater* ist Gottes Idee, die *Mutter* deren emotionale Form und subjektive Verkörperung. Aus dieser Verbindung gehen Gesundheit, Fülle, Glück und innerer Friede hervor.

Nehmen Sie Platz *unter den Lilien* und machen Sie sich abends während des Einschlafens bewusst, dass Sie vor den König der Könige, den Herrn der Herren, den Prinz des Friedens treten. Achten Sie darauf, dass Sie in Seiner Heiligen Gegenwart angemessen gekleidet sind. Die Kleidungsstücke, die Sie jeden Abend beim Eintritt in den Himmel des eigenen Geistes tragen, versinnbildlichen Ihre vorherrschende Gemütsverfassung. Vergewissern Sie sich, dass Sie stets in das Gewand der Liebe, des Friedens und der Gutwilligkeit gegenüber allen Menschen gehüllt sind.

Seien Sie zudem absolut gewiss, sagen zu können: »Siehe, du bist schön.« Es darf weder Ressentiment noch Böswilligkeit geben, keine Verurteilung des eigenen Selbst oder der anderen. Gottes Liebe soll wirklich Ihr Herz erfüllen und ringsum ausstrahlen. Sie müssen jedem aufrichtig genau das wünschen, was Sie für sich selbst wünschen. Dann erst können Sie Ihrem Innern die Botschaft übermitteln: »Siehe, du bist schön.« Oder diese: »Und wenn ihr stehet und betet, so vergebet, wenn ihr etwas wider jemand habt …« (Markus 11,25).

»Mein Freund ist mein …« Alles, was Gott gehört, gehört auch Ihnen, denn Er wohnt in Ihnen. Alles, was Sie ersehnen können, ist bereits in Ihrem Besitz. Sie brauchen keine Hilfe von außen, um *unter den Lilien zu weiden.*

Wenn Sie heute Abend zu Bett gehen, so verzeihen Sie jedem. Stellen Sie sich vor und fühlen Sie deutlich, dass Ihr Wunsch erfüllt wurde. Seien Sie völlig gleichgültig gegenüber sämtlichen Gedanken, die um das Versagen kreisen, denn Sie kennen das Gesetz des Geistes. Da Sie das Ziel gutheißen, bewilligen Sie auch die Mittel zu dessen Verwirklichung. Die tiefe Bejahung oder Überzeugung im Unterbewusstsein ist die Bitte, die Sie an das geliebte Wesen richten; und weil es zugleich der Absolute Liebende ist, muss es Ihnen geben, worum Sie gebeten haben.

»Bis der Tag kühl wird und die Schatten schwinden …« Die *Schatten* sind nichts anderes als Angst, Zweifel, Sorge – sowie die zahlreichen Gründe, warum Sie scheinbar etwas nicht schaffen. Die *Schatten* unserer fünf Sinne und Vorurteile schweben über dem Geist eines jeden, während wir beten.

Akzeptieren Sie im Gebet das als wahr, was Verstand und Sinne leugnen und ablehnen. Bleiben Sie Ihrer Idee treu, indem Sie bei jedem Schritt voll des Glaubens sind. Wenn Ihr Bewusstsein dadurch qualifiziert ist, dass Sie den dringenden Wunsch vorbehaltlos bejahen, schwindet die Angst. Vertrauen Sie der Wirklichkeit Ihres Ideals, bis Sie schließlich erfüllt sind von dem Gefühl, demgemäß zu leben. Es stimmt, die Antwort auf unser Gebet wird kommen, Ihren Geist aufhellen und Frieden bringen.

Wenden Sie sich nun – ungeachtet dessen, wie ernst, dunkel oder hoffnungslos die Lage scheinen mag – Gott zu und fragen Sie: »Wie ist es in Gott und im Himmel?« Die Antwort wird sanft herabsinken wie Tau: »Alles ist Frieden, Freude und Glückseligkeit, Vollkommenheit, Harmonie und Schönheit.«

Vergessen Sie niemals: Was auf Gott zutrifft, muss auch auf Sie und Ihre Umgebung zutreffen. Setzen Sie Ihren Weg fort im unerschütterlichen Glauben an Gott, »bis der Tag kühl wird und die Schatten schwinden«.

2

Gottes Gegenwart im Hier und Jetzt

Wohin soll ich gehen vor deinem Geist,
und wohin soll ich fliehen vor deinem Angesicht?
Führe ich gen Himmel, so bist du da;
bettete ich mich bei den Toten,
siehe, so bist du auch da.
Nähme ich Flügel der Morgenröte
und bliebe am äußersten Meer,
so würde auch dort deine Hand mich führen
und deine Rechte mich halten.

139. Psalm 7–10

Der 139. Psalm ist einer der schönsten in der Bibel – ein einzigartiges Juwel der Wahrheit von unschätzbarem Wert. Seine Sprache ist unübertroffen in Schönheit und Eleganz. Darin kommt Davids großartige Idee von der Allgegenwart Gottes zum Ausdruck.

Die biblische Religion handelt davon, Gottes Gegenwart in die hiesige Wirklichkeit zu übertragen. Diese Wahrheit zu verstehen und auf kluge Weise lebendig werden zu lassen – das ist der Weg zu Gesundheit, Harmonie, Frieden und geistigem Fortschritt. Der Vergegenwärtigung Gottes wohnt eine unvorstellbare Kraft inne. Übersehen wir das nicht, nur weil es so einfach erscheint.

Der erste Schritt besteht in der Einsicht, dass Gott die Einzige Macht ist. Anschließend müssen wir uns bewusst werden, dass alle Dinge – was immer sie auch sind – Gott in konkreter Gestalt darstellen. Die ganze Welt ist Gott in unendlicher Abstufung, da Er sich niemals wiederholt. Das ist die größte, alles umfassende Wahrheit überhaupt.

Ich kenne viele Menschen, die jeden Tag fünf oder zehn Minuten still dasitzen und über die Tatsache meditieren, dass Gott die Einzige Gegenwart und Einzige Macht ist. Sie lassen ihre Gedanken um diese grundlegende Wahrheit kreisen, betrachten sie aus verschiedenen Perspektiven und kommen dann zu der Überzeugung, dass jede Person, der sie begegnen, ja dass alles, was sie sehen, eine Erscheinungsform Gottes ist. Gott dramatisiert sich gleichsam selbst um der Freude willen, sich zum Ausdruck zu bringen. Dabei bemerken sie, dass ihre gesamte Welt einem Wandel unterliegt; ihr Gesundheitszustand bessert sich, äußere Bedingungen werden angenehmer, und sie sind von einer neuen Lebenskraft erfüllt.

Auch Ihre Welt wird sich ändern, wenn Sie anfangen, Gott in allem und jedem zu sehen. »Denn dein Bund wird sein mit den Steinen auf dem Felde, und die wilden Tiere werden Frieden mit dir halten, und du wirst erfahren, dass deine Hütte Frieden hat …« (Hiob 5, 23–24). Das heißt, der Mensch, der überall Gott wahrzunehmen beginnt, der das Gute achtet und verbreitet, wird sich vor nichts fürchten. Folglich wird die ganze Welt sein Freund sein, und alles – das Belebte wie auch das sogenannte Unbelebte – wird ihm Hilfe anbieten.

In den Augen der anderen kann man die Gegenwart Gottes insbesondere dadurch preisen, dass man immerzu das Licht Seiner Liebe ausstrahlt. Lieben Sie Gott oder die Wahrheit vorbehaltlos, dann werden Sie unter dem Göttlichen Zwang stehen, Gutes zu bewirken. Sie können nicht fehlgehen – und stellen fest, dass Sie nie einen echten Fehler machen oder eine falsche Wahl treffen.

Jedes Gebäude ruht auf einem Fundament. Machen Sie also Gott, Ihn allein, zu *Ihrem* Fundament. Sie verwirklichen stets die Gegenwart Gottes, wenn Sie Ihr Denken durch jene wahren Vorstellungen anregen, die Sie heilen und stärken. Es bedarf ständig der Reinigung, der Schulung und Führung. Im Gebet praktizieren Sie die Gegenwart Gottes und klären dadurch Ihre Gedanken.

Betrachten Sie jede Person und Situation, mit der Sie zu tun haben, aus dem Blickwinkel des Einen Gottes. Beten Sie in der Arbeit, um zu erkennen, dass Er Ihr Partner und durch all Ihre Kollegen am Werk ist. Beten Sie beim Autofahren um der Einsicht willen, dass Ihr Fahrzeug Gottes Idee verkörpert, Sie ungehindert und liebevoll von einem Ort zum nächsten zu leiten. Beten Sie beim Eintritt in ein Geschäft, um sich zu verdeutlichen, dass Gott Ihre Käufe lenkt, dass Er die Angestellte segnet, die auf Sie wartet, und dass dieses Geschäft unter der Herrschaft der Göttlichen Weisheit steht.

Das Gebet soll Ihnen in allen Unternehmungen als angemessene und wirksame Methode dienen. Wenden Sie dabei immer die goldene Regel an; so schreiben Sie Gottes Gesetz Ihrem Herzen ein.

Es ist von größter Bedeutung, die richtige Vorstellung von Gott zu haben. Haben Sie je meditiert? Oder sich die Frage gestellt, was Gott ist? Ihr diesbezügliches Verständnis prägt Ihre gesamte Zukunft. Denn Ihnen geschieht nach Ihrem Glauben. Wenn Sie davon überzeugt sind, dass Gott die einzige Gegenwart ist, die einzige Macht, das Unendliche Gute, Vollkommenheit, Bedingungslose Liebe und Grenzenloses Leben, ändert sich Ihr ganzes Leben.

Wenn Sie dagegen sagen: »Oh, keine Ahnung, was ich von Gott halten soll; meine Gedanken sind durcheinander und unklar«, so wird in Ihrem Leben Verwirrung herrschen. Es kommt eigentlich nicht darauf an, wie Sie Gott nennen: Absolute Wirklichkeit, Unendliche Intelligenz, Sein, Leben, Allah oder Brahma. Sein wahrer Name drückt sich in Ihrer Vorstellung von Ihm aus, in Ihrem Glauben.

Ein Mann sagte einmal zu mir: »Ich glaube an Gott, und nur das zählt.«

Ich fragte ihn: »Aber an welche Art von Gott glauben Sie wirklich?«

Er erwiderte: »Ich glaube an die Gesetze der Natur.«

Das war seine Gottesidee, sein unwiderruflicher Glaube. Er war diesem Glauben unterworfen und begrenzte dadurch jene Göttlichen Kräfte, die im Innern walten. Er hatte keine Ahnung, dass Gott identisch ist mit seinem Leben, dass er diese Gegenwart mithilfe der Gedanken kontaktieren, von ihr geleitet werden und sich durch das Gebet selbst heilen kann. Sein beschränkter Glaube an Gott setzte ihm enge Grenzen.

Von vielen hörte ich, für sie sei Gott ein Wesen im Himmel – gewissermaßen ein verherrlichter Mensch. Andere glauben, es gebe drei Personen in Gott. Die eigene Auffassung schlägt sich letztlich immer in der Realität nieder.

Wenn Sie meinen, Gott sei ein undurchschaubarer Tyrann, der im Himmel wohnt, ständig bereit, Sie für Ihre Fehler und Verletzungen menschlicher Gesetze oder religiöser Tabus zu verurteilen und zu bestrafen, dann werden Sie aufgrund dieser einseitigen Betrachtungsweise Schmerz, Elend, Schuldkomplexe und dergleichen hervorrufen. Nicht von ungefähr schrieb der amerikanische Heilpraktiker und Vorreiter der Neugeist-Bewegung Phineas Parkhurst Quimby: »Der Mensch ist die Manifestation seines Glaubens.«

Ihre Vorstellung von Gott beeinflusst also nachhaltig alle Aspekte Ihrer Persönlichkeit und zugleich jeden Lebensbereich. Gott ist Leben, das sich auszudrücken wünscht als Liebe und Licht, Wahrheit und Schönheit. Es kann weder Krankheit noch Tod ersehnen, denn das liefe seiner Natur zuwider. Auch kann es keine Neigung zu irgendeiner Art von Begrenzung haben. Das Göttliche Leben ist Einheit und Ganzheit, darauf bedacht, ihr im geformten Universum Gestalt zu verleihen.

Um die Gegenwart Gottes im Hier und Jetzt zu verwirklichen, müssen Sie Seinen Willen ausführen. Was heißt das? Gottes Wille muss sich stets mit Seinem Wesen decken. Sie können gewiss sein, dass dieser Wille etwas Herrliches und Wunderbares ist, denn »er heißt Wunder-Rat, Gott-Held, Ewig-Vater, Friede-Fürst …« (Jesaja 9, 5).

Wenn Ihre Sehnsucht, Idee oder Absicht konstruktiv ist, anderen Menschen zugutekommt und mit dem universalen Prinzip der Harmonie übereinstimmt, entspricht sie Gottes Wille. Es besteht keinerlei Kluft zwischen Ihrem Wunsch nach Wohlstand, Fülle, Sicherheit, dem wahren Ort im Leben und den Bestrebungen Gottes.

Das Leben will sich durch Sie auf immer höheren Ebenen zum Ausdruck bringen. Verankern Sie in Ihrem Denken die Vorstellung, dass Gott die Einzige Gegenwart ist, die Einzige Macht, das Unendliche Gute und Vollkommene. Besinnen Sie sich auf einige Seiner Eigenschaften wie Vorbehaltlose Liebe, Grenzenlose Intelligenz, Unbeschreibliche Schönheit.

Glauben Sie diese Wahrheiten über Gott, und Ihr ganzes Leben wird sich wandeln. Jeden Tag werden Sie umso mehr gottähnliche Eigenschaften zeigen. Bejahen Sie diese genauso, wie Sie die Sonne am Himmel bejahen; dann werden Sie, in Kopf und Herz vom Guten erfüllt, ein tiefes Gefühl von Frieden empfinden.

Oder glauben Sie etwa an eine rachsüchtige, launenhafte, menschenähnliche Gottheit, die Ihnen Schicksalsprüfungen, Kümmernisse und Krankheiten auferlegt? Wenn ja, dann geben Sie acht auf die Konsequenzen einer solchen Auffassung, sonst sind Sie schon bald in der gleichen Lage wie jener Mann, der einmal zu mir sagte: »Gott hat mir diese Arthritis aus gutem Grund geschickt, und deshalb muss ich sie wohl ertragen.« Das ist Aberglaube, eine Einstellung, die jeder Grundlage entbehrt.

Der Mann litt fünfzehn Jahre lang an seiner Krankheit, ohne sie überwinden zu können. Als er endlich lernte, jenen Menschen zu verzeihen, die er verabscheute – dank der Einsicht nämlich, dass Gottes Liebe in seinem Denken und Körper alles auflöste, was ihr widersprach –, wurde er geheilt; aber das dauerte einige Monate. Die neue Vorstellung von Gott war mehr als nützlich und manifestierte sich in ihm gemäß seinem Glauben.

Nicht der abstrakte Glaube an Gott nimmt Gestalt an, sondern der reale, tiefe, unterbewusste Glaube.

Es gibt Leute, die Gottes Gegenwart vergessen, wenn Klage gegen sie erhoben oder ein Urteil über sie gefällt wird. Glauben Sie weiterhin, dass Gott am Werk ist und dass für alle Beteiligten zur rechten Zeit eine einvernehmliche Lösung gefunden wird, selbst wenn der Richter einen Schuldspruch verkündet, der Ihnen ungerecht erscheint. Sie können nicht verlieren, sondern nur gewinnen, indem Sie im Hier und Jetzt an Gottes Macht und Weisheit festhalten.

Gott ist Reiner Geist, Unendliches Bewusstsein und Unbegrenzte Intelligenz. Die Bibel gibt Ihm die Bezeichnung ICH BIN (vgl. 2. Mose 3, 14), und das heißt Reines, Unbedingtes Sein. Natürlich kann niemand Gott definieren, aber bestimmte Wahrheiten wurden Ihm von den Erleuchteten aller Zeiten zuerkannt. Dieses ICH BIN ist letztlich nichts anderes als Ihr wahres Sein, Ihr Selbst, Ihre Identität – Gottes Gegenwart in Ihnen. Niemand kann für Sie sagen: ICH BIN. Was immer Sie diesen zwei Wörtern hinzufügen und glauben, das werden Sie. Bekräftigen Sie deshalb immer: »Ich bin stark, einflussreich, strahlend, frohgemut, glücklich, inspiriert und erleuchtet.« So verwirklichen Sie die Gegenwart Gottes, denn all diese Eigenschaften gelten für Ihn.

Wenn Sie dagegen sagen: »Ich bin schwach, minderwertig, untauglich«, leugnen Sie Gott in Ihrem Innern und verbreiten Lügen über Ihn.

Im Paris des 17. Jahrhunderts lebte ein frommer, gottergebener Karmelitermönch namens Laurent (Nicolas Herman). Sein Buch *La pratique de la présence de Dieu* offenbart große Demut, die sich in einer mystischen Beziehung zu Gott widerspiegelte. Sein ganzes Anliegen bestünde darin, schrieb er, Gottes Willen auszuführen. Bruder Laurent verwirklichte die Gegenwart Gottes, wenn er Geschirr spülte oder den Boden schrubbte. Ihm zufolge war dies alles Gottes Werk. Sein Bewusstsein von der Göttlichen Gegenwart kam in der Küche nicht weniger zum Ausdruck als vor dem Altar. Der Weg zu Gott führte für ihn über das Herz und die Liebe. Die Klostervorsteher staunten über einen Mann, der – obwohl nur so weit gebildet, dass er lesen und schreiben konnte –, seine tiefe Weisheit in so anmutige Worte fasste. Es war die Stimme Gottes, die sie ihm eingab.

Sein Leitspruch lautete: »Ich habe mich in Deine Obhut begeben; um Dein Werk bin ich besorgt, und so wird alles gut.« Wie wunderbar! Wie einfach und doch wie bewegend dieses Gebet ist! Er sagte, der einzige Kummer, den er erleiden könne, wäre der Verlust des Gefühls für Gottes Gegenwart. Aber das bereitete ihm niemals Angst, weil er sich der Liebe Gottes und der Absoluten Güte vollauf bewusst war.

In jungen Jahren befürchtete er, zur Hölle verdammt zu werden. Diese Seelenmarter hielt vier Jahre an; dann erkannte er, dass diese negative Einstellung ihre Ursache in einem mangelnden Glauben an Gott hatte. Durch diese Einsicht befreit, begann er ein Leben der ununterbrochenen Freude.

Bruder Laurent erzog sich dazu, bei seinen Tätigkeiten – ob er kochte, backte oder Töpfe reinigte – wenigstens einen Augenblick innezuhalten, an Gott in seinem Innersten zu denken, sich Seiner Gegenwart bewusst zu werden und ein geheimes Zwiegespräch mit Ihm zu führen. Dank dieser Erleuchtung und der dabei empfundenen Wonne bewohnte er ein Reich tiefen Friedens.

Beginnen auch Sie jetzt, Gottes Gegenwart in Ihrem Leben lebendig werden zu lassen, indem Sie Ihr inneres Auge auf Ihn oder alles Gute richten, in jedem Menschen Ihn sehen und immer wieder bekräftigen: »Gott ist in allen Bereichen meines Lebens am Werk.«

Vertrauen Sie in aller Ruhe darauf, dass Seine Heilige Gegenwart Sie zur *grünen Aue* und zum *frischen Wasser* (Psalm 23, 2) führen wird. Lieben Sie die Göttliche Wahrheit so innig, dass kein Platz für Sorge oder Zweifel bleibt. Begegnen Sie Ihren beruflichen Aufgaben mit den Worten: »Gott geht mit mir und spricht in mir. Ich baue voll und ganz auf Seine Führung und Weisheit.« Danken Sie für jeden geglückten Tag. Wann immer Ihre Gedanken aus Angst oder Ungewissheit abschweifen, folgen Sie dem Beispiel von Bruder Laurent und besinnen Sie sich wieder auf Seine Heilige Gegenwart.

Um ein Leben des Friedens und der Freude zu erfahren und zu gewährleisten, bleiben Sie den ganzen Tag über in einem engen, liebevollen, vertrauten und demütigen Kontakt mit Gott. Auf diese Weise lenken Sie Gottes reichen Segen auf sich. Sie werden erleuchtet durch ein inneres Licht und sind versunken in die Schau Gottes, Ihres Geliebten.

Fallbeispiele

Fall A

Dieser interessante Fall mag vielen Lesern von besonderem Nutzen sein. Der Mann, um den es geht, investierte eine hohe Summe in ein bestimmtes Unternehmen und hatte großen Respekt vor seinen beiden aktiven Geschäftspartnern. Doch sie unterschlugen das Geld und mussten bald darauf Konkurs anmelden. Er war äußerst wütend und verbittert, weil praktisch all seine Ersparnisse verloren waren. Außerdem hatte der Hass in seinem Herzen ihn krank gemacht.

Ich erklärte dem Mann, dass Groll niemals gerechtfertigt ist, dass etliche Leute in Grundbesitz, Aktien, Anleihen usw. investieren und dabei hohe Verluste erleiden. Dennoch sei es absurd, den Immobilienmakler oder Broker verantwortlich zu machen, weil er falsche Entscheidungen traf. Im Grunde resultierte die Verbitterung des Mannes aus dem Schuldgefühl, einen Fehler begangen zu haben, den er sich nicht eingestehen wollte. So entlud sich die Wut über sein eigenes Versagen in Schuldzuweisungen gegenüber den Geschäftspartnern.

Auf meine Empfehlung hin bediente er sich des Gebets, um die Gegenwart Gottes folgendermaßen wirksam werden zu lassen: »Ich übermittle jetzt diesen beiden Männern meine Liebe und meine Gutwilligkeit. Ich wünsche ihnen aufrichtig Gottes Führung und Liebe sowie inneren Frieden.

Außerdem wünsche ich jedem von ihnen Erfolg, Wohlstand und ein erfülltes Leben. Gott ist in all ihren Angelegenheiten am Werk. Das meine ich auch so, ich bin ehrlich. Mein Denken ist nun klar und ruhig, in Erwartung des Glücks. Gott leitet mich auf all meinen Wegen. Niemand kann mir Glück, Frieden oder Wohlstand nehmen. Ich bin eins mit Gott, und meine Angelegenheiten sind die Seinen. Ich kümmere mich jetzt um das, was mich persönlich betrifft. Das Geld, das ich diesen beiden Männern gegeben habe, wird auf harmonische Weise zu mir zurückkommen.«

So betete er morgens, tagsüber und abends. Wenn ihm gehässige Gedanken zusetzten, sagte er: »Gott ist bei mir.«

Nach zwei Wochen war er mit der Welt in Frieden. Alle bösen Gedanken wurden in seinem tieferen Bewusstsein gelöscht durch die Einsicht, dass Gott in seinem Leben und dem der Menschen, die ihm angeblich Unrecht getan hatten, am Werk war. In der Zwischenzeit starb einer seiner Verwandten, was den höchst bemerkenswerten Umstand zur Folge hatte, dass ihm genau die Summe vermacht wurde, die er bei jenem geschäftlichen Unternehmen verloren hatte.

» … so viel der Himmel höher ist als die Erde, so sind auch meine Wege höher als eure Wege …« (Jesaja 55, 9).

Fall B

Eine junge Frau, die an unseren Bibelkursen teilnimmt, verfuhr in ähnlicher Weise, als ein Mann sie mit ständigen Telefonanrufen belästigte und am Arbeitsplatz abpasste. Eines Tages beschloss sie, etwas dagegen zu tun. Sie entspannte sich, ordnete ihre Gedanken und lenkte die ganze Aufmerksamkeit auf Gottes Gegenwart im Innern, die sie bewusst wahrzunehmen begann.

Leise sagte sie zu sich: »Gott hat nie so einen Mann geschaffen. Nur der Gott in ihm kommt mir gegenüber zum Ausdruck. Gott ist alles, und nur Gott kann durch ihn sprechen und handeln.« Bald darauf verschwand dieser Mann aus ihrem Leben. Sie sah ihn nie wieder, er war wie vom Erdboden verschluckt. Zweifellos wurde er durch ihr Gebet geheilt und gesegnet, was wiederum auf sie befreiend wirkte.

Das Gebet ist immer wohltuend, wie ein leichter Sommerregen. So werden beide Seiten gesegnet: die Person, die es spricht, und die Person, die es empfängt. Die Frau sah den Mann in neuem Licht, woraufhin er den Wandel in seinem Innern fühlte. Infolgedessen konnte und wollte er sie nicht mehr bedrängen.

»Liebet eure Feinde; segnet, die euch fluchen; tut wohl denen, die euch hassen; bittet für die, so euch beleidigen und verfolgen …« (Matthäus 5, 44).

3

Die Verwirklichung Ihrer Wünsche

Der Wunsch ist die Macht hinter jeder Tat. Wir könnten weder die Hand heben noch gehen, wenn wir nicht den Wunsch oder Drang nach Bewegung verspürten. Diese Sehnsucht ist Gottes Geschenk an uns. Der englische Dichter Robert Browning schrieb darüber: »Du bist es, Gott, der gibt, ich bin es, der empfängt.«

Der Mensch ist der Empfänger – nicht einiger Gaben, sondern aller! »Mein Sohn, du bist allezeit bei mir, und alles, was mein ist, ist dein« (Lukas 15, 31). Was immer dem Vater gehört, gehört auch uns. Er birgt in sich sämtliche Dinge, die wir benötigen, insbesondere Frieden, Harmonie, Fülle, Unterweisung, Freude und unendlichen Ausdruck. Wir müssen uns unaufhörlich weiterentwickeln. Die Unermessliche Schatzkammer lässt sich niemals ausschöpfen.

Erkennen wir die folgende einfache Wahrheit. Wir springen vor einem heranfahrenden Bus zur Seite, weil wir den dringenden Wunsch nach Selbsterhaltung haben. Diese ist das oberste Naturgesetz.

Der Bauer sät Samen aufgrund seines Wunsches, Nahrung für sich und seine Familie zu ernten. Wir bauen Flugzeuge, um den Raum zu durchqueren und schneller ans Ziel zu kommen. Ähnliche Beispiele durchziehen unser ganzes Leben. Wünsche treiben den Menschen vorwärts, stacheln ihn zum Handeln an, bewirken Fortschritt. Sie sind eine universale Kraft, die uns veranlasst, immer weiter zu gehen, immer höher, hin zu Gott.

Jeder Wunsch ist ein Engel Gottes – ein Botschafter des Göttlichen –, der zu uns sagt: »Schwing dich höher empor!« Und so bewegen wir uns in Richtung der Idee, die unser Denken beherrscht.

Der Wunsch verweist auf etwas, das uns, wenn wir es akzeptieren, mehr ausfüllt und glücklicher macht. *Je größer der erhoffte Vorteil, desto stärker der Wunsch.* Wo kein Vorteil, Gewinn oder zunehmender Fortschritt erwartet wird, gibt es keinen Wunsch und folglich auch keine Tat.

»Ich bin das A und das O, der Erste und der Letzte, der Anfang und das Ende« (Offenbarung 22, 13). Das Ideal, das in unserem Herzen flüstert, ist das A; damit es zum O wird, müssen wir deutlich empfinden und felsenfest überzeugt sein, dass es *jetzt* verwirklicht wird.

Wird das Ideal jedoch über einen längeren Zeitraum ignoriert, sind wir enttäuscht und unglücklich. Ich habe mich mit vielen Menschen in allen Teilen der Welt unterhalten; ihre Klage bestand häufig darin, dass sie jahrelang versucht haben, ein bestimmtes Ideal oder eine höhere Position zu erreichen, aber erbärmlich gescheitert sind. Ihnen war nicht klar, dass die Sehnsucht nach Sein, Haben und Tun jene leise Stimme ist, die zu ihnen spricht, und dass sie nur zum Ausdruck bringen müssen: »Ja, Vater, ich akzeptiere und glaube es«, um dann über die Erde zu gehen in der Gewissheit: *Es ist vollbracht.*

Veranschaulichen Sie sich dies anhand des Samens, der alles Nötige – Wasser und Nährstoffe – aus dem Boden zieht. Sobald die Pflanze an die Oberfläche gelangt, zieht sie durch den Prozess der Fotosynthese aus den Sonnenstrahlen das Licht, um Chlorophyll zu bilden. Außerdem besitzt sie tief innen die Intelligenz, um in Stängeln und Blättern äußerst komplexe chemische Verbindungen zu erzeugen, die uns in Staunen versetzen, soweit wir sie überhaupt durchschauen.

Wenn dementsprechend der Mensch weiß, dass ihm alle erforderlichen Mittel zur Verwirklichung seines Ideals zuteilwerden, so zieht er all das an, was ihm dabei zustattenkommt: Freunde, Gelder, Hinweise, Inspiration usw.

Alle Männer, Frauen und Kinder, die uns auf dem Weg des Lebens helfen, sind Diener des Gesetzes, das in uns wirkt. »Eure

Wege sind nicht meine Wege, spricht der Herr« (Jesaja 55, 8). Diese Unendliche Intelligenz, die wir aktivieren, wenn wir richtig beten, ruft bei anderen die notwendigen Gedanken, Worte und Taten hervor, dank deren wir unser Ideal verwirklichen und das große Drama unseres Lebens bereichern können.

Es ist töricht, gewisse Personen zu beschuldigen, da wir erkennen müssen, dass sie Zeugen sind, die uns zu verstehen geben, wer wir sind: »Wie innen, so außen.« Wenn im Innern Missklang herrscht, wird er sich im Äußeren bemerkbar machen. Wenn wir in einer von Mangel und Begrenzung geprägten Stimmung verharren, werden Leute kommen und uns darauf hinweisen.

Unsere Stimmungen, Gefühle oder Überzeugungen bestimmen darüber, wie andere sich uns gegenüber verhalten. Im Markusevangelium steht folgender Satz: »Alles, was ihr bittet in eurem Gebet, glaubet nur, dass ihr's empfangt, so wird's euch werden« (Markus 11, 24). Damit sind *sämtliche* Wünsche gemeint, ohne jede Einschränkung. Man braucht kein Kirchgänger zu sein, keiner bestimmten Konfession anzugehören oder irgendwelche Opfer zu bringen. Die einzige Erfordernis besteht darin, zu glauben, dass man jetzt das hat, was man ersehnt, oder so ist, wie man gerne sein möchte.

Glauben heißt, in dem gewünschten Zustand bereits zu leben, ihn vorbehaltlos zu akzeptieren, sodass für Fragen und Zweifel kein Platz mehr bleibt. Genau das wird gemeinhin als »Überzeugung« bezeichnet. Alles andere ist Torheit und Aberglaube. Man muss nur davon ausgehen, das Gute und Schöne zu empfangen, dann wird es einem auch zuteil.

Erkennen wir, dass jeder von uns ein Durchgang für das Göttliche ist – eine individuelle Erscheinungsform des Gottesbewusstseins. Die Sehnsucht, die in unserem Herzen flüstert – um sich vielleicht seit Monaten oder Jahren bemerkbar zu machen –, ist die Stimme Gottes, die zu uns spricht und uns auffordert, höhere geistige Ebenen zu erreichen und zu leuchten. Möglicherweise denken wir: *Welche Chance habe ich denn? Der kann's, ich aber nicht. Irgendwann mal mach ich's, wenn's unbedingt sein soll! Das ist doch bloß Wunschdenken!* und dergleichen. Sind Ihnen solche Gedanken schon öfter gekommen? Es sind die fünf Sinne und der weltliche Verstand, die mit Ihrem höheren Selbst argumentieren. Wir dürfen allerdings nicht vergessen, dass wir im Gebet Sinneswahrnehmung und Verstandeswissen ebenso ausschalten wie das, was unseren wahren Wünschen zuwiderläuft. So wenden wir uns nach innen, schließen die Tür und halten Zwiesprache mit unserem Vater. Er, der auf geheime Weise hört und sieht, wird uns dann großmütig belohnen.

Betreten wir nun den Ort im Innern, um diesen spirituellen und kreativen Akt zu vollziehen. Nehmen Sie Platz in einem Sessel, entspannen Sie sich und gelangen Sie in jenen meditativen Zustand der mühelosen Bemühung.

Wenn Sie zum Beispiel Sänger sein möchten, so stellen Sie sich vor, auf der Bühne zu stehen. Sie sehen das imaginäre Publikum – und sind der Akteur. (»Handle, als ob ich wäre, und ich werde sein.«) Sie fühlen sich in die Situation ein und singen jetzt (in der Vorstellung). Empfinden Sie die Freude, den Nervenkitzel der vollbrachten Tat! Fahren Sie in dieser Weise fort, bis Ihnen alles ganz natürlich erscheint. Dann sinken Sie in den Schlaf. Wenn es Ihnen gelungen ist, Ihren Wunsch dem Unterbewusstsein einzuprägen, verspüren Sie beim Aufwachen eine tiefe Ruhe und Befriedigung. Sie werden die interessante Entdeckung machen, dass Sie für die Verwirklichung des Wunsches gar nicht mehr zu beten brauchen, eben weil er im Geist tief verankert ist. Der schöpferische Akt ist abgeschlossen, Sie können loslassen und sich zurücklehnen.

Die feste Überzeugung schenkt Ihnen Seelenfrieden und übermittelt die Botschaft: »Alles ist gut.« In der Bibel entspricht diese Verfassung dem *Sabbat*, der Zeit der Ruhe und Stille, dem Stadium zwischen der Verinnerlichung des Wunsches und seiner Erfüllung. *Wie* das geschieht, bleibt Ihnen verborgen; das ist ein

Geheimnis des Selbst, denn »seine Wege« sind »unerforschlich« (Römer 11, 33).

Die Antwort oder Lösung kommt über Nacht, dann nämlich, wenn sie am wenigsten erwartet wird. Das hat immer etwas Überraschendes. Wenn Sie allzu wachsam und gespannt sind, wird nichts passieren. Genauso müssen Sie mit Ihren täglichen Angelegenheiten verfahren. Sobald Sie nicht mehr nachgrübeln, werden Sie fündig. Denn nun sind Sie ausgeglichen, sozusagen *ganz* geworden. Sie brauchen der Unendlichen Intelligenz keinen Beistand zu leisten, denn sie ist allmächtig. Es wäre töricht, der Allmacht weitere Macht hinzufügen zu wollen.

Das Problem vieler Leute besteht darin, dass sie beim Gebet ängstlich, verkrampft, ungeduldig sind. Sie fragen sich: »Wann wird sich endlich die Lösung ergeben?« Andere zerbrechen sich den Kopf darüber, warum sie nicht schon längst die Lösung gefunden haben. Dieses *Warum* deutet darauf hin, dass man Angst hat und des Glaubens ermangelt. Wenn man *weiß*, dass etwas wahr ist, gibt es keinen Grund, das Gebet infrage zu stellen.

Was wir im Bewusstsein besitzen, suchen wir nicht. Es ist *unser*! Ich zum Beispiel bin jetzt in Los Angeles und frage daher nicht: »Wie komme ich dorthin?« Ich bin schon hier. Wenn also dementsprechend Ihr Ideal im Bewusstsein fixiert ist, fragen Sie nicht: »Wie komme ich dorthin?« Sie sind bereits am Ziel – dort nämlich, wo Ihr Bewusstsein ist. »Ihr seid, wo ich bin« (Johannes 14, 3).

Fallbeispiele

Fall A

Vor einigen Jahren kam nach meinem Vortrag im New Yorker Park Central Hotel ein Mann zu mir und sagte: »Ich möchte unbedingt zu meiner Familie nach Pittsburgh, doch dafür fehlt mir das Geld.«

Ich fragte ihn: »Haben Sie meine Ausführungen gehört?«

Er erwiderte: »Ja, aber ...«

Ich empfahl ihm, die Zweifel zu ignorieren und eine einfache Aussage zu treffen: »Ich bin jetzt zu Hause in Pittsburgh bei meinen Lieben. Es herrscht Frieden und Harmonie.« Während einiger stiller Minuten war er in seiner Vorstellung und Empfindung daheim in Pittsburgh.

Später rief er mich an und erzählte: »Ich bin dann ins Restaurant gegangen, und der Mann, der neben mir am Tisch saß, sagte: ›Wissen Sie, ich fahre heute im Auto nach Pittsburgh und hätte gern einen Mitfahrer. Ich würde ihn sogar dafür bezahlen. Kennen Sie jemanden, der sich mir anschließen würde?‹« Auf diese Weise beantwortete die Unendliche Intelligenz das Gebet jenes Mannes.

Fall B

An dieser Stelle möchte ich von einer Erfahrung während meines Militärdienstes berichten. Ein junger schwarzer Soldat in der Kompanie sagte zu mir: »Vor dem Krieg habe ich mehrere Jahre versucht, auf die Bellevue Medical School zu kommen. Jedes Mal wurde ich abgewiesen, obwohl ich sehr gute Noten vorweisen konnte.«

Er hielt sich für ein Opfer der Rassendiskriminierung. Eine Nacht lang sprachen wir über die Gesetze des Lebens. Ich erklärte ihm die Beziehung zwischen Bewusstsein und Unterbewusstsein, die in meinem Buch *The Miracles of Your Mind* (Die wundersamen Wirkungen Ihres Geistes) ausführlich behandelt wird, und dass sein Unterbewusstsein die Lösung des Problems bereits kenne. Es wisse alles und verfüge über das nötige »Know-how«, um das Ideal zu verwirklichen.

Anschließend wies ich ihn auf einige Experimente hin, die ich Jahre vorher zusammen mit einem aus Deutschland emigrierten Psychologen durchgeführt hatte. In einem davon konnte ein Junge hellsehen und Vorgänge beschreiben, die in weiter Ferne stattfanden und von uns anschließend überprüft wurden. Außerdem gab er den Ort an, wo sich vermisste Gegenstände befanden, und sagte bestimmte Ereignisse auf internationaler Ebene voraus.

Während unseres Gesprächs erörterten wir die Tatsache, dass die Unendliche Intelligenz und Weisheit im Unterbewusstsein des Menschen angesiedelt ist, dass man mit ihr in Einklang kommen und sie für sich arbeiten lassen kann. Dementsprechend empfahl ich dem jungen Soldaten, folgendermaßen zu verfahren. Er solle sich abends vor dem Einschlafen vorstellen, auf ein Universitätsdiplom zu blicken, das seinen Namen trage und ihn als Arzt und Chirurgen ausweise. Er spüre die Urkunde in seiner Hand und empfinde dabei überschwängliche Freude. Diese Erfahrung erscheine ihm ganz natürlich, wenn er die Aufmerksamkeit ausschließlich auf das Diplom – die vollbrachte Leistung – richte. Dann solle er sich die Verwirklichung seines Wunsches immer wieder vergegenwärtigen.

Ich zitierte ihm einige Stellen aus der Bibel: »… alles, was ihr bittet im Gebet, wenn ihr glaubet, werdet ihr's empfangen« (Matthäus 21, 22). »… ruft dem, was nicht ist, dass es sei« (Römer 4, 17). »Und nun habe ich's euch gesagt, ehe es geschieht, auf dass ihr glaubet, wenn es nun geschehen wird« (Johannes 14, 29). Diese vollkommenen Formeln für Gebet und Meditation solle er beherzigen.

Daraufhin stellte sich der Soldat die entscheidende Frage: »Was bräuchte ich, um der Welt zu beweisen, dass ich Arzt bin?«, und gab die Antwort selbst: »Ein Diplom!« In seiner Vorstellung sah er nun das Dokument als etwas völlig Reales. In dieser Stimmung schlief er ein.

Die Ergebnisse seines Gebets waren höchst interessant. Eines Morgens eröffnete er mir nämlich: »Ich habe das Gefühl, dass etwas passieren wird und dass ich nicht mehr lange beim Militär bin.« Das war die Stimme seines Unterbewusstseins, die ihm mitteilte: »Alles ist gut.«

Manchmal merken wir durch eine Ahnung, eine Eingebung, dass unser Gebet beantwortet wurde. Anders ausgedrückt: Die Idee wurde subjektiviert und nahm im Unterbewusstsein Gestalt an. Der Soldat hatte sie im Bewusstsein akzeptiert, und sein tiefes Wissen bewirkte dann ihre Umsetzung in die Praxis. Die zahlreichen Begriffe und Sätze, die wir benutzen, veranschaulichen immer wieder den gleichen Prozess, der zunächst darin besteht, die Wirklichkeit der betreffenden Sache deutlich zu empfinden. Die angewandte Methode hilft dann, sie zur Erscheinung zu bringen.

Der befehlshabende Offizier bestellte den Soldaten ein und informierte ihn, dass er in Anbetracht seiner medizinischen Vorbildung an einer Prüfung teilnehmen solle. Bestehe er diese, werde er auf Kosten der Armee auf eine medizinische Hochschule geschickt. Schließlich studierte er nicht an der Bellevue Medical School, sondern an der Stanford University. Die weise Allmacht lenkte ihn, und deren Wege sind unerforschlich.

Gehen Sie im Gebet bis zum Äußersten. Fühlen Sie, dass Sie jetzt so sind, wie Sie gerne sein möchten. Dann übernimmt die Unendliche Intelligenz die Führung und bedient sich auch der Gedanken und Taten anderer, damit diese Menschen zur Verwirklichung Ihres Wunsches beitragen.

Während des ganzen Lebens benutzen wir ständig diese Höhere Weisheit und Macht – ob wir atmen und ihre Energie durch die Luft einziehen oder die Hand rühren, um zu schreiben. Ich zum Beispiel notiere hier diese Worte. Die darin ausgedrückten Ideen aber stammen aus dem Einen Geist, der allen Individuen gemeinsam ist. Es gibt nur Einen Ursprung, Gott. Wir bringen eigentlich nichts hervor, denn alle Ideen wohnen Ihm seit jeher inne. Dieses Unendliche Sein oder Bewusstsein ist der einzige Urheber – die Quelle von allem. Jeder Mensch trinkt daraus. Diese Wahrheit wird uns begreiflich, wenn wir zum Beispiel die Sonne oder einen Baum betrachten. Jeder sieht sie oder ihn, und das heißt: Wir alle machen uns den Einen Geist zunutze.

Deshalb gibt es auch nicht so etwas wie einen Atheisten, weil er ebenfalls den Geist, die Intelligenz und Macht benutzt, die von Gott sind. Er ist lebendig, und sein Leben ist von Gott, denn Gott ist Leben. Wenn er sagt: »Ich glaube nicht an Gott«, ist das völlig absurd. Er denkt, weiß und ist aktiv. Denken, Wissen und Aktivität sind Eigenschaften Gottes.

Als Lehrer möchte ich darauf hinweisen, dass kein Lehrer Ihnen etwas Neues beibringen oder die Wahrheit übermitteln könnte. Jeder Lehrer kann nur das erwecken, was bereits in Ihnen ist. Sie beherbergen Gott. »Die Hütte Gottes ist bei den Menschen« (Offenbarung 21, 3). Ein guter Lehrer veranlasst Sie, die Wahrheit zu erkennen, die seit jeher besteht, und entzündet jenes Feuer, an dessen Glut Sie sich wärmen. Aber Feuer, Glut und Wärme waren immer schon in Ihnen vorhanden. Er wird Sie die Freiheit lehren und Ihnen offen mitteilen, dass Sie ihm keinerlei Gehorsam schulden, denn Ihr Herz gehört Gott oder der Wahrheit. »Sei redlich gegen dich selbst, denn daraus folgt so notwendig wie die Nacht dem Tag, dass du es auch gegen jedermann sein wirst« (Shakespeare, *Hamlet*, II, 2). Der aufrichtige Lehrer wird Sie auffordern, Ihr Glück anderswo zu suchen, falls er Ihnen nichts mit auf den Weg geben kann. Die Wahrheit selbst ist jenseits von Konkurrenz und Wettbewerb angesiedelt.

Sie brauchen einem Ziel nicht zuzustreben, weil es bereits *ist*. Sie machen es sich zu eigen, indem Sie den gewünschten Zustand im Bewusstsein akzeptieren. Alle Zustände bestehen nebeneinander im Großen Jetzt oder in höheren Dimensionen Ihres Geistes. Es ist wie beim Klavier; die Musik, die Sie spielen möchten, ist schon im Instrument, Sie schlagen nur die richtigen

Tasten an, um sie hervorzubringen. Sie erschaffen sie nicht, sondern erkennen eine bestimmte Melodie und verleihen ihr Klang. Ob Sie einen Schlager oder eine Sonate von Beethoven spielen, ist dem Klavier völlig gleichgültig.

Ähnlich verhält es sich mit dem Alphabet. Sie haben die Buchstaben nicht erfunden, denn sie existieren seit jeher im Unendlichen Geist. So können Sie ein großartiges Drama schreiben – oder einen gehässigen Artikel, der einige fehlgeleitete Menschen in den Selbstmord treibt.

Wir alle müssen den richtigen Ton anschlagen, um unsere innere Musik zu Gehör zu bringen: Harmonie, Frieden, Gesundheit, Wahrheit, Ausdruckskraft. Das geschieht, indem wir uns die Wirklichkeit des ersehnten Zustandes immer wieder vergegenwärtigen, ihn fühlen in der festen Überzeugung, bereits darin zu leben. Und bald wird sich erweisen, dass der Wunsch in Erfüllung geht.

4

Die Magie des Glaubens

Dieses Kapitel soll Ihnen die geistige Wahrheit Ihrer persönlichen Macht und Freiheit nahebringen. »Verlass dich auf den Herrn von ganzem Herzen … gedenke an ihn in allen deinen Wegen, so wird er dich recht führen« (Sprüche 3, 5–6). »Ich hebe meine Augen auf zu den Bergen, von wo Hilfe kommt« (Psalm 121, 1). In diesen Bibelversen werden Sie aufgefordert, die Unendliche Intelligenz anzuerkennen, die Ihre Schritte stets lenkt. Die Lösung Ihres Problems kommt, sobald Sie sich voller Glaube und Achtung dem Göttlichen Prinzip im Innern zuwenden.

Es war Shakespeare, der schrieb: »Unsere Zweifel sind Verräter am Guten, das wir oft erringen könnten, wenn wir den Versuch nicht scheuten.« Die Angst – also der mangelnde Glaube an Gott oder das Gute – hält uns zurück.

Vor einiger Zeit erzählte mir ein Mann, dass er in einem Chemieunternehmen dem Vertreterstab mit über zweihundert Mitarbeitern angehöre. Nach dem Tod des Vertriebsleiters bot man ihm dessen Position an, die er jedoch ablehnte. Später wurde ihm klar, dass er dies aus Angst getan hatte. Er fürchtete sich vor der Verantwortung, ermangelte des Glaubens an sich selbst und sein inneres Potenzial. So ließ er sich diese großartige Gelegenheit entgehen.

Als er zu mir in die Beratung kam, stellte ich fest, dass er sich selbst verurteilte; das war wie ein zerstörerisches mentales Gift. Erst allmählich erkannte er, dass es noch andere Möglichkeiten gab. Ich erklärte ihm, der Glaube sei eine Denkweise, eine positive Einstellung, ein Gefühl von Vertrauen, dass das, wofür man betet, tatsächlich auch geschehen wird.

Zum Beispiel glaubt man daran, dass morgen die Sonne aufgehen oder der in die Erde gesetzte Same keimen wird. Ein Elektriker ist überzeugt, dass der Stromkreis wie erwartet auf seine Eingriffe reagiert. Ein Wissenschaftler geht davon aus, dass die von ihm entwickelte Idee in der Praxis Anwendung finden wird.

Ständig bieten sich Ihnen Gelegenheiten. Hier und jetzt hegen Sie sicherlich den Wunsch nach Harmonie, Frieden, Gesundheit und Wohlstand. Vielleicht schlägt man Sie gerade für eine Beförderung vor. Werden Sie genauso angsterfüllt sein wie Petrus? »Und Petrus trat aus dem Schiff und ging auf dem Wasser und kam auf Jesus zu. Als er aber den Wind sah, erschrak er und hob an zu sinken, schrie und sprach: Herr, hilf mir!« (Matthäus 14, 29–30).

Diese Szene findet nicht nur in der Bibel statt, sondern auch in Ihrem Geist. *Petrus* bedeutet Glaube, Ausdauer und Entschlossenheit; *Jesus* verkörpert den Wunsch, der, wenn er sich erfüllt, zu Ihrem Retter wird. Jesus kommt Ihnen in den Sinn als Idee, Vision, Wunsch, Plan, Ziel. Die Verwirklichung Ihrer Träume, Pläne und Ziele würde Ihnen und anderen tiefe Befriedigung und große Freude gewähren. Bezeichnen Sie also Ihren Glauben an die Göttliche Macht, die alles zur Erscheinung bringt, als Petrus. Betrachten Sie Petrus und Jesus als die Dramatisierung der machtvollen Wahrheit, die Ihnen innewohnt.

Oft werden Sie beim Versuch, etwas Neues zu unternehmen, von Zweifeln geplagt. Das ist der innere Petrus, der den Wind sieht, erschrickt und unterzugehen droht. Ihre negative Einstellung resultiert aus dem Glauben an Misserfolg, Mangel und Begrenzung. Lassen Sie sich dadurch nicht mehr beirren! Widmen Sie sich stattdessen positiven Gedanken an Erfolg, Fülle und Wohlstand. Wenn es Ihnen gelingt, diese Zuversicht zu bewahren, werden Sie gewiss triumphieren.

Zweifel und Angst halten Menschen gefangen in Versagen und Krankheit. Diese falschen Vorstellungen führen dazu, dass sie schwanken, ausweichen, zögern, und werden überwunden durch einen immer stärkeren Glauben an die eigenen geistigen Fähigkeiten, die allmählich zu Bewusstsein kommen. Tun Sie es Petrus nach; auch er gab sich einen Ruck und machte einen Schritt nach vorn, um die ausgestreckte Hand Jesu zu ergreifen.

Man kann es sich nicht leisten, unschlüssig auf der Stelle zu treten. Die Unfähigkeit, Entscheidungen zu treffen, hat innere Verwirrung und überhöhte Reizbarkeit zur Folge. Sobald Sie merken, dass Sie hin und her gerissen sind, ist das ein untrügliches Zeichen für Zweifel und Angst.

Das Gute wird Ihnen durch die Sehnsucht zuteil. Wenn Sie krank sind, wünschen Sie sich Gesundheit; wenn Sie arm sind, wünschen Sie sich Reichtum; wenn Sie von Angst erfüllt sind, wünschen Sie sich Zuversicht.

Aber da ist eine andere Stimme in Ihnen, die sagt: »Nein, das ist unmöglich. Der Zug ist abgefahren.« Das ist der Moment, die Augen zu den Bergen zu heben, von wo Hilfe kommt. Das heißt, Sie richten die Aufmerksamkeit auf das, was Ihnen guttut. Vergessen Sie nicht, der Glaube kann Berge versetzen: »Dein Glaube hat dich gesund gemacht« (Markus 5, 34). »Euch geschehe nach eurem Glauben« (Matthäus 9, 29). Sie müssen anerkennen, dass Wunsch, Traum oder Idee, wiewohl unsichtbar, real sind, nämlich Tatsachen des Bewusstseins. Dieses Wissen schenkt Ihnen Glauben und ermöglicht, die Wasser der Angst, Verwirrung und Zwietracht zu überqueren in Richtung jenes Ortes tief im Herzen, wo die Überzeugung ihren Sitz hat. Petrus sagte: »Herr, bist du es, so heiß mich zu dir kommen auf dem Wasser« (Matthäus 14, 28).

Ideen sind unsere Lehrmeister, sie beherrschen und leiten uns. Die Idee, die jetzt von Ihnen Besitz ergreift, ist Ihr Herr; sie erzeugt bestimmte Gefühle, die durch Sie nach Ausdruck verlangen. Die im Geist verankerte Vorstellung von Erfolg ruft eine ihr gemäße Stimmung hervor. Diese wiederum zwingt Sie zum richtigen Handeln, sodass alle mit Glauben und Zuversicht ausgeführten Taten erfolgreich sein werden. Machen Sie sich Ihren Wunsch zu eigen, lieben Sie ihn, lassen Sie sich davon gefangen nehmen, fühlen Sie seine Wirklichkeit.

Ist er edel, wunderbar und inspirierend genug, um Sie voranzubringen? Dieses Ideal ist ebenso real wie die Idee von einem Radio oder Fernsehen im Kopf des Erfinders, die Idee eines Hauses im Kopf des Architekten – und weder eine bloße Einbildung noch ein Tagtraum.

Petrus lebt in Ihnen – als Glaube, Beharrlichkeit und unerschütterliches Vertrauen in eine Allmacht, die auf Gedanken und Überzeugungen reagiert. Diese formlose Bewusstheit nimmt deren Form an. Sie ist für alle Menschen alles: Stärke und Unterweisung, wenn Sie ihrer bedürfen, aber auch Nahrung und Gesundheit.

Jeder glaubt an etwas. Woran glauben Sie? Möge es das Gute sein, die freudige Erwartung des Besten und jene tief eingeprägte Gewissheit, dass die Unendliche Intelligenz Sie aus der misslichen Lage befreien und Ihnen den Weg weisen wird. Sie erkennen jetzt, dass Angst und Irrtum auf falschen Auffassungen beruhen, die keinerlei Macht besitzen. Paulus sagt: »Es ist aber der Glaube eine gewisse Zuversicht des, das man hofft, und ein Nichtzweifeln an dem, das man nicht sieht« (Hebräer 11, 1). Jedes Geschehen hat seinen Ursprung in Glaube und Gefühl.

Wenn Sie nach unten schauen, sehen Sie Schlamm, aber mit dem Blick nach oben die Sterne! Und wenn Sie sagen: »Es gibt keinen Ausweg. Ich habe keine Chance«, ähneln Sie Petrus im Wind der Verwirrung, Angst und menschlichen Meinung. Doch sobald er sich seiner Kraft bewusst wird, hebt er die Augen zu Jesus, das heißt, er zieht die Lösung in Betracht, den glücklichen Ausgang, und ignoriert die Grenzen des Verstandes ebenso wie die Nacht der Vorurteile.

Der Mensch des Glaubens vertraut der Unsichtbaren Macht in seinem Innern. Er weiß, dass sie das Königreich der Wirklichkeit ist, dass sein Ideal darin schon reale Gestalt hat und dass sein Glaube oder Gefühl das Unsichtbare zur konkreten Erscheinung bringen wird. Deshalb geht er auf dem Wasser und bewegt sich ebenso zuversichtlich wie verständig zum Gelobten Land – dem ersehnten Ziel. Alle großen Wissenschaftler, Künstler, Dichter und Mystiker sind begabt mit einem unbeirrbaren Glauben an jene unsichtbaren Kräfte, die ihnen innewohnen.

Glaube ist Vertrauen. Sie vertrauten Ihrer Mutter, als diese Sie im Arm hielt, schauten auf in ihre Augen und sahen dort Liebe. *Petrus* verkörpert den Glauben an und das Vertrauen in Gott, den Absoluten Liebenden, und beide sollten noch stärker ausgeprägt sein als gegenüber der Mutter.

Übermitteln Sie nun Wunsch oder Bitte Ihrem subjektiven Geist und bejahen Sie tief im Herzen, dass er die Antwort kennt, wie auch jene unerforschlichen Wege, die zur Erfüllung führen. Im entspannten und friedlichen Zustand wissen Sie, dass es Ihnen gelungen ist, das Unterbewusstsein entscheidend zu beeinflussen. Weitere Zeichen werden folgen. So überqueren Sie die Wasser der Verwirrungen oder falschen Überzeugungen und werden schon bald unmittelbar erfahren, was Sie zuvor als wahr empfunden haben.

Betrachten Sie nur einmal die Magie und Wunder wirkende Macht des Glaubens in Ihrem Leben. Ein solches Wunder findet schon statt, wenn Sie ein Glas Milch trinken. Durch den meisterlichen Chemiker im Körper wird die Milch umgewandelt in Gewebe, Muskeln, Knochen und Blutzellen. Unzählige weitere Beispiele dieser Art ließen sich anführen. Jedes Mal lautet die wesentliche Botschaft: Suchen Sie im Innern nach Ihrem wahren Retter, denn er hat seinen Sitz im Denken und Fühlen. Verbinden Sie beide, wird ein heiliges Bündnis geschlossen, eine mystische Hochzeit begangen, das Glück besiegelt. Jeder Wunsch, den Sie mit Liebe dem Unterbewusstsein einprägen, ist unbesiegbar – ein Beweis dafür, dass der Glaube sein Werk verrichtet. Verknüpfen Sie also Petrus (Glauben) mit Jesus (Wunsch), und das Wunder wird geschehen.

Fallbeispiele

Fall A

Vor einigen Monaten besuchte ich einen jungen Mann in der Haftanstalt. Sein erster Gedanke galt natürlich der Freiheit. In der Bibel wird sie verkörpert durch Jesus, der über das Wasser wandelt. Der Häftling war äußerst verbittert und zynisch. Er lebte in einem psychischen Gefängnis des Hasses und des Neides. Ich erklärte ihm, dass er infolge seiner Handlungen, die der goldenen Regel widersprachen, an diesem Ort gelandet sei. Im Verlauf unseres Gesprächs gelang es ihm, die innere Einstellung zu ändern, indem er Petrus anrief – also den Glauben an eine Allmacht, die seinen Herzenswunsch erfüllen würde.

Anschließend gab ich ihm genaue Anweisungen. Er solle für diejenigen beten, die er hasste, und jeden Tag viele Male wiederholen: »Gottes Liebe durchströmt ihr Inneres, und ich lasse sie los.« Das tat er. Abends vor dem Einschlafen malte er sich aus, zu Hause bei seiner Familie zu sein. Er spürte seine kleine Tochter in den Armen und hörte, wie sie sagte: »Willkommen, Papa.« All das geschah in seiner Vorstellung. Nach einer Weile war dieses Geschehen derart real, natürlich und lebendig, dass es ein Teil von ihm wurde. Er hatte seinem Unterbewusstsein den Glauben an die Freiheit eingeprägt.

Darüber hinaus ereignete sich ein weiteres interessantes Phänomen: Er hatte kein Bedürfnis mehr, für seine Freiheit zu beten. Das war für ihn ein klares psychisches Zeichen, dass er die Sehnsucht nach Freiheit verinnerlicht hatte. Obwohl er hinter Gittern saß, war er ruhig und gelassen in der subjektiven Gewissheit, frei zu sein. Er suchte nicht länger nach dem, was er schon besaß.

Nach einigen Wochen wurde der junge Mann aus dem Gefängnis entlassen, nicht zuletzt weil Freunde sich für ihn eingesetzt hatten. Vor allem aber dank seiner veränderten Sicht auf Menschen und Dinge öffneten sich ihm die Tore in ein neues Leben.

Fall B

In einem unserer Bibelkurse erzählte eine Teilnehmerin, ihr Freund könne sein Geschäft nicht mehr halten, weil er zahlungsunfähig sei. Sogar sein Auto war gepfändet worden. Sie sagte: »Ich sehe keinen Ausweg. Die Lage ist hoffnungslos.«

Daraufhin lauschte die junge Frau meinem Vortrag über das Gebet, wandte die darin genannten Grundsätze noch am gleichen Abend an und sprach sich folgende Sätze vor: »Ich werde über die Wasser des Zweifels und der Verneinung gehen. Der Herr ist meine Zuversicht und meine Zuflucht. Auf ihn will ich hoffen.« Sie gründete ihr Denken auf diese tiefe Wahrheit: »Gottes Frieden erfüllt meinen Geist, und Er wird mir antworten.« Sie blieb in einem stillen, passiven Zustand, versetzte sich in die Stimmung, der gemäß es sehr wohl eine Lösung für ihren Freund gab, und schlief ein über solch wunderbaren Worten: »Fürchtet euch nicht, stehet fest und sehet zu, was für ein Heil der Herr heute an euch tun wird« (2. Mose 14, 13).

Die junge Frau wusste, dass der Retter in ihrem Glauben war. Sie hob den Blick zu den Bergen – zu denen des Glaubens und des Vertrauens in Gott, der Berge versetzt. In Gedanken lehnte sie jede widersprechende Sinneserfahrung ab und sah dem Retter selbst in die Augen, um ganz in der gefühlsmäßigen Verwirklichung ihres Wunsches oder Ideals aufzugehen. Am nächsten Tag rief ihr Freund an, der mitteilte, dass ein Wunder geschehen sei. Ein Mann, der sich von ihm zehn Jahre vorher 20 000 Dollar ausgeliehen hatte, gab ihm einen Scheck über diesen Betrag. Das war die unerwartete, aber vollkommene Antwort auf ihr Gebet des Glaubens.

5

Schritte zum Glück

Glück ist ein Bewusstseinszustand, Glaube wie auch Angst sind Seelenzustände. Der Glaube beinhaltet die freudige Erwartung des Besten. Die Angst taucht auf, um Ihren Glauben an Gott oder das Gute infrage zu stellen. Sie ist Ausdruck der Unwissenheit oder der falschen Überzeugung, dass das Gute Ihnen nicht zusteht.

Akzeptieren Sie niemals die Suggestionen der Krankheit, der Schwäche oder des Scheiterns. Falls Sie dennoch dafür empfänglich sind, so bekräftigen Sie umgehend die Wahrheiten Gottes, nämlich Liebe, Frieden, Harmonie, Freude und dergleichen. Erkennen Sie, dass Denken und Fühlen die Ursachen für Erfahrungen und Bedingungen sind.

Angst beruht auf dem Irrglauben, es gebe andere, negative Kräfte und äußere Umstände könnten einen verletzen. Sie muss überwunden werden, denn nichts kann sie nähren. Sie entbehrt jeder Grundlage, und ihre Forderungen sind verfehlt. Kommen Sie auf jene einfache Wahrheit zurück: Nur Ihr Denken hat Macht über Sie, und die Einzige Allmacht handelt zu Ihren Gunsten, eben weil Ihre Gedanken in Einklang sind mit der Unendlichen Intelligenz.

Der vom Glauben an Gott erfüllte Mensch sorgt sich nie um seine Zukunft. Sobald Unruhe und Angst von ihm Besitz ergreifen wollen, eröffnet der Glaube an Gott den Weg zu innerem Frieden.

An der Westküste Irlands begegnete ich einmal einem Landwirt, der immerzu frohgemut und glücklich schien. Ich bat ihn, mir das Geheimnis seines Glücks zu verraten, woraufhin er antwortete: »Ich habe die Gewohnheit, glücklich zu sein.« Das ist die ganze Geschichte! Glücklichsein ist ebenso eine Gewohnheit wie Beten.

Im Alten Testament steht der Satz: »So wählt euch heute, wem ihr dienen wollt« (Josua 24, 15). Sie haben die Freiheit, das *Glück* zu wählen. Das mag äußerst einfach klingen – und ist es auch. Vielleicht stolpern gerade deshalb die Menschen auf dem Weg zum Glück; sie sehen nicht, wie leicht es zu erlangen ist, und entscheiden sich eher für das Unglück, indem sie Vorstellungen hegen wie: *Heute ist ein schwarzer Tag; alles wird schiefgehen ... Ich werde keinen Erfolg haben ... Jeder ist gegen mich ...*

Möglicherweise sagen auch Sie sich: »Die Geschäfte laufen schlecht und werden immer schlechter.« Oder: »Das Schlimmste kommt erst noch!« Wenn Sie mit dieser Einstellung den Tag beginnen, werden Sie dementsprechende Erfahrungen anziehen und sehr unglücklich sein.

Sie können jedoch die entgegengesetzte Richtung einschlagen und das Glück wählen, indem Sie sich morgens beim Aufwachen sagen: »Denen, die Gott lieben, dienen alle Dinge zum Besten« (Römer 8, 28). Vergessen Sie dabei nicht, dass in allen Sprachen »Gott« und das »Gute« synonyme Begriffe sind.

Liebe ist eine emotionale Bindung. Verbinden Sie sich also folgendermaßen mit dem Guten. Schauen Sie aus dem Fenster und bekräftigen Sie: »Das ist Gottes Tag für mich. Er leitet mich rund um die Uhr. Ich gehe in Seinem Licht, strahle Seinen Zauber ringsum aus. Sobald meine Gedanken abschweifen und sich von Gott oder dem Guten entfernen, lenke ich sie zurück und besinne mich auf Seine Heilige Gegenwart. Ich bin ein geistiger Magnet und ziehe all das an, was mir wohltut. Jede meiner heutigen Unternehmungen wird zum Erfolg führen. Zweifellos werde ich den ganzen Tag über glücklich sein.«

Beginnen Sie so jeden Tag; dann wählen Sie das Glück und werden eine fröhliche und strahlende Person sein.

Ihre Erfahrungen hängen ausschließlich von Ihrer vorherrschenden Gemütsverfassung ab, von der Art und Weise, wie Sie denken und fühlen – über sich selbst, die anderen und die Welt im Ganzen. In welcher Stimmung befinden Sie sich momentan? Wie fühlen Sie sich? Sind Sie unruhig, verwirrt, wütend oder besorgt wegen des Verhaltens Ihrer Mitmenschen? Wenn ja, sind Sie nicht glücklich, weil Ihre Gedanken um Mangel und Begrenzung kreisen.

Richten Sie Ihre Aufmerksamkeit immer wieder auf Frieden, Erfolg und Glück; das ist das wahre Gebet. So werden Sie jenem irischen Landwirt ähneln, der es gewohnt war, glücklich zu sein. Ihre grundlegende Einstellung bestimmt darüber, welche Erfahrungen Sie machen; daher kann nichts in Ihre Welt gelangen als die Widerspiegelungen dieser Einstellung. Lieben Sie alles Gute, dann werden sogar Ihre vermeintlichen Feinde gezwungen sein, Ihnen Gutes zu tun.

In der spirituellen und psychologischen Literatur lesen Sie oft, dass die Welt so ist, wie Sie sie sehen. Das heißt, Sie können Ihre Beziehung zur Welt selbst gestalten. Ihre eigentliche Welt ist eine mentale Sphäre aus Gedanken, Gefühlen, Empfindungen und Überzeugungen. Folglich wird jede Person, Situation und Erfahrung, mit der Sie konfrontiert sind, zu einem Gedanken in Ihrem Geist. Ihre Stimmungen und Reaktionen resultieren aus Ihren Auffassungen über das Leben im Allgemeinen und dessen Umstände im Besonderen. Wenn jene sich als falsch erweisen, werden Sie vielleicht sehr unglücklich. Wenn Sie dagegen über das wahre Wissen und die richtigen Ideen verfügen, können Sie Ihre Reaktionen kontrollieren und inneren Frieden finden.

Nun werden Sie sich der Wahrheit bewusst, dass allein die Vorgänge in Ihrem Denken das Glück bedingen. Ein Aspekt ist dabei wesentlich: Sie müssen sich aufrichtig *wünschen*, glücklich zu sein. Es gibt Menschen, die schon lange niedergeschlagen, ja verzweifelt waren und plötzlich durch ein wundersames Ereignis zutiefst beglückt wurden, darauf aber so reagierten wie jene Frau, die einmal zu mir sagte: »Es ist verkehrt, überglücklich zu sein!« Sie haben sich an die alten mentalen Muster derart gewöhnt, dass ihnen das Glück Unbehagen bereitet, und sehnen sich geradezu nach dem früheren deprimierenden Zustand.

In England kannte ich eine ältere Dame, die seit zwanzig Jahren von Rheuma geplagt wurde. Oft gab sie sich einen Klaps aufs Knie und erklärte: »Das Rheuma macht mir heute wieder schwer zu schaffen. Ich kann nicht aus dem Haus. Meine Krankheit macht mich elend.« Diese Frau bekam viel Beachtung von ihrem Sohn, ihrer Tochter, den Nachbarn, hielt jedoch an ihrem Rheuma fest, genoss das Leiden und wollte nicht wirklich glücklich sein.

Ich empfahl ihr eine Heilmethode, die in der Bibel genannt wird, schrieb einige Verse auf und sagte: »Wenn Sie Ihre ganze Aufmerksamkeit auf diese Wahrheiten richten, werden Sie gesund.« Doch das interessierte sie nicht. Viele Leute scheinen eine besondere Vorliebe dafür zu haben, elend und traurig zu sein.

Jesus sagte: »Wenn ihr solches wisset, selig seid ihr, wenn ihr's tut« (Johannes 13, 17). Und: »Wenn ihr nicht umkehret und werdet wie die Kinder …« (Matthäus 18, 3). Ein Kind ist glücklich, weil es Gott nah ist. Es weiß intuitiv, wo ihm das Glück zuteil wird. Doch selbst mit zunehmendem Alter brauchen Sie sich weder trübsinnig und verdrießlich zu fühlen noch geistig abgestumpft und ausgelaugt. Nicht die Meinungen der Menschen stimmen uns glücklich, sondern die einfachen Wahrheiten des Lebens. Viele versuchen, durch Anschaffungen materieller Dinge das Glück zu kaufen, aber es kann nicht auf diese Weise erworben werden.

Das Königreich Gottes ist in Ihnen und das Königreich des Glücks in Ihrem Denken und Fühlen. Allzu viele Menschen glauben, sie könnten das Glück künstlich erzwingen. Einige sagen: »Mit einer Million Dollar wär ich glücklich.« Andere wiederum behaupten: »Wenn ich zum Bürgermeister gewählt oder zum Geschäftsführer ernannt würde, wär ich glücklich.« Doch das sind Illusionen. Richtig ist: Wir müssen das Glück *wählen* – oder *uns angewöhnen*, glücklich zu sein. Das Glück ist ein spiritueller und mentaler Zustand, der sich einstellt durch tägliche Zwiesprache mit Gott und in stiller Kommunion mit Seiner Heiligen Gegenwart.

Beginnen Sie jetzt, das Brot des Schweigens zu essen, indem Sie über die Tatsache nachsinnen: »Vor dir ist Freude die Fülle und Wonne …« (Psalm 16, 11). Stellen Sie sich vor, dass Gottes Liebe und Freude Ihren Geist und Ihr Herz durchströmen; so beleben Sie Sein Geschenk in Ihrem Innern.

Der Erlöser wohnt in Ihnen, aber Er schläft. Wecken Sie Ihn auf! Es bedarf nur eines Gedankens, um Ihn in Bewegung zu versetzen. Jedes Mal, wenn Sie die Macht der äußeren Bedingungen und Umstände zurückweisen und die innere Gegenwart Gottes anerkennen, hauchen Sie diesem Geschenk Leben ein. »Um solcher Ursache erinnere dich, dass du erweckest die Gabe Gottes, die in dir ist …« (2. Timotheus 1, 6).

Wenn Ihr Geist rein und gesund ist, wenn Ihre Augen auf Gott oder das Gute gerichtet sind und Sie das Herz eines Kindes haben, leben Sie in innerem Frieden. Dann sind Sie voll des guten Willens – und glücklich.

Sagen Sie sich jeden Tag nach dem Aufwachen: »Gott ist mein Partner.« Wenn es regnet, rufen Sie freudig: »Wie wunderbar, Gott am Werk zu sehen!« Wenn es schneit, statten Sie Ihm Dank ab. Wenn die Sonne scheint, vergegenwärtigen Sie sich, dass deren Licht alle Wesen segnet.

Sie besitzen die Macht, jede Situation zu meistern. Sie wurden geboren, um zu gewinnen, Erfolg zu haben und zu erobern. Die Lösung einer schwierigen Aufgabe beschert Ihnen einen herrlichen Nervenkitzel. Die Freude kommt gerade dadurch, dass man Widerstände überwindet. Setzen Sie sich jetzt mit dem Problem auseinander, das Ihnen zusetzt. Ergreifen Sie jenes leuchtende Schwert der Wahrheit und erklären Sie: »Ich schreite voran, um zu triumphieren!« Göttliche Kräfte beflügeln Sie und weisen Ihnen den Weg zum Ziel. Befreien Sie sich von jedem negativen Gefühl. Die Liebe vertreibt die Angst, der Friede Gottes den

Schmerz und den Neid. Suchen Sie in Zeiten der Not nach dem, was gut und richtig ist, also nach der Göttlichen Antwort.

Wenden Sie sich nach innen mit dem Vorsatz: *Jeden Morgen werde ich bekräftigen, dass mich heute ein Glück erwartet.* Das Böse hat keine Realität; es besteht nur in Ihrem geistigen Durcheinander.

Gott ist Leben, das immerzu danach strebt, sich auf angenehme und sanfte Art zum Ausdruck zu bringen. Sein Elan zielt auf Höherentwicklung, Fortschritt. Es will durch Sie in Erscheinung treten als Harmonie, Gesundheit, Frieden, Freude und Glück. Das sind die Wahrheiten, die Sie ersehnen. In Gottes universellem Plan gibt es allein das Gute. Verankern Sie in Ihrem Bewusstsein den Gedanken an die Allmacht Gottes – dass Er über Sie wacht und all Ihre Schritte lenkt. Lassen Sie sich von dieser Vorstellung überwältigen, und die Wasser der Heilung werden Sie durchströmen. Sobald Sie diesen Wahrheiten Beachtung schenken, machen Sie aus dem Glücklichsein eine Gewohnheit.

Fallbeispiele

Fall A

In London lernte ich einen Alkoholiker kennen, der in die Abgründe völliger Entwürdigung gesunken war. Als ich ihn traf, bettelte er auf der Straße um ein paar Groschen für einen weiteren Drink. Früher war er ein hoch angesehener Rechtsanwalt gewesen. Ich verbrachte einige Zeit mit ihm im Hyde Park, nannte während unseres Gesprächs ein paar einfache Wahrheiten und schrieb ihm folgende Sätze auf, die er wiederholen sollte: »Ich überlasse mich völlig Gott, Seiner Grenzenlosen Liebe und Güte. Kopf und Herz sind nun empfänglich für den Geist des Allmächtigen, der mich durchströmt. Gott füllt mich mit Seiner Freude und Liebe aus. Ich sehe zwar nicht den Wind, spüre aber die Brise auf meinem

Gesicht; ebenso fühle ich, wie Gottes Gegenwart mein Herz rührt. Ich bin trocken und wieder ein ganzer Mensch.«

Ich forderte ihn auf, sich zu entspannen und diese meditativen Formeln drei Mal täglich jeweils eine Viertelstunde lang aus großer Ruhe auszusprechen. Von ihm werde nicht mehr verlangt als Aufrichtigkeit und Demut; dann könne er gewiss sein, von seiner Trunksucht geheilt und über seine wildesten Träume hinaus gesegnet zu werden.

Der Mann legte eine fast kindliche Einfalt an den Tag und hielt sein Versprechen. In weniger als einer Woche war er in einer engen, liebevollen Beziehung mit Gott. Während er die obigen Worte vor sich hin murmelte, stellte er sich vor, sie seien Samen, die tief in seine Seele sinken. Am sechsten Tag wurde sein ganzes Wesen wie auch der Raum ringsum mit einem Licht durchflutet, das ihn vorübergehend blind zu machen schien. Bald danach war er völlig gesund.

Fall B

Nach einem meiner Vorträge in San Francisco redete ich mit einem leitenden Angestellten, der sehr unglücklich wirkte und sich über das schlechte Betriebsklima beklagte. Sein Herz war voller Groll gegen den Direktor und Vizedirektor der Firma. Sie seien ihm feindlich gesinnt, behauptete er. Aufgrund dieser Zwietracht gingen die Geschäfte zurück, und er erhielt keine Gewinnbeteiligung.

Auf meine Anweisung hin betete er auf die folgende Weise und löste damit seine Probleme. Gleich morgens nach dem Aufwachen sagte er zu sich: »Alle Mitarbeiter unseres Unternehmens sind wunderbare, geistige und gottähnliche Glieder in der Kette von Wachstum und Wohlstand. Mit meinen Gedanken, Worten und Taten übermittle ich ihnen und insbesondere den beiden Direktoren meinen guten Willen. Gottes Liebe und Wohlwollen erfüllen mein Herz. Unendliche Intelligenz und Göttliche Weisheit treffen sämtliche Entscheidungen durch mich. In unserem Leben finden nur richtige Aktionen statt. Ich sende die Boten des Friedens, der Liebe und des guten Willens ins Büro, wo Gottes Frieden das Denken und Fühlen des gesamten Personals beherrscht, zu dem auch ich gehöre. Voller Glauben, Zuversicht und Vertrauen breche ich jetzt auf in einen neuen Tag.«

Der leitende Angestellte wiederholte diese Meditation dreimal und fühlte die Wahrheit hinter den Worten. Er verlieh ihnen Leben, Liebe und Schönheit, und so prägten sie sich seinem Unterbewusstsein ein. Wenn ihn im Laufe des Tages die Angst oder Wut beschlich, sagte er: »Gott ist jetzt in mir.« Nach einer Weile verschwanden alle schädlichen Gedanken aus seinem Kopf, und der geistige Frieden stellte sich ein.

Er schrieb mir nach New York, dass zwei Wochen später Direktor und Vizedirektor ihn einbestellt, sich entschuldigt und mit einem festen Händedruck versichert hätten, dass die Firma nicht ohne ihn auskomme. Das stimmte ihn sehr froh. Sein Glück resultierte daraus, dass er in allen Mitmenschen Gott sah und ihnen gegenüber Liebe und Gutwilligkeit ausstrahlte. Es begann, als er die Gegenwart Gottes im Alltag zum Ausdruck brachte.

Die Liebe befreit und gibt, denn sie ist Gottes Geist – das universale Medium, welches alles auflöst, was ihm nicht ähnelt.

6

Harmonische Beziehungen

Alles nun, was ihr wollt, dass euch die Leute tun sollen, das tut ihnen auch.

Matthäus 7, 12

Das obige Bibelzitat – die goldene Regel – enthält drei tiefe Wahrheiten. *Denke über andere so, wie sie über dich denken sollen. Bringe ihnen jene Gefühle entgegen, die sie dir entgegenbringen sollen. Behandle sie so, wie du von ihnen behandelt werden möchtest.* Das ist in allen Lebenslagen der Schlüssel zu glücklichen Beziehungen.

Die erste Lektion, die Sie in diesem Zusammenhang lernen, lautet: Sie können nur sich selbst ändern. Achten Sie auf Ihre inneren Selbstgespräche? Vielleicht sind Sie höflich und liebenswürdig gegenüber einem Arbeitskollegen, aber sobald er Ihnen den Rücken zuwendet, schlägt Ihre Gesinnung um in Kritik und Ressentiment. Solche negativen Gedanken wirken sich höchst schädlich auf Sie aus. Es ist, als hätten Sie Gift genommen. Tatsächlich handelt es sich um ein mentales Gift, das Sie der Lebenskraft, Begeisterung, Stärke, Gutwilligkeit und geistigen Führung beraubt.

Stellen Sie sich also die Frage: *Wie verhalte ich mich innerlich gegenüber diesem Menschen?* Auf Ihre Einstellung kommt es an. Beginnen Sie jetzt, sich selbst ebenso genau zu beobachten wie Ihre Reaktionen auf andere, auf Umstände und Bedingungen. Wie reagieren Sie auf die heutigen Ereignisse und Nachrichten? Es spielt keine Rolle, ob alle Leute sich irren und nur Sie recht haben – wenn eine Nachricht Sie aufschreckt, ist sie deshalb von Übel, weil Ihre schlechte Stimmung Sie um Frieden und Harmonie bringt. Aber Sie brauchen nicht in dieser Weise auf Informationen und Kommentare anzusprechen. Sie können ungerührt, souverän und gelassen bleiben in der Gewissheit, dass jeder das Recht hat, seine Ansichten zu äußern. Es sind nicht die Worte und Taten von jemand anders, die uns beeinträchtigen, sondern unsere eigenen Reaktionen darauf.

Unterscheiden Sie deutlich zwischen Ihrem gegenwärtigen mentalen Zustand und jenem, den Sie sich wünschen. Ergründen Sie Ihre von Neid, Eifersucht und Hass erfüllten Gedanken, die Sie einengen oder regelrecht versklaven. Damit sind Sie dem Massenbewusstsein unterworfen, das sich in Ihnen manifestiert. Zugleich aber wohnt Ihnen das Unendliche oder Göttliche Selbst inne, das durch Sie nach Ausdruck sucht. Seien Sie aufrichtig und beschließen Sie, welche der beiden Instanzen vorherrschen soll.

Wie reagieren Sie zum Beispiel, wenn jemand abfällig über Sie spricht oder Kritik an Ihnen übt? Zeigen Sie das typische Verhaltensmuster und regen sich auf, getrieben von Groll und Wut? Wenn ja, gehorchen Sie dem Massenbewusstsein im Innern. Derlei Automatismen und Stereotypen dürfen Sie nicht zulassen. Sagen Sie sich ebenso deutlich wie hoffnungsvoll: »Der Unendliche Eine denkt, spricht und handelt durch mich; das ist mein wahres Selbst. Ich strahle jetzt Liebe, Frieden und Gutwilligkeit gegenüber der Person aus, die mich verletzt hat. Ich würdige das Göttliche in ihr. Gott äußert sich durch mich in Form von Harmonie, Frieden und Liebe. Das ist wunderbar.«

Sie sind nun ein echter Anhänger der Wahrheit. Anstatt zu reagieren wie die Masse, die Hass mit Hass erwidert, begegnen Sie dem Hass mit Liebe, dem Schmerz mit Versöhnung und der Böswilligkeit mit Gutwilligkeit. Sie denken und handeln anders als früher. Im Angesicht der Wahrheit ersetzen Sie die alten Reaktionen durch neue. Würden Sie stets in der gleichen Weise auf Menschen und Verhältnisse reagieren, könnten Sie sich nicht weiterentwickeln. Sie wären dazu verdammt, stillzustehen und vom Massenbewusstsein vereinnahmt zu werden.

Sie wissen, dass Sie negative Gedanken nicht akzeptieren müssen. Sie können zu dem Menschen werden, der Sie gerne sein möchten, indem Sie jede Art von Schablone ablehnen.

Seien Sie ein aufmerksamer Beobachter und üben Sie sich darin, die eigenen Reaktionen zu überprüfen. Wann immer Ihnen bewusst wird, dass Sie wieder einmal negativ reagieren, sagen Sie sich: »Das ist nicht der Unendliche Eine, der spricht und handelt.« Dadurch werden die abträglichen Gedanken unterbunden, und Göttliche Liebe, Licht und Wahrheit können durch Sie strömen. Statt von Wut, Ressentiment, Bitternis und Gehässigkeit übermannt zu werden, identifizieren Sie sich mit Frieden, Harmonie, Gelassenheit und Gleichgewicht. Derart praktizieren Sie wirklich die Kunst der Trennung. Sie verabschieden sich von Ihrer alten Gemütsverfassung und begrüßen jene neue Einstellung, die Sie ersehnen.

Sie möchten ein christusähnliches, gesalbtes, erleuchtetes Individuum sein – wer wollte das nicht? Um das Ideal zu verwirklichen, müssen Sie sich mit all den Eigenschaften und Qualitäten identifizieren, die Sie sich im Hier und Jetzt wünschen.

Viele Frauen fragen sich: »Wie kann ich meinen Mann ändern?« Oft hört man auch folgende Bemerkung: »Könnte ich doch nur diese Kollegin umkrempeln; *sie* hat das ganze Chaos angerichtet.« Zugleich aber gilt die metaphysische Aussage: »Sieh im Nächsten Jesus Christus, und alles ist gut.« Das heißt, man soll sich der Gegenwart Gottes im anderen bewusst werden und erkennen, dass er tatsächlich Göttliche Gedanken, Worte und Handlungen zum Ausdruck bringt. Diese Wahrheit zu akzeptieren und an sie zu glauben bedeutet, im Gegenüber Christus zu sehen.

In zwischenmenschlichen Beziehungen gibt es kein Problem, das nicht harmonisch und zum Vorteil aller Beteiligten gelöst werden könnte. Wenn Sie behaupten, der Umgang mit Ihrer Kollegin gestalte sich sehr schwierig, denn sie sei gemein, aufmüpfig und streitsüchtig, dann sollte Ihnen klar werden, dass sie höchstwahrscheinlich Ihre eigene innere Verfassung widerspiegelt. Ähnliches zieht Ähnliches an, Gleich und Gleich gesellt sich gern. Wäre es daher nicht möglich, dass die kritische Haltung der Kollegin lediglich eine Reaktion ist auf Ihre Frustrationen und – unterdrückten oder bekundeten – Wutgefühle? Was sie sagt oder tut, kann Ihnen nicht wirklich schaden, es sei denn, Sie lassen dies zu. Die Störung wird nur durch Ihre eigenen Gedanken und Gefühle verursacht.

Wenn Sie ihr gegenüber die Fassung verlieren, durchlaufen Sie vier Phasen: Sie überdenken deren Äußerung, beschließen, sich darüber aufzuregen, geraten in Wut und agieren diese aus – durch eine freche Antwort oder boshafte Verhaltensweise. Sie sehen also: Gedanke und Gefühl, Reaktion und Aktion – alles geschieht in Ihrem Innern oder kommt unmittelbar von dort.

Sie selbst sind die Ursache Ihrer Wut. Warum sollten Sie sich darüber ärgern, wenn jemand Sie als Narr bezeichnet? Sie wissen sehr wohl, dass Sie kein Narr sind. Offenbar ist die Person, die derlei behauptet, seelisch oder geistig gestört. Vielleicht hat sie gerade ihr Kind verloren oder ein anderes schlimmes Unglück erfahren. Deshalb sollten Sie ihr statt Ablehnung eher Mitgefühl entgegenbringen. Hoffen Sie, dass Gott ihr Frieden und Liebe zuteilwerden lässt, auf diese Weise praktizieren Sie die goldene Regel. Sie identifizieren sich nicht mit Wut oder Hass, sondern mit dem Gesetz der Güte, Wahrheit und Schönheit.

Würden Sie etwa einen Menschen verdammen, der schwer erkrankt ist? Nein, natürlich nicht. Vielmehr würden Sie ihm zu helfen versuchen, indem Sie ungeachtet seines Leidens Gottes Gegenwart, Harmonie und Vollkommenheit in ihm erkennen. Das wäre ein Zeichen tiefer Anteilnahme. *Mitgefühl* ist die Weisheit Gottes, die durch den menschlichen Geist wirksam wird und dann zum Ausdruck kommt, wenn Sie allen Menschen verzeihen und das Göttliche in ihnen wahrnehmen.

Wer boshaft und verächtlich ist und scheußliche Lügen über andere verbreitet, ist ebenso krank wie derjenige, der ein körperliches Gebrechen hat. Wie reagieren Sie auf so jemanden? An welcher Wahrheit orientieren Sie sich? Wo sind Weisheit und Verständnis? Sagen Sie etwa: »Ich bin ein Herdentier und zahle Wut mit Wut heim, Hass mit Hass, Verachtung mit Verachtung«? Nein, Sie halten inne und erklären: »Das ist nicht der Unendliche Eine, der durch mich handelt. Gott sieht nur Vollkommenheit, Schönheit und Harmonie. Daher sehe auch ich die Welt so, wie Gott sie sieht.« Ähnlich steht es im Alten Testament: »Deine Augen sind zu rein, als dass du Böses ansehen könntest, und dem Jammer kannst du nicht zusehen!« (Habakuk 1, 13). Wenn Sie den Blick auf das Wunderbare richten, werden Sie dem Zerrbild keine Beachtung schenken.

Die fünf Sinne lenken Ihre Aufmerksamkeit ständig auf neue Informationen oder Nachrichten, und Sie bestimmen über Ihre entsprechenden Reaktionen. Sie können ruhig, ausgeglichen und gelassen bleiben – oder in Zorn geraten, um dann Migräne oder irgendwelche anderen Schmerzen zu bekommen.

Auf ein und dieselbe Situation reagieren zwei Menschen deshalb unterschiedlich, weil ihr Unterbewusstsein je anders konditioniert ist. Die Persönlichkeit setzt sich aus einer Vielzahl von Überzeugungen und Ansichten zusammen, beruht auf Erziehung und früher religiöser Indoktrination. Diese geistige Einstellung ist dafür verantwortlich, wie man reagiert. Der eine braust auf, wenn er von einer bestimmten religiösen Lehre hört, während sein Bruder sich daran erfreut.

Der Unterschied rührt daher, dass jener Vorurteile hat, dieser nicht. Unsere unterbewussten Überzeugungen diktieren unsere bewussten Handlungen. Wir können unser Denken jedoch neu ausrichten, indem wir uns auf die ewigen Wahrheiten besinnen. Beginnen Sie also, Ihren Geist mit Vorstellungen von Frieden, Freude, Liebe, froher Stimmung, Glück und Gutwilligkeit zu nähren. Dann werden sie auf die unterbewusste Ebene absinken und köstliche Früchte hervorbringen.

Ungeachtet dessen, welches Problem besteht, wie dringend es ist oder wie schwierig die betreffende Person sein mag – letzten Endes können Sie niemanden außer sich selbst ändern. Sobald Sie dies tun, wird sich auch Ihre Umgebung ändern. Man muss immer bei sich anfangen …

Sie leben nicht mit Menschen, sondern mit Ihren Ansichten über sie. Wie reagieren Sie zum Beispiel auf Ihren Nachbarn? Seine Frau liebt ihn, seine Kinder finden ihn wunderbar, sein Arbeitskollege mag ihn. Die Mitglieder seines Klubs halten ihn für großzügig, freundlich und kooperativ. Und Sie? Erscheint er Ihnen als geizig und kleinkariert? Hegen Sie Groll gegen ihn? Wer ist dieser Mensch? Entspricht er der Meinung, die Sie von ihm haben, sind alle anderen im Irrtum? Wäre es nicht klug, nach innen zu schauen und herauszufinden, was Sie dazu veranlasst, ihn als unangenehmen Zeitgenossen oder gar Hindernis zu betrachten, das Ihnen im Weg steht? Sicherlich werden Sie ähnliche Eigenschaften in Ihrem Innern entdecken.

Seien Sie ehrlich gegenüber sich selbst und geben Sie zu, dass dieser Nachbar hauptsächlich in Ihrer Vorstellung existiert; genau damit offenbaren Sie Ihre eigene Geistesverfassung.

Das bedeutet, nicht er ist verantwortlich für Ihre Wut, Anspannung oder Magenverstimmung. Tief im Herzen wissen Sie, um wen es eigentlich geht – und dass Sie verantwortlich sind für Ihre Gedanken über ihn. Ihre feindselige Reaktion auf ihn bringt Sie in Schwierigkeiten. Sie sind die Ursache Ihres negativen Zustandes.

Der amerikanische Heilpraktiker und Vorreiter der Neugeist-Bewegung Phineas Parkhurst Quimby erklärte, dass wir dem anderen das zuschreiben, was im Grunde uns betrifft. Man sieht nun, wie sehr dieser Satz der Wahrheit entspricht und die Grundlage der goldenen Regel bildet. Folglich gilt: Denken Sie über andere nicht, was diese nicht über Sie denken sollen. Bringen Sie ihnen keine Gefühle entgegen, die Sie von deren Seite als verletzend empfänden.

Achten Sie deshalb, wie schon erwähnt, auf Ihre Gedanken. Wie begegnen Sie darin den Menschen, die weit von Ihnen entfernt sind? Vielleicht sind Sie im direkten Kontakt nett zu ihnen, aber Ihre innere Einstellung gibt den Ausschlag. Ist diese negativ, vergiften Sie sich selbst. Hätte es etwa Sinn, in eine Apotheke zu gehen und zu sagen: »Ich mag diesen Nachbarn nicht. Geben Sie mir ein bisschen Gift. Ich werde es mehrmals täglich in kleinen Dosen zu mir nehmen.« Nein, das wäre absurd. Doch genau das tun Sie, wenn Sie verärgert oder feindselig auf andere reagieren. Sie schlucken ein mentales Gift, das Sie der Lebenskraft und Begeisterung beraubt und Ihren ganzen Organismus schwächt.

Mentale Gifte wirken sich ebenso zerstörerisch aus wie physische. Wenn Sie jetzt wegen jemandes Verhalten beunruhigt, gereizt oder wütend sind, so tragen Sie ein Denkmuster in sich, das Sie umgehend auflösen sollten. Gelingt Ihnen das nicht, sind Sie an Ihrem Unglück selbst schuld.

Vergewissern Sie sich, dass Sie nicht zu denen gehören, die anderen Grund zum Ärger geben. Legen Sie Ihre Selbstgerechtigkeit ab. Womit könnten Sie Ihren Widerwillen oder Hass rechtfertigen? Besitzen Sie dafür eine spezielle Lizenz? Wer hat Ihnen diese Autorität verliehen?

Sie dürfen den Tempel des Lebendigen Gottes nicht schänden. Ihr Geist sollte ein Gebetshaus sein, keine Räuberhöhle. Diejenigen, die Ihnen Frieden, Freude, Gesundheit und Glück rauben, heißen Neid, Eifersucht, Verachtung, Groll und Wut. Weigern Sie sich, solchen Kriminellen Unterschlupf zu gewähren.

Sie müssen nicht die dunklen Pfade Ihres Gemüts entlanggehen, um mit ihnen zu verkehren. Wählen Sie lieber die hell erleuchteten Gänge, wo Jesus oder die Wahrheit stets anwesend sind und verkünden: »Komm zu Gott und finde bei Ihm Frieden und Ruhe, langes Leben und Glück.« Sobald Sie sich damit identifizieren, haben Sie Ihren Retter entdeckt. Sie werden verwandelt in das Inbild dessen, worüber Sie nachsinnen und was Sie als richtig empfinden.

Wenn Sie also morgen zur Arbeit gehen und dort den Menschen treffen, der Sie angeblich in Rage versetzt, dann besänftigen Sie sich mit den Worten: »Diese Person ist ein Kind Gottes, und Seine Liebe durchströmt sie. Ich sehe in ihr Christus oder die Gegenwart Gottes. Ich nehme sie durch Seine Augen wahr – sie ist vollkommen und liebevoll, umgänglich und kooperativ.« Wiederholen Sie diese Formel mehrmals leise und widmen Sie sich Ihren Angelegenheiten. Seien Sie unbesorgt wegen der Ergebnisse. Sie wissen, dass diese durch eine veränderte geistige Einstellung herbeigeführt werden.

Falls im Laufe des Tages die alten boshaften Gedanken dennoch wieder Besitz von Ihnen ergreifen, sagen Sie sich mit freundlichem Unterton: »Was für Gott gilt, gilt auch für diesen Menschen. Es ist wunderbar, Gott am Werk zu sehen – in mir wie auch in ihm.« Sie beobachten nun sich selbst, lassen keine negativen Vorstellungen mehr zu und identifizieren sich ausschließlich mit Gott oder dem Guten. Die vollständige Heilung wird folgen, indem Sie Ihre neue Denkweise beharrlich weiterentwickeln und dementsprechend reagieren. Durch die Erneuerung Ihres Geistes werden Sie tief greifend verändert, wie es im Römerbrief 12, 2 heißt, und dies wiederum wirkt sich auf Ihr Verhalten aus. Am Ende haben Sie die Herrschaft über sich selbst erlangt.

So bestimmen Sie, welche Richtung Ihre Gedanken und Gefühle nehmen sollen. Die sind gleichsam Ihre Diener. Sie geben die Befehle aus, und jene müssen gehorchen. Sie sind hier auf Erden, um die Oberhand zu haben, und nicht, um von destruktiven Emotionen überwältigt zu werden.

Erst wenn Sie darüber nachdenken, was wahr, aufrichtig, liebenswert und von hohem Ansehen ist, denken Sie wirklich. Jeder negative Gedanke ist ein Zeichen dafür, dass in Ihnen das Massenbewusstsein vorherrscht. Dann haben Sie die Kontrolle verloren.

Sobald Sie wieder einmal dazu neigen, jemanden abzulehnen, oder behaupten, Sie kämen mit »dieser Person« überhaupt nicht zurecht, vergegenwärtigen Sie sich: »Wenn ich in ihr Gesicht schaue, schaue ich in Gottes Gesicht. Sie ist eine Verkörperung von Gott, der über die Erde wandelt. Ich erkenne Ihn in ihr, und alles ist gut.«

7

Die Beherrschung der Gefühle

Die alten Griechen sagten: »Erkenne dich selbst.« Die Selbstbetrachtung führt zu der Einsicht, dass wir aus vier wesentlichen Teilen bestehen: Körper, Gefühl, Verstand und geistige Essenz, die als Gegenwart Gottes bezeichnet wird. Dieses ICH BIN im Innern ist unsere wahre, unvergängliche Identität.

Sie sind hier, um sich zu schulen, sodass Ihre physische, emotionale und intellektuelle Natur völlig vergeistigt werden. Am besten eignet sich dafür die Methode, Gottes Gegenwart im Alltag immer wieder zur Geltung zu bringen.

Sie haben einen Körper; er ist der Schatten oder die Widerspiegelung des Geistes und besitzt an sich weder Macht noch Antrieb, weder Willen noch Intelligenz. Er ist ganz und gar Ihren Befehlen unterworfen. Betrachten Sie ihn als eine Art Tonträger, durch den Sie Ihre Gefühle und Überzeugungen ausdrücken. Als solcher wird er all Ihre emotionalisierten Vorstellungen getreu aufzeichnen und nie von ihnen abweichen. Demnach können Sie ihm eine Melodie der Liebe und der Schönheit einprägen oder eine des Kummers und der Trauer. Gefühle wie Neid, Wut, Groll, Hass oder Melancholie manifestieren sich im Körper als diverse Krankheiten. Sobald Sie aber lernen ihre mentale und emotionale Natur zu beherrschen, werden Sie zu einem Durchgang für das Göttliche und setzen die im Innern gefangene Herrlichkeit frei.

Ziehen Sie einmal folgende Tatsache in Betracht: Auch mit sämtlichen Reichtümern der Welt können Sie sich keinen gesunden Körper kaufen, aber dank der Reichtümer des Geistes – etwa Gedanken an Frieden, Harmonie und Vollkommenheit – ein gesundes Leben führen.

Wenden wir uns jetzt der emotionalen Natur des Menschen zu. Um sich geistig weiterzuentwickeln, müssen Sie unbedingt Ihre

Gefühle in den Griff bekommen. Erst wenn Ihnen das gelingt, sind Sie wirklich erwachsen und reif. Wenn nicht, sind Sie sogar mit 50 oder 60 Jahren noch ein Kind.

Sie dürfen nicht vergessen, dass der größte Tyrann eine falsche Vorstellung ist, die Ihr Denken beherrscht und Sie gefangen hält. Diese Vorstellung in Bezug auf Sie selbst oder auf andere Menschen ruft bei Ihnen ganz bestimmte Gefühle hervor. Diese zwingen Sie – psychologisch ausgedrückt – entweder zum Guten oder zum Bösen. Wenn Sie voller Groll oder Missgunst gegen jemanden sind, werden derlei Gefühle einen schlechten Einfluss auf Sie ausüben und Ihr Verhalten so steuern, dass es mit dem ursprünglichen Anlass gar nichts mehr zu tun hat. Selbst wenn Sie sich freundlich geben wollen, werden Sie unangenehm, zynisch, verdrießlich sein. Und obwohl Sie Gesundheit, Erfolg, Wohlstand erstreben, werden Sie meinen, dass alles schiefgeht. Deshalb müssen Sie innerlich die Vorstellung von Frieden bejahen, sich von ihr beherrschen und leiten lassen.

Der bereits mehrfach genannte amerikanische Heilpraktiker Phineas Parkhurst Quimby wies darauf hin, dass Vorstellungen unsere Herren und wir ihre Sklaven sind. Die Vorstellung von Frieden, mit der Sie jetzt leben, wird das Gefühl von Frieden und Harmonie hervorrufen. Ihr Gefühl ist der Geist Gottes, der auf der menschlichen Ebene tätig ist; es wird Sie zur richtigen Handlung drängen.

Ungezügelte Gefühle hingegen sind destruktiv. Wenn Sie zum Beispiel ein robustes Auto haben, wird es Sie durch unwegsames Gelände oder hoch auf einen Berg fahren; doch Sie müssen es geschickt lenken. Wenn Sie dazu nicht imstande sind, kommt es vielleicht zum Zusammenstoß mit einem anderen Wagen, oder Sie prallen gegen einen Baum. Drücken Sie fälschlicherweise aufs Gaspedal statt auf die Bremse, droht Totalschaden.

Es ist wunderbar, intensive Gefühle zu haben – vorausgesetzt, Sie haben sich im Griff. Wenn Sie sich hingegen schon über

Kleinigkeiten aufregen und leicht in Wut geraten, werden Sie von Ihren Emotionen beherrscht. Sie müssen also lernen, Verstand und Gefühl harmonisch miteinander zu verbinden. Der menschliche Verstand ist in seinem Bereich durchaus hilfreich, sollte aber durch die Weisheit Gottes erleuchtet werden.

Viele versuchen immer wieder, Gott auf rationale Weise zu erfassen. Das Unendliche kann jedoch nicht definiert werden. Spinoza sagte, jede Definition Gottes verleugne Ihn. Sie kennen hochgebildete Menschen, die behaupten, man könne nach dem Tod nicht weiterleben, eben weil dies ohne Gehirn unmöglich sei. Irgendwie sind sie clever genug, um zu glauben, das Gehirn denke aus eigenem Antrieb. Solche Leute betrachten die Dinge aus einer dreidimensionalen Perspektive, und genau da endet die Reichweite des Verstandes.

Wie gesagt, der Verstand erfüllt seinen Zweck im Alltag und Berufsleben, in der Wissenschaft und Kunst. Sobald wir uns aber dem Allmächtigen Geist im Innern nähern, sind wir gezwungen, die Welt des Verstandes zu verlassen und in die Sphäre vollkommener geistiger Werte einzutreten, wo die Dimension der Unendlichkeit den Maßstab vorgibt.

Wer den Verstand mit Gefühlen der Liebe, des Friedens und der Gutwilligkeit zu verbinden weiß, wird seine Kenntnisse in Chemie und verfügbare Waffen nicht dazu benutzen, die Menschheit auszulöschen. Atombomben und Kriegswerkzeuge werden deshalb eingesetzt, weil die spirituelle Bewusstheit so weit hinter den intellektuellen Leistungen zurückbleibt.

Beschäftigen wir uns nun damit, wie Gefühle hervorgerufen werden. Angenommen, Sie sehen auf der Straße einen Behinderten und empfinden vielleicht Mitleid. Zugleich betrachten Sie Ihr kleines, wunderbares Kind und spüren, wie ein Gefühl von Liebe in Ihnen aufsteigt. Sie wissen, dass Sie sich ein Gefühl nicht vorstellen können, aber wenn Sie an ein schmerzliches Ereignis in der Vergangenheit zurückdenken, wird das entsprechende Gefühl erneut ausgelöst.

Ein Gefühl resultiert immer aus der Vorstellung. Haben Sie je bemerkt, welche Auswirkungen zum Beispiel die Angst auf Ihr Äußeres und Inneres hat? Gewiss sind Ihnen die Folgen des Kummers oder einer schlechten Nachricht für den Verdauungstrakt wohlbekannt. Wenn sich dann herausstellt, dass die Angst unbegründet ist, bessert sich Ihr Zustand merklich.

Alle negativen Gefühle sind zerstörerisch und verringern die Lebenskräfte des Körpers. Ein chronischer Pessimist hat gewöhnlich Probleme mit der Verdauung. Wenn er hingegen etwas sehr Angenehmes erlebt, normalisiert sie sich, weil die Durchblutung gut funktioniert und die Ausschüttung der notwendigen Magen- und Darmsäfte nicht länger beeinträchtigt wird.

Gefühle schult und beherrscht man nicht durch Verdrängung. Diese führt nur dazu, dass sich die Energie im Unterbewusstsein aufstaut und dort ein heilloses Chaos anrichtet. So erhöht sich auch der Druck in einem Dampfkessel, wenn man ihn immer stärker erhitzt und die Ventile geschlossen sind – bis er schließlich explodiert.

Die Psychosomatik verweist immer deutlicher darauf, dass etliche Krankheiten wie Arthritis, Asthma oder am Herzen ihre Ursache in unterdrückten Gefühlen haben, die wohl schon während der Kindheit oder Jugend als belastend empfunden wurden. Wie Gespenster der Vergangenheit tauchen sie plötzlich auf, um im Innern ihr Unwesen zu treiben. Zum Glück gibt es ein Gegenmittel, nämlich das sogenannte Gesetz der Substitution. Das heißt, man ersetzt gezielt einen negativen, destruktiven Gedanken durch einen positiven, konstruktiven. Wenn Ihnen ein negativer Gedanke kommt, dann bekämpfen Sie ihn nicht. »Ich aber sage euch, dass ihr nicht widerstreben sollt dem Übel …« (Matthäus 5, 39). Besinnen Sie sich einfach auf Gott und Seine Liebe, so wird jene düstere Gesinnung verschwinden. Glaube und Vertrauen beseitigen Angst und Sorge.

Wenn Sie die eigenen Gefühle wirklich beherrschen möchten, müssen Sie die Kontrolle über Ihr Denken erlangen. So können

Sie den schädlichen Impuls umgehend »vertauschen« gegen eine heilsame, von Gutwilligkeit geprägte Stimmung.

Anstatt der Angst nachzugeben, sagen Sie: »Eins mit Gott bin ich in der Mehrheit.« Erfüllen Sie Ihren Geist mit Vorstellungen von Frieden und Liebe, mit dem Glauben an Gott; dann kann kein schlimmer Gedanke Ihnen etwas anhaben.

Es ist weitaus einfacher, ihn gleich in dem Moment zu verwerfen, wenn er bewusst wird, als dies später zu versuchen, wenn er von Ihnen Besitz ergriffen hat. Weigern Sie sich, ein Opfer negativer Gefühle zu sein, indem Sie Ihr Denken steuern und auf Gott und seine Eigenschaften ausrichten. Damit gebieten Sie auch über Ihre inneren und äußeren Bedingungen. »Ein Geduldiger ist besser als ein Starker, und wer sich selbst beherrscht, besser als einer, der Städte gewinnt« (Sprüche 16, 32).

Auch die biblische Offenbarung setzt sich – in verschlüsselter Sprache – mit dem Denken und Fühlen des Menschen auseinander: »Und vor dem Thron war es wie ein gläsernes Meer, gleich dem Kristall, und mitten am Thron und um den Thron vier himmlische Gestalten, voll Augen vorne und hinten. Und die erste Gestalt war gleich einem Löwen, und die zweite Gestalt war gleich einem Stier, und die dritte hatte ein Antlitz wie ein Mensch, und die vierte Gestalt war gleich einem fliegenden Adler ... Und eine jegliche der vier Gestalten hatte sechs Flügel, und sie waren außen herum und inwendig voll Augen, und sie hatten keine Ruhe Tag und Nacht und sprachen: Heilig, heilig, heilig ist Gott der Herr, der Allmächtige, der da war und der da ist und der da kommt« (Offenbarung 4, 6–7, 8).

Das *gläserne Meer* symbolisiert Gottes inneren Frieden, denn Er ist Frieden. Tief im Wesen des Menschen ruht der Unendliche und lächelt. Das ist die Lebendige Gegenwart Gottes, die Ihnen innewohnt. Sie stehen vor jenem *Thron*, dem Inbild der Autorität. Der unerschütterliche Glaube an die Macht Gottes ist Ihre Autorität im Bewusstsein. Anders ausgedrückt: Die gefühlsmäßige Überzeugung ist Ihr Thron im Himmel, eben weil darin Ihre Macht liegt. »Euch geschehe nach eurem Glauben« (Matthäus 9, 29). Der Glaube ist eine positive Einstellung – die Zuversicht, dass einem die ersehnte Wohltat *jetzt* zuteilwird.

Die *vier himmlischen Gestalten* um den Thron verkörpern die vier Ebenen Ihres Seins: spirituell, mental, emotional und physisch. Um die emotionale Natur auf die spirituelle zu gründen, müssen Sie diese vier Gestalten verstehen; dabei lernen Sie die sanfte Kunst des systematischen Gebets, das letztendlich all Ihre Probleme löst.

Der *Löwe* ist der König der Wildnis; er versinnbildlicht Gott, das ICH BIN, welches auch Ihnen eignet. Der *Stier* ist der Bulle, der den Pflug zieht, die Erde auflockert und wendet. Das heißt, Sie arbeiten daran, Ihre Wünsche den Schichten des Bewusstseins einzuprägen. Das tun Sie durch Meditation. Dieser lateinische Begriff bedeutet wörtlich »geistiges Ermessen«. Sie speisen gleichsam von Gott oder dem Guten, weiden sich an Ihrem Ideal. Dadurch rufen Sie ein Gefühl wach, eine innere Bewegung, in der Gottes Geist auf der menschlichen Stufe erscheint und zu Ihren Gunsten wirkt als reaktive, reziproke Kraft. Das Gefühl reagiert entsprechend der Idee, durchdringt diese, bis sie schließlich ins Unterbewusstsein absinkt und dort einen unverwechselbaren Eindruck hinterlässt. Damit ist nun das Innerste vom Göttlichen erfüllt – ebenso wie im biblischen Text der *Adler*, Symbol des Aufstiegs und der Unsterblichkeit schlechthin. Solchermaßen entfaltet und verwirklicht sich das Ideal, die Idee, der Wunsch. Denn zu gegebener Zeit findet jeder tiefe Eindruck seinen Ausdruck.

Die vier Gestalten haben jeweils *sechs Flügel*, die auf den mentalen, kreativen Akt hindeuten. Wenn Idee und Gefühl in Harmonie und Glauben sich verbinden, hat im Innern eine Hochzeit stattgefunden. Das Wissen um diesen Akt verleiht einem Flügel, sodass man sich aufschwingen kann über die Stürme dieser Welt, um Kraft und Frieden zu finden im Geist.

Betrachten wir ein Beispiel, das die Geschichte der mentalen und spirituellen Schöpfung veranschaulicht.

Im Namen *Jehova* ist der vollkommene Weg zum systematischen Gebet verborgen, wodurch alle dissonanten Gefühle unter Kontrolle gebracht werden. Er setzt sich aus den vier hebräischen Buchstaben Jod, He, Vau, He zusammen. *Jod* steht für Gott oder ICH BIN, *He* für Idee oder Wunsch, *Vau* für Gefühl oder Überzeugung und *He* für die Verwirklichung dessen, was man tief innen als wahr empfindet. Der dritte Buchstabe *Vau* gilt gemeinhin als der wichtigste. Er ermöglicht das Gefühl, so zu sein, wie man gerne sein möchte. Geben Sie sich dieser Stimmung hin. Sie wird im Innern Gestalt annehmen und zur Folge haben, dass Sie die Freude des beantworteten Gebets erfahren. *Vau* bedeutet auch »Nagel«. Mit anderen Worten: Sie fixieren Ihren Wunsch im Bewusstsein, damit er Sie nicht mehr in Unruhe versetzt.

Vergessen Sie nicht, Sie brauchen nicht in einer Welt der Krankheit und Verwirrung zu leben, entstanden durch eigene Irrtümer oder Unwissenheit. Sie haben die Kraft und die Fähigkeit, sich vorzustellen und zu fühlen, dass Sie der Mensch sind, den Sie ersehnen. Sobald Sie Ihren Wunsch mental uneingeschränkt akzeptieren, vervollständigen Sie den Namen *Jehova* oder die schöpferische Verfahrensweise Gottes, wie Sie in der Buchstabenreihe *Jod-He-Vau-He* dargestellt ist. Zugleich vollenden Sie so den schöpferischen Prozess in Ihrem eigenen Geist und werden von keinem Gefühl mehr auf Abwege geführt.

Der Schlüssel aber liegt stets im systematischen Gebet, und genau das war dem englischen Dichter Alfred Lord Tennyson bewusst, der schrieb: »Es wurden mehr Dinge durch Gebete bewirkt, als diese Welt sich träumen lässt.«

Fallbeispiele

Fall A

Ein aus dem Koreakrieg zurückgekehrter Soldat berichtete mir Folgendes. Als die Angst ihn ergriff, sagte er sich immer wieder: »Gottes Liebe umgibt mich und geht mir voran.« Diese Affirmation prägte seinem Innern das Gefühl von Liebe und Glauben ein und nahm ihm die Angst. »Furcht ist nicht in der Liebe, sondern die völlige Liebe treibt die Furcht aus« (1. Johannes 4, 18). Welch einfache und doch wirkungsvolle Methode, sich von der Angst zu befreien!

Fall B

Eine Mutter hatte ihr einziges Kind verloren und war untröstlich. Der quälende Schmerz schwächte ihre Sehkraft und verursachte starke Migräne. Sie befand sich im Zustand tiefer Verzweiflung. Ich empfahl ihr, in einem Krankenhaus auf der Kinderstation zu arbeiten, zumal sie früher schon als Krankenschwester tätig gewesen war. Sie folgte meinem Rat und überschüttete ihre kleinen Patienten mit Liebe, fütterte, umsorgte und verwöhnte sie. Die Liebe war nicht länger in ihr aufgestaut. So wurde die Frau zu einem Medium des Göttlichen und strahlte ringsum Licht und Wärme aus. Sie lenkte die im Unterbewusstsein eingeschlossene Energie in eine neue Richtung, was einer Sublimierung gleichkam. Auf diese Weise entzog sie ihrem Innersten das schleichende Gift.

Fall C

Eine Teilnehmerin an unseren Kursen erzählte, das Verhalten ihrer Nachbarn sei unerträglich und bringe sie immer wieder in Wallung. Anstatt jedoch Wut und Hass aufzuspeichern und damit ihr Unterbewusstsein negativ zu beeinflussen, wandelt sie diese Gefühle in Muskelkraft um, füllt einen Eimer mit Wasser und säubert Fensterscheiben oder Fußböden. Manchmal arbeitet sie auch im Garten und sagt sich mit erhobener Stimme: »Ich grabe in Gottes Garten und pflanze Seine Ideen.« Das tut sie jeweils eine Viertelstunde lang. Beim Fensterputzen erklärt sie: »Ich reinige meinen Geist mit den Wassern des Lebens und der Liebe.«

Dieses Beispiel zeigt, wie man destruktive Gefühle durch körperlichen Einsatz abreagieren kann, ohne sich selbst und den anderen zu schaden.

8

Wie man sein Selbstgefühl ändert

Wenn Sie all Ihre Gedanken, Vorstellungen und Empfindungen mit sich selbst gleichsetzen, können Sie das eigene Innenleben nicht wirklich ändern. Vergessen Sie nicht, jederlei Gedanke kann in Ihr Bewusstsein gelangen, jederlei Gefühl in Ihr Herz. Aufgrund der Identifikation mit negativen Einflüssen sind Sie außerstande, sich davon zu distanzieren. Doch es ist durchaus möglich, dem Einhalt zu gebieten.

Bei einem Gang über unbefestigte Wege machen Sie um morastige Stellen einen Bogen. In der gleichen Weise müssen Sie die dunklen Winkel Ihres Denkens meiden, wo Angst, Groll, Feindseligkeit und böser Wille lauern. Weigern Sie sich, auf abfällige Bemerkungen zu hören. Lassen Sie keine Missstimmung zu.

Nehmen Sie innerlich Abstand, indem Sie ein neues Selbstgefühl entwickeln und eine klare Idee davon, wer Sie eigentlich sind. Erkennen Sie allmählich, dass das wahre Ich in Ihnen der Unendliche Geist ist, der Unendliche Eine. Identifizieren Sie sich mit dessen Eigenschaften und Qualitäten. Dadurch werden Sie einen tief greifenden persönlichen Wandel erfahren.

Das ganze Geheimnis dieses Transformationsprozesses liegt in der regelmäßigen Selbstbeobachtung. Beobachtung und Selbstbeobachtung sind zweierlei Dinge. Im ersten Fall richten Sie Ihre Aufmerksamkeit auf das äußere Geschehen, im zweiten Fall auf das innere.

Man mag sein Leben damit verbringen, Atome, Körper, Sterne, ja die ganze Welt der Erscheinungen zu erforschen, und dabei vielerlei Einsichten gewinnen. Doch dieses Wissen kann keine Änderung im Innern bewirken. Dazu bedarf es unbedingt der Selbstbeobachtung.

Sie müssen lernen, die Spreu vom Weizen zu trennen und genau zu unterscheiden. Die Selbstbeobachtung beginnt damit, dass Sie sich fragen: »Ist diese Vorstellung richtig? Wird sie mich begünstigen, heilen und inspirieren? Wird sie mir Seelenfrieden bescheren und zum Wohlergehen der Menschheit beitragen?«

Sie bewohnen zwei Welten, die äußere und die innere, aber im Grunde sind beide eins. Die eine ist sichtbar, die andere unsichtbar. Die Außenwelt dringt durch die fünf Sinne ein und wird von allen geteilt. Die Innenwelt der Gedanken, Empfindungen, Gefühle, Überzeugungen und Reaktionen ist verborgen und gehört allein zu Ihnen.

Stellen Sie die Frage: »In welcher Welt lebe ich hauptsächlich? In der äußeren Welt, welche durch die fünf Sinne offenbart wird, oder in meiner inneren Welt?«

Einmal angenommen, Sie werden zu einem Festessen eingeladen. Was Sie sehen, hören, schmecken, riechen und berühren, ist der äußeren Welt eigen. Was Sie denken, fühlen, missbilligen oder mögen, ist Teil Ihrer inneren Welt. Sie sind also bei zwei Festessen zugegen, die von Ihnen unterschiedlich erfasst werden. Jedenfalls ist es die innere Welt des Denkens und Fühlens, in der Sie steigen und fallen, hin und her schwanken.

Um sich zu ändern, müssen Sie Ihre Gefühle läutern, Ihre Gedanken ordnen und neu ausrichten. Das ist die wesentliche Voraussetzung für geistige Weiterentwicklung.

Transformation ist die Umwandlung einer Sache in die andere, eines Zustandes in den anderen. Es gibt viele bekannte Umwandlungen im Bereich der Materie. Zucker etwa wird durch Destillation zu Alkohol, Radium allmählich zu Blei … Die Nahrung, die Sie verspeisen, wird nach und nach in all jene Substanzen umgesetzt, die für Ihr Leben notwendig sind.

Ähnlich müssen Ihre Erfahrungen, die als Eindrücke ins Innere gelangen, umgewandelt werden. Zum Beispiel sehen Sie eine Person, die Sie lieben, ja bewundern, und empfangen von ihr bestimmte Eindrücke. Oder Sie treffen jemanden, den Sie nicht mögen; auch dieser Mensch hinterlässt bei Ihnen entsprechende Eindrücke. Sie sind jedoch in der Lage, derlei Empfindungen und Vorstellungen zu ändern, und genau dadurch verändern Sie sich selbst. Sie ändern Ihr Leben, indem Sie Ihre Reaktionen auf das äußere Leben ändern. Glauben Sie, dass diese eher stereotyp sind? Lassen Sie niemals zu, dass Ihr Leben nur eine Serie negativer Reaktionen auf die empfangenen Eindrücke ist.

Ungeachtet der Geschehnisse müssen Sie erkennen, dass Ihr Denken und Fühlen auf Göttlicher Wahrheit beruht. Diese Einsicht hebt Sie empor und verändert all Ihre destruktiven Einstellungen. Sie mögen dazu neigen, andere Leute für Ihr Dilemma verantwortlich zu machen, aber wenn deren Worte und Taten Sie derart durcheinanderbringen, sind Sie mit sich nicht im Reinen. In solch ungutem Zustand leben Sie dann, darin bewegen Sie sich und haben Ihr Sein.

Doch Sie können sich eine negative Einstellung gar nicht leisten, denn sie raubt Ihnen Lebenskraft und Begeisterung, körperliche und seelische Gesundheit. Erliegen Sie nicht dem Irrtum, sie sei Ihnen aufoktroyiert worden. Sie sind mehr als das »Produkt« Ihrer Erziehung und der zahllosen Umwelteinflüsse, denen Sie ausgesetzt waren, mehr als die bloße Summe Ihrer heutigen Überzeugungen und Meinungen.

Vielleicht vergleichen Sie sich gern mit anderen. Fühlen Sie sich einigen Personen unterlegen, nur weil sie irgendwie großartig erscheinen? Das wäre nicht möglich mit einem gesunden Selbstgefühl, da es übereinstimmt mit dem Gefühl der Gegenwart des Unendlichen Einen in Ihrem Innern, der keine Vergleiche kennt.

Der russische Gelehrte P. D. Ouspensky wies darauf hin, dass Menschen deshalb leicht in Verwirrung oder Wut geraten, weil ihr Selbstgefühl sich aus negativen Bewusstseinszuständen herleitet. Der Begriff »Selbstgefühl« nimmt in seinen Werken einen wichtigen Platz ein, und genau darum geht es auch in dem vorliegenden Kapitel.

Kürzlich fragte ich einen Mann in unseren Bibelkursen: »Haben Sie Ihre typischen Reaktionen auf Leute, Zeitungsartikel, Kommentare in Funk und Fernsehen beobachtet? Haben Sie Ihr übliches Verhalten deutlich wahrgenommen?«

»Nein«, erwiderte er, »ich habe davon nichts bemerkt.« Dieser Mann war in einem Maße selbstzufrieden, dass er sich nicht weiterentwickeln konnte. Schließlich aber dachte er über seine Reaktionen nach und gab zu, dass viele dieser Informationen ihn enorm aufregten. Ob sie unerfreulich oder falsch waren, ob er recht hatte oder nicht, spielte keine Rolle; jedenfalls wirkte sich das in ihm hervorgerufene Gefühl schädlich aus und ließ erkennen, dass er der geistigen Disziplin ermangelte.

Wenn Sie sagen: »Ich denke ...«, »Ich glaube ...«, »Ich mag das ...«, »Ich finde es nicht gut ...«, welches Ich spricht dann? Ist es nicht jeweils verschieden? Das eine kritisiert scharf, und wenige Minuten später spricht das andere in sanftem Ton. Untersuchen Sie Ihre diversen Ichs, lernen Sie diese näher kennen und sorgen Sie dafür, dass bestimmte Ichs Ihr Denken niemals beherrschen oder steuern.

Untersuchen Sie jene Ichs, mit denen Sie oft zu tun haben. Und mit welcher Art von Menschen treten Sie in so enge Verbindung, dass sie Ihnen ständig durch den Kopf gehen? Vergessen Sie nicht, Ihr Bewusstsein gleicht einer Stadt, wo Gedanken, Ideen, Meinungen und Überzeugungen wohnen. Manche Stellen haben etwas von dunklen, gefährlichen Straßen oder gar von Elendsvierteln ... Doch immerzu wandelt dort Jesus in Gestalt Ihres Ideals, Ihres Wunsches und Lebensziels ...

Jesus verkörpert unter anderem Ihren Wunsch, denn sobald dieser verwirklicht wird, ist er Ihr Retter. Schenken Sie ihm Beachtung, interessieren Sie sich lebhaft für ihn. Er deutet auf Ihre hochgesteckten Ziele, die wie ein Magnet auf Sie wirken. Beschreiten Sie dabei die inneren Straßen der Liebe, des Friedens, der Freude und der Gutwilligkeit. So werden Sie unterwegs auf hell erleuchteten Plätzen wunderbaren Menschen begegnen.

Gestatten Sie niemals, dass das Haus Ihres Geistes von Knechten bevölkert wird, die Sie nicht unter Kontrolle haben.

In diesem Zusammenhang fällt mir ein junger Mann ein, der nach eigener Aussage von Zeit zu Zeit »mentale Aufnahmen« von sich machte. Er setzte sich hin, dachte über seine Gefühle und Stimmungen, Ansichten und Reaktionen nach – wie auch über die wechselnden Färbungen seiner Stimme. Bisweilen sagte er dann: »Die sind falsch und nicht von Gott. Ich werde zu Ihm zurückkehren und von seinem Maßstab oder Felsen der Wahrheit aus denken.« Damit praktizierte er die Kunst der inneren Trennung. Sobald er in Wut geriet, zügelte er sich und erklärte: »Das ist nicht der Unendliche Eine, das wahre Ich in mir, das spricht, denkt, handelt, sondern das falsche.«

Kehren Sie wie dieser junge Mann zu Gott zurück. Sobald Sie zur Wut, Kritik, Niedergeschlagenheit oder Reizbarkeit neigen, denken Sie an Gott und den Himmel und fragen Sie sich: »Wie ist es in Gott und im Himmel?« Es gibt die Lösung, und sie besteht darin, ein neuer Mensch zu werden. Das heißt, Sie werden geistig wiedergeboren oder erleben die sogenannte »zweite Geburt«.

Uns allen wohnt der Heilige und der Sünder inne, ebenso wie Gott und das Massenbewusstsein. Jeder Mensch möchte grundsätzlich gut sein und das Gute zum Ausdruck bringen. Dies ist der »positive« Teil in uns. Wenn Sie dagegen destruktive Taten begangen – zum Beispiel gestohlen oder betrogen – haben und anschließend dafür bestraft wurden, können Sie die düsteren Winkel Ihres Denkens verlassen und darin jene Orte aufsuchen, wo Sie sich nicht mehr selbst verurteilen. Dann müssen all Ihre Ankläger verstummen. Wenn Sie nicht mehr mit sich ins Gericht gehen, wird die Welt es auch nicht mehr tun. Darin liegt die Macht Ihres Bewusstseins und des dort anwesenden Gottes.

Nicht Er war es, der Sie zu solchen Handlungen veranlasste, nicht das wahre Ich, sondern das andere, das dem Massenbewusstsein gehorcht. Damit sind Sie natürlich nicht von Ihrer Verantwortung entbunden, wie auch dann nicht, wenn Sie die Hand ins Feuer halten und sich verbrennen oder eine rote Ampel überfahren und einen Strafzettel bekommen.

Das *andere* Ich repräsentiert die vielen Ichs im Innern, etwa jene negativen Vorstellungen und Überzeugungen, die auf Kräfte außerhalb Ihres Bewusstseins zurückgehen; so die Überzeugung, dass Leute Sie verletzen können, dass die Natur feindlich ist, die Furcht, der Aberglaube, die Unwissenheit. Schließlich treiben Vorurteile, Angst- und Hassgefühle Sie dazu, das zu tun, was Sie eigentlich nicht tun würden.

Um es zu wiederholen: Die wirksamste Methode, das negative Selbstgefühl zu ändern, besteht darin, dass man sein wahres Ich mit all dem assoziiert, was edel, wunderbar und gottähnlich ist. Beginnen Sie zu bekräftigen: »Ich bin stark. Ich bin strahlend. Ich bin glücklich. Ich bin inspiriert. Ich bin erleuchtet. Ich bin liebevoll. Ich bin ausgeglichen.« Fühlen und bestätigen Sie diese Zustände, glauben Sie fest daran. So werden Sie tatsächlich im Garten Gottes leben. Was immer Sie voller Überzeugung dem ICH BIN beifügen, wird Wirklichkeit. Das ICH BIN im Innern ist Gott, nichts und niemand sonst. Leben, Bewusstheit, Reines Sein oder Wahres Selbst – all das ist Gott. Er ist die Einzige Ursache, die Einzige Macht, die im Weltlichen schafft. Bringen Sie ihr Achtung entgegen, empfinden Sie stets das Gefühl *ICH BIN Christus*. Er ist der Gesalbte, der Erwachte, der Erleuchtete. Leben Sie in dieser mentalen Atmosphäre, bis der innere Christus in Gestalt von Weisheit, Intelligenz und Kraft zum Vorschein kommt. Dieses Licht, das in Ihrem Bewusstsein scheint, wird Ihre gesamte Welt verändern. Jedes Mal, wenn Sie sich vergegenwärtigen: *ICH BIN Christus*, *ICH BIN inspiriert*, *ICH BIN erleuchtet*, beten Sie und befähigen Ihr Bewusstsein, jenen Zustand zu entwerfen, für den Sie beten.

Auf diese Weise erfüllen Sie Ihren Geist mit Gottes Ewigen Wahrheiten: »Fürchte dich nicht, denn ich bin bei dir … Wenn du durchs Wasser gehst, werden die Ströme dich nicht ersäufen; und wenn du ins Feuer gehst, wirst du nicht brennen …« (Jesaja 43, 1–2). Wer ist jener Eine? Er ist Ihr eigenes ICH BIN – das Licht, also die Bewusstheit oder beherrschende geistige Einstellung, die Ihnen immerzu voraus ist, wohin Sie den Schritt auch lenken. Sie bereitet jene Erfahrungen vor, die Sie machen werden.

Vergessen Sie nicht: Beim Beten ist es notwendig, das Gefühl oder die Überzeugung zu haben, dass der Wunsch bereits Wirklichkeit ist. In Gedanken weisen Sie alle Argumente zurück, die dem widersprechen. Beten Sie regelmäßig, bis sich die Gewissheit dem Bewusstsein eingeprägt hat. So wird das jeweilige Problem Sie nicht länger belasten. Sie bewahren den Gleichmut und sagen sich: »Ich fühle jetzt, dass ich so bin, wie ich es ersehne.« Wenn Sie gewissenhaft damit fortfahren, geht Ihr Wunsch in Erfüllung.

Das Gesetz spricht aus folgendem Satz: »Ich bin der Mensch, als der ich mich empfinde.« Üben Sie, das Selbstgefühl zu ändern, indem Sie jeden Tag betonen: »Ich bin Geist. Ich denke, sehe, fühle und lebe als Geist, als Gegenwart Gottes.« Dabei werden Sie allmählich merken, dass Sie im Grunde eins sind mit Gott. Wie die Sonne am Himmel die Erde von Finsternis und Trübsinn erlöst, offenbart das Bewusstsein der inneren Göttlichen Gegenwart den Menschen, der Sie immer sein wollten – das freudige, strahlende, friedliche und erfolgreiche Geschöpf, dessen Geist vom hohen Licht erleuchtet wird.

Gott lässt die Sonne überall auf alle Menschen scheinen. Niemand kann Ihnen diesen Sonnenschein, erfüllt von Gottes Liebe, nehmen. Niemand kann Sie in das Gefängnis der Angst oder der Unwissenheit sperren, wenn Sie Gottes Wahrheit kennen, die Sie befreit.

Die Gewissheit, dass jenes ICH BIN im Innern Gott ist, gibt Ihnen zu verstehen, dass Sie sich vor nichts fürchten müssen, dass Ihnen Gesundheit, Eintracht und Glück sicher sind. Sie leben nicht länger mit den zahlreichen Ichs der Angst, des Zweifels und des Aberglaubens, sondern in der Gegenwart Gottes und im Bewusstsein der Freiheit.

Nie mehr werden Sie sich mit anderen identifizieren, die den Stimmen des Vorurteils, des Hochmuts, der Verdammung Ausdruck verleihen. Nie mehr werden Sie eine unbegründete oder negative Vorstellung bejahen und verinnerlichen.

Werden Sie nun zum einzigartigen Beobachter, indem Sie stets den Blick auf Gott richten – das wahre Ich –, den Unendlichen Einen im Innern. Fühlen Sie den tiefen Sinn dieses Ichs in sich selbst, nicht in dem, was Sie wahrnehmen. Seien Sie überzeugt, mit den Augen Gottes zu schauen, denn es gilt: »Deine Augen sind zu rein, als dass du Böses ansehen könntest, und dem Jammer kannst du nicht zusehen!« (Habakuk 1, 13).

Reisen mit Gott

1

Mein Besuch in Lourdes

»Hier sehen die Blinden, sprechen die Stummen, hören die Tauben, gehen die Lahmen. Die Verletzten und Aussätzigen werden geheilt.« Das sagte ein Franzose zu mir, als ich bei meinem Besuch in Lourdes die Grotte betrat. Ich habe von Zeit zu Zeit immer wieder heilige Stätten auf der ganzen Welt bereist. Diesmal aber tat ich etwas Ungewöhnliches: Ich mischte mich unter die Pilger, badete in den Wassern und sprach mit vielen Patienten, von denen einige offenbar hoffnungslose Fälle waren. Ich besuchte auch das Krankenhaus, wo die Leidenden versorgt wurden, unterhielt mich mit Ärzten und Pflegerinnen. Ein englischer Arzt sagte: »Kommen Sie, ich mache Sie mit meiner Schwester bekannt. Wir sind keine Katholiken, haben uns aber hier eingefunden, um in den Wassern zu baden.« Ich redete mit ihr; sie hatte eine bemerkenswerte Heilung erlebt. Ihr Bruder erklärte, der Krebs sei im Endstadium gewesen. Ich fragte ihn, worauf er die Heilung zurückführe, und seine Antwort lautete: »Auf die Atmosphäre des Ortes und den Glauben.«

Zahlreiche Menschen aus verschiedenen Ländern berichteten mir, sie hätten in dem Wasser gebadet, davon getrunken und seien geheilt worden. Eine Frau, die ich nach dem Bad in ihrem Rollstuhl schob, sagte: »Ich bin wieder gesund.« Ich fragte: »Woher wissen Sie das?«, und sie erwiderte: »Das kann ich nicht mit Worten beschreiben. Es ist ein Gefühl, eine Ahnung.« Schließlich fügte sie noch hinzu, ihre Genesung sei der Jungfrau Maria zu verdanken, die sie immer wieder angerufen habe.

Warum und wie geschehen diese Heilungen, die auf sämtlichen Erdteilen bezeugt sind, zumal an geweihten Orten? Oft wussten die anwesenden Kranken kaum etwas über die dort ausgeübte Religion oder die angebeteten Heiligen, ja interessierten sich gar nicht für deren Person und Geschichte. Trotzdem wurden sie von ihren Leiden kuriert.

Die Antwort ergibt sich aus einer einfachen Wahrheit: All diese Heilungen beruhen auf dem Gesetz des Glaubens.

Es gibt nur eine Heilsame Gegenwart – die Gegenwart Gottes im Menschen – und letztlich nur eine Heilmethode, den Glauben. Natürlich finden vielerlei Verfahren und Mittel ihre Anwendung, aber die Heilkraft geht aus von der Lebendigen Intelligenz im Innern, die uns erschaffen hat. Sie kennt sämtliche Strukturen, Prozesse und Funktionen des Körpers und kann jedes kranke Organ wieder gesund machen. Deshalb formulierte der große, an früherer Stelle bereits genannte Arzt und Philosoph Paracelsus schon vor einem halben Jahrtausend: »Ob der Inhalt deines Glaubens nun wahr oder falsch ist, die Wirkung ist die gleiche.« Mit anderen Worten: Alle Heilung kommt durch Glauben. Etwas glauben heißt, es mental als wahr zu akzeptieren.

Die Patienten, mit denen ich in Lourdes sprach, waren von weit her gekommen, voller Glauben und Erwartung, dass sie geheilt würden. Ihre Fantasie wurde beflügelt durch die Berichte wundersamer Heilungen, die Gebete der Menge und die Musik, die sie verzauberte. All diese Einflüsse suggerierten ihrem Unterbewusstsein die Vorstellung von Gesundheit oder einem Wunder, das unmittelbar bevorstand.

Das Unterbewusstsein reagiert gemäß dem Glauben der Person und gleicht den Körper dem Göttlichen Muster an. In der Bibel heißt es: »Wer zu diesem Berge spräche: Hebe dich und wirf dich ins Meer! und zweifelte nicht in seinem Herzen, sondern glaubte, dass es geschehen würde, was er sagt, so wird's ihm geschehen« (Markus 11, 23).

Dem, der glaubt, ist alles möglich.

Vor einigen Jahren begegnete ich in Irland einem Mann, der das Handauflegen praktizierte. Er sagte zu mir: »Große Ärzte aus der Vergangenheit übermitteln durch mich ihre Heilkräfte.«

Daran glaubte er. Im Fall eines Patienten, der an der Parkinsonkrankheit litt, gelang ihm eine bemerkenswerte Heilung. Die Zitteranfälle hörten auf, und der Glückliche rief: »Ich bin geheilt! Ich bin geheilt!« Der Mann war davon überzeugt, dass ein großer Heiler in der nächsten Dimension auf ihn einwirkte und heilsame Energie durch seine Finger strömen ließ.

Die Erklärung dafür ist einfach: Die Heilkraft reagiert auf den Glauben des Menschen. Die alten Griechen betonten: »Der Arzt verbindet die Wunde, und Gott heilt sie.« Heute empfehlen die Ärzte: »Halten Sie die Wunde sauber, die Natur wird sie heilen.« Die Natur ist nichts anderes als jene Unendliche Heilsame Intelligenz in Ihnen, die Sie erschaffen hat und für jede Zelle Ihres Körpers über die Göttliche Matrix verfügt. Außerdem weiß sie genau, wie Zellen erneuert werden.

Der Berg, von dem die obige Bibelstelle spricht, ist das Hindernis, Leiden oder Problem. Wenn Sie gläubig beten, verschwindet es wie ein Schiff, das auf den Meeresgrund sinkt und nie mehr gesehen wird. Sie dürfen nur im Herzen (Unterbewusstsein) nicht daran zweifeln, dass Ihre Aussage wahr ist. Es braucht nicht mehr als den Glauben. »Alle Dinge sind möglich dem, der da glaubt« (Markus 9, 23).

Könnte etwas klarer oder einfacher sein als dieser Satz aus dem Mund von Jesus? Sie müssen nicht an Heiligtümer, Heilquellen, Reliquien von Heiligen oder dergleichen glauben, sondern lediglich den Glauben selbst besitzen. Dieser ist die Ursache sämtlicher Heilungen in Lourdes und an anderen Wallfahrtsorten. Er veranlasst die Heilkraft Gottes im Innern, zu reagieren und sich in Ihrer Welt zu manifestieren. Diese geistige Kraft ist die Einzige Heilkraft überhaupt, denn es gibt nur Eine Macht und Eine Gegenwart.

Alle Menschen – Ärzte, Psychiater, Psychoanalytiker – sowie alle Religionen samt ihren Institutionen benutzen diese Eine Kraft und erschließen sie durch das Gesetz des Glaubens.

Betrachten Sie nun Ihre eigene Welt: Lebensumstände, Gesundheitszustand, finanzielle Situation … Die genannte Kraft ist in diesen und anderen Bereichen nach Maßgabe Ihres Glaubens vorhanden. Ein besonderes Wasser oder der Kuss auf den Felsen in der Grotte von Lourdes heilt Sie jedoch ebenso wenig wie die Anrufung der Jungfrau Maria, die zu Ihren Gunsten tätig werden soll. Es ist nie die Sache oder Person, an die Sie glauben, sondern die vollkommene Bejahung oder tiefe Überzeugung im eigenen Geist, die zu einer Beantwortung der Gebete führt. Damit sollen weder Menschen kritisiert werden, die Heilung suchen, noch religiöse Gemeinschaften. Sie alle handeln gemäß ihrem Glauben. Jede Kirche, Organisation oder Heilmethode, die Leiden lindert, ist selbstverständlich von großem Nutzen.

Jede Weltreligion beruht auf einer Form von Glauben und erweist ihrem Gott Verehrung. Mit Freude und Genugtuung sollten wir die fundamentale Einheit erkennen, die alle Religionen miteinander verbindet. Auch Göttliche Wissenschaft und Psychologie bezeugen ein wahres Wissen von Gott und Seinen Verfahrensweisen. Zwar kann niemand alles über Gott wissen, denn Er ist unendlich; doch wir sind in der Lage, bestimmte Funktionen unseres Bewusstseins und Unterbewusstseins zu entdecken und davon Gebrauch zu machen. Wir können Einblick gewinnen in die Macht unserer Gedanken und herausfinden, wie jene Unendliche Weisheit auf sie reagiert. So werden wir feststellen, dass es für jedes Problem eine Lösung im Innern gibt. Wenn wir unseren Geist mit Liebe, Frieden, Harmonie, Gutwilligkeit und Gottes Wahrheit erfüllen, passen sich Körper und Umwelt auf magische Weise diesen Vorstellungen an.

Daraus wird uns eine wunderbare Erkenntnis zuteil: Indem wir unser Denken und Fühlen ändern, ändern wir unser Schicksal. Durch praktische Erfahrung lernen wir, dass Gedanken eine gegenständliche Form annehmen. Der Mensch ist so, wie er den ganzen Tag über denkt. Sie können jetzt, in diesem Augenblick und an jedwedem Ort, vermögens Ihrer Gedanken mit der Gegenwart und Kraft Gottes im Innern kommunizieren. Sie wird dann – je nachdem, was Sie denken – darauf reagieren. Um eine geistige Verbindung zum Göttlichen Selbst herzustellen, brauchen Sie weder Hostie noch Wein. Sie können zum Beispiel auch durch die Lektüre dieses Buches inspiriert werden. Bringen Sie das Räderwerk Ihrer Gedanken zum Stillstand, entspannen Sie sich, lassen Sie los, sagen Sie leise und liebevoll: »Die Gegenwart Gottes durchfließt mich nun als Inspiration und Unterweisung. Sein Licht erhellt mein Denken.«

Tun Sie dies etwa fünf Minuten lang. Sie werden fühlen, wie ein Strom ungestümer Lebenskraft durch Ihre Adern rauscht. Gottes Ideen werden Ihr Bewusstsein durchdringen und offenbaren, was Sie wissen und wohin Sie gehen müssen. Sobald Sie sich diese inneren Kräfte vergegenwärtigen, kommen Sie zu dem eindeutigen Schluss: Es bedarf wirklich keiner äußeren Hilfsmittel, um mit der Allmacht in Kontakt zu treten. Rituale, Zeremonien, Liturgien sind dafür ebenso wenig vonnöten wie Talismane, Amulette, Rosenkränze und dergleichen. So stoßen Sie auf die schlichte Tatsache, dass Gut und Böse lediglich zwei konträre Bewegungen in Ihrem Denken darstellen und dass die Außenwelt stets dem Muster der Innenwelt entspricht.

Der Glaube ist eine geistige Einstellung, eine Denkweise. Er ist vergleichbar damit, dass Sie einen Apfelsamen in die Erde setzen, aus der dann unter günstigen Bedingungen ein Apfelbaum hervorsprießen wird. Sie glauben daran, dass morgen wieder die Sonne aufgeht, dass Sie Ihr Auto fahren, Ihre Angelegenheiten erledigen und Ihren Beruf erfolgreich ausüben können. Sie glauben, dass Sie, wenn die von Ihnen gewählte Telefonnummer richtig ist, Antwort erhalten. Mögen Sie auch zwanzig Jahre lang die falsche Nummer wählen – sobald diese stimmt, meldet sich die gewünschte Person.

Der Landwirt glaubt an die Gesetze des Ackerbaus und wartet zuversichtlich auf die Zeit der Ernte. Der Wissenschaftler, der in seinem Labor arbeitet, glaubt an die Möglichkeit, seine Idee in die Praxis umzusetzen. Er ist fest davon überzeugt, dass die Weisheit, die ihm diese Idee eingab, ihm auch all das offenbaren wird, was er für deren Verwirklichung wissen muss. Also setzt er seine Experimente fort, voll des Glaubens, mit beharrlichem Eifer und in der Gewissheit, dass ihm der Lösungsweg gezeigt wird. Alle großen Wissenschaftler und Erfinder sind Männer des Glaubens. Sie setzen sich mit dem Unsichtbaren auseinander, um es sichtbar zu machen.

Der Glaube könnte in der Weise beschrieben werden, dass man grundsätzlich nur eine Richtung einschlägt, ungeachtet der Widerstände, denn man glaubt an die Eine Geistige Macht, die keine Gegensätze kennt und von nichts und niemandem herausgefordert werden kann. Mangelnder Glaube hingegen bedeutet, in viele Richtungen zu gehen, mindestens zwei Mächten anzuhängen und im Denken geteilt zu sein.

Aufgrund des Glaubens identifiziert man sich mit seinem Ideal oder Ziel – erfüllt von der tiefen Gewissheit oder subjektiven Empfindung, dass die Unendliche Intelligenz, die es einem übermittelte, ihm auch objektive Form geben wird im Bereich des Sichtbaren.

Kürzlich wurde ich im Rahmen meiner Vortragsreihe in Paris gefragt, wie es sein könne, dass ein Mann, der im Koma lag, also nicht beten konnte, plötzlich geheilt wurde, als sein Bruder in Lourdes in die Grotte ging, eine Kerze entzündete und für ihn betete. Die Antwort ist wiederum einfach. Es gibt nur *einen* Geist, der unteilbar ist und weder Zeit noch Raum kennt. Der gesunde Bruder befand sich auf einer Bewusstseinsebene, wo er Zeremonien und äußere Objekte verehrte. Indem er glaubte, dass sein leidender Bruder durch die Anrufung der Jungfrau Maria geheilt würde, reagierte und handelte die Geistige Macht nach seiner Überzeugung. Das geschah unabhängig davon, was er tat oder wo er war. Zugleich aber wurde die Vorstellung von Vollkommenheit im Geist des Kranken wiedererweckt, und so erfolgte die Genesung. »Alles, was ihr bittet in eurem Gebet, glaubet nur, dass ihr's empfanget, so wird's euch werden« (Markus 11, 24). Ausdrücklich heißt es: *So wird's euch werden*, wodurch jene genannte automatische Reaktion gemeint ist, gemäß dem Gesetz von Aktion und Reaktion. Mit anderen Worten: Das Gebet wurde beantwortet. All unsere Erfahrungen, Umstände und Handlungen sind lediglich äußere Manifestationen unserer Denkgewohnheiten.

Eine weitere Frage lautete: »Stimmt es, dass das Bureau des Constatations Médicales in Lourdes, dem namhafte Ärzte angehören, eine Reihe bemerkenswerter Heilungen bestätigt hat?« Ich erwiderte, dies treffe durchaus zu, aber die Erklärungen für solche Heilungen fielen unterschiedlich aus.

Und auch die folgende Frage in Bezug auf Lourdes tauchte auf: »Macht das Wasser, das offensichtlich stark verschmutzt ist und nur selten erneuert wird, die Leute nicht eher krank?« Meine Antwort lautete in etwa: Uns geschieht das, was wir glauben. Das Gesetz des Lebens beruht auf *Glauben*.

Ich berichtete den Zuhörern, dass ich selbst in dieses Wasser eingetaucht sei, umgeben von vielen Menschen, die alle Arten von Wunden und schlimmen Krankheiten hatten. Dennoch fürchtete ich mich nicht im Geringsten vor Verschmutzung oder Ansteckung. Der Aufseher träufelte mit einem Schwamm Wasser in Augen und Ohren, rezitierte dabei Gebete an die Gesegnete Jungfrau und bat jeden, das Kreuz zu küssen. Er war ein aufrichtiger, frommer Mann und erklärte – sogar auf Englisch –, dass man geheilt werde. Zunächst wollte ich beobachten, wie die anderen rings um mich reagierten, und stellte fest, dass sie einfach den blinden Glauben besaßen, dass etwas Wunderbares geschehen würde.

Wenn Sie Angst haben vor einer Infektion, sollten Sie nicht in dieses Wasser steigen, das wäre töricht. Andernfalls wird Ihnen natürlich nichts zustoßen.

Ein Arzt erklärte mir, die mikrobiologische Analyse des Wassers habe ergeben, dass es viele Krankheitserreger enthält. Zugleich jedoch habe es eine starke antibiotische Wirkung und zerstöre so die meisten Bakterien und Viren. Physiker haben das Wasser auf Radioaktivität untersucht, Chemiker auf besondere Mineralien – ohne konkretes Ergebnis. Manche behaupten, die Heilungserfolge seien auf Penizillin zurückzuführen, aber niemand konnte es nachweisen. Außerdem findet dieses Mittel keine Anwendung bei Krankheiten wie Tuberkulose oder Krebs, die in Lourdes kuriert wurden.

Die Frage: »Warum stecken sich die Leute in dem verschmutzten Wasser nicht an?«, lässt sich demnach nur so beantworten: Sie sind von Glauben erfüllt. Wenn eine große Menschenmenge betet und glaubt, dass dieses Wasser geweiht ist und Heilkraft besitzt, ist der Glaube bei jedem Einzelnen stark genug – und ihm geschieht dementsprechend. Die Kraft ist nicht im Wasser, sondern im Glauben.

Bisweilen fragt man mich, ob auch ein Ungläubiger oder jemand, der die Prozeduren in Lourdes verspottet, geheilt werden kann. Ja, es ist möglich und schon häufig vorgekommen. Das wurde mir vor Ort berichtet von ebenso vertrauenswürdigen wie liebenswerten Menschen.

Nun mag man fragen: »Wie kann dem Ungläubigen geholfen werden, wenn jedem gemäß seinem Glauben geschieht?« Im Laufe der Jahre habe ich immer wieder erlebt, dass Männer und Frauen an Veranstaltungen mit spirituellem Charakter teilnahmen, sich darüber lustig machten und dennoch geheilt von dannen gingen. Nach meinen Vorträgen und Kursen vergeht kaum eine Woche, in der mir nicht jemand schreibt: »Ich kam aus reiner Neugier. Vorher hatte ich regelmäßig Migräne. Jetzt ist sie wie weggeblasen.« Oder: »Ich bin Protestant [Lutheraner, Katholik, Jude] und besuchte Ihren Kurs mit viel Skepsis. Aber ich habe dort eine wunderbare Heilung erfahren.« Der Grund dafür liegt in den leidenschaftlichen Gebeten der Gruppe.

Im Jakobusbrief steht folgender Satz: »Und das Gebet des Glaubens wird dem Kranken helfen, und der Herr wird ihn aufrichten ...« (Jakobus 5, 15). Wenn eine Gemeinschaft – wie etwa bei meinen Vorträgen im Wilshire Ebell Theatre in Los Angeles – jeden Sonntag dafür betet, dass alle Anwesenden spontan gesund und vollkommen werden, kann die gehobene geistige Stimmung sehr wohl das kalte Herz eines Zweiflers durchdringen und erweichen, bis die Liebe Gottes in ihm aufsteigt und eine Heilung bewirkt. Die Unendliche Heilsame Gegenwart ergießt sich förmlich über die versammelten Menschen und schenkt ihnen neue Kraft. Dem kann sich niemand entziehen. Ich bin fest davon überzeugt, dass es die bewusst empfundene Liebe ist, die zur Genesung führt, ganz gleich an welchem Ort.

Das heißt, selbst ein sogenannter Atheist oder Agnostiker kann kuriert werden durch den Glauben der anderen, die nicht einmal in unmittelbarer Nähe sein müssen. Seit unvordenklichen Zeiten gibt es den Brauch, für Personen in der Ferne zu beten und sie auf diese Weise zu behandeln.

Nehmen wir an, eine Frau kommt zum Arzt oder Therapeuten und sagt: »Mein Mann ist Alkoholiker und glaubt nicht an Göttliche Heilung oder Behandlung.« Wenn der Fachmann über tiefe Einblicke in den Glauben verfügt, beansprucht er Gottes Frieden und Harmonie, die dann sein Denken und Fühlen durchströmen. Die Frau wird diese Energie von ihm empfangen, die darin verborgene Wahrheit erkennen und aufrichtig fortfahren, für die Gesundheit ihres Mannes zu beten, obwohl er davon nichts weiß. Dank der geistigen Einflussnahme seitens der beiden wird er irgendwann von seiner zerstörerischen Gewohnheit befreit. Es ist die Häufigkeit, in der das Bewusstsein mit der Vorstellung von Freiheit und Seelenfrieden »gespeist« wird, die den Erfolg gewährleistet. Die Heilung setzt ein, weil zunächst der Experte an die Genesung des Patienten glaubt und diese Überzeugung auf die betende Bezugsperson überträgt. Das ist die Grundlage der Behandlung ohne direkten Kontakt.

In Wirklichkeit aber ist der Kontakt immer vorhanden, denn in der Einen Gegenwart, dem Einen Geist, gibt es keine Abwesenheit. Die andere Person ist – nach Maßgabe des Glaubens, den man hat – in einem selbst tief verankert. Man braucht nur seine Ansichten über sie zu ändern, dann fallen die sichtbaren Ergebnisse bald anders aus.

Im Hotel in Lourdes erzählte mir ein Katholik aus San Francisco all seine Probleme, und ich lauschte ihm aufmerksam, ohne etwas zu erwidern. Doch während meiner abendlichen Meditation stellte ich mir vor, dass er genau das sagte, was ich hören wollte. Vor dem Einschlafen sah ich ihn zehn bis fünfzehn Minuten lang mit dem inneren Auge, wobei er die wunderbare Antwort auf sein Gebet zum Ausdruck brachte. Diese vernahm ich immer wieder und schlummerte schließlich ein in der Gewissheit, dass dem tatsächlich so ist. Morgens dann, beim Frühstück, berichtete er mehr oder weniger das, was ich mir vorgestellt hatte. Durch einen Anruf aus den Vereinigten Staaten waren seine Probleme schlagartig gelöst worden. Darin erweist sich die tiefe Bedeutung jener Bibelstelle: »Gott … ruft dem, was nicht ist, dass es sei« (Römer 4, 17).

Einige Leute in Lourdes berichteten mir: »Ich habe den Felsen geküsst, auf dem die Heilige Jungfrau erschien, und meine wunden Stellen sind einfach verschwunden.« Inzwischen wissen Sie, dass der Felsen an sich keine Kraft hat, aber die Menge mag durchaus beten, singen und verkünden, dass er heilig ist und dass alle, die ihn berühren, geheilt werden. Damit kommen wir erneut auf das gleiche Prinzip zurück. Es ist der Glaube, der die Heilung bewirkt, nicht der Felsen. Menschen projizieren die ihnen innewohnende Kraft auf Felsen, Quellen, Wasser usw., während die Gegenwart Gottes im Innern schweigsam darauf wartet, dass jemand sagt: »Kommet her zu mir alle, die ihr mühselig und beladen seid; ich will euch erquicken« (Matthäus 11, 28).

In Indien und Japan erhielt ich mehr Einladungen in Privathäuser, als ich annehmen konnte. Dennoch ging ich zu einigen

Abendessen, und die Bewohner zeigten mir ihre Altäre in Räumen, die Buddha oder einer Shinto-Gottheit geweiht waren. Dort herrschte eine wunderbare geistige Atmosphäre, in der man nicht umhinkam, die tiefe Aufrichtigkeit und Hingabe der Bewohner zu bewundern. Ein Japaner sagte: »Hier bete ich für meine Ahnen so, als wären sie lebendig.« Seine Frau bereitete jeden Morgen das Frühstück für Buddha zu. In fehlerfreiem Englisch erzählte sie mir von ihrer bemerkenswerten Heilung in einem der Heiligtümer. Das gleiche universale Prinzip reagiert auf alle Menschen gemäß ihrem Glauben.

Ich besuchte auch das weltberühmte japanische Heiligtum Diabutsu mit seinem riesigen Buddha in Bronze, der die Hände faltet und den Kopf leicht nach vorn neigt – in einer Haltung kontemplativer Ekstase. Er ist knapp dreizehn Meter hoch und wird »Großer Buddha« genannt. Ich sah, wie Jung und Alt ihm Opfergaben zu Füßen legten: Früchte, Reis oder auch Geld. Zugleich wurden Kerzen und Räucherstäbchen entzündet und Bittgebete gesprochen.

Der Reiseführer erklärte den murmelnden Gesang einer jungen Frau, die sich tief vor der Gottheit verbeugte, ihr zwei Orangen darbrachte und ebenfalls eine Kerze anzündete. Sie dankte Buddha, dass er ihr die Gesangsstimme zurückgegeben hatte. Ihre Überzeugung bestand einfach darin, dass dies geschehen würde, wenn sie ein bestimmtes Ritual befolgte und gewisse Gaben opferte. All dies entfachte in ihr den Glauben und eine freudige Erwartung; so prägte sich dem Bewusstsein die Botschaft ein, woraufhin das Unterbewusstsein entsprechend reagierte.

Die Buddhisten übersehen allerdings, dass sämtliche Teile der Buddha-Statue die Wahrheiten des Gottes nur repräsentieren und dass sie selbst rein symbolischen Charakter hat, um den Menschen an seine eigene Göttlichkeit zu erinnern. Aus der Stirn ragt ein Edelstein hervor, der Licht ausstrahlt, was wiederum an einen Satz in unserer Heiligen Schrift denken lässt: »Ich bin das Licht der Welt« (Johannes 9, 5). Jenes ICH BIN oder Lebensprinzip ist das Licht oder die Unendliche Intelligenz, die alle Menschen auf der ganzen Welt in sich tragen.

Um es zu wiederholen: Nicht der Glaube an äußere Dinge zeitigt die gewünschten Ergebnisse, sondern der Glaube an das von Gott inspirierte Bewusstsein. Diese Einsicht findet ihren großartigen Ausdruck im Neuen Testament: »Wahrlich, ich sage euch: Wer zu diesem Berge spräche: Hebe dich und wirf dich ins Meer! und zweifelte nicht in seinem Herzen, sondern glaubte, dass es geschehen würde, was er sagt, so wird's ihm geschehen« (Markus 11, 23).

2

»Herr, lehre uns beten ...«

Lukas 11, 1

Einen Teil dieses Kapitels schreibe ich gerade in Südafrika. Meine Reise hatte mich von Lourdes über Paris und Rom nach Kairo geführt. Dort umfängt einen mit unwiderstehlicher Macht das Geheimnis der unermesslichen geschichtlichen Reichtümer jenes Landes, das als Wiege der Kultur gilt. Ständig begegnet man Ägyptologen, Archäologen, Gelehrten, Schriftstellern, Dichtern, Träumern, Geistlichen, Abenteurern ... Ägypten verzaubert sie alle, die ehrfürchtig und gebannt vor den Pyramiden und der Sphinx, den herrlichen Tempeln und Sarkophagen der Pharaonen verharren.

Die Reiseführer vor Ort sind gut bewandert in den verschiedenen Epochen der ägyptischen Geschichte. Einer von ihnen beherrschte sogar acht Sprachen. Er sagte mir, diese seien in seinem Unterbewusstsein gespeichert, und es habe ihm keine besondere Mühe bereitet, sie alle zu lernen, weil er morgens, mittags und abends immer wieder bekräftigte: »Diese Sprachen sind in mir, und ich spreche sie fließend.« Seine schnelle Auffassungsgabe hat die Lehrer völlig verblüfft. Hierin liegt eine bedeutsame Lektion über die Wechselbeziehung zwischen Bewusstsein und Unterbewusstsein, mit dem der Mann in engem Kontakt war. Ein Beispiel dafür ist Ihnen wohlbekannt. Abends sagen Sie Ihrem Unterbewusstsein: »Ich möchte morgen früh um 6 Uhr aufwachen«, und das geschieht dann auch. Dahinter verbirgt sich folgendes Prinzip: Vor dem Einschlafen dachten Sie bewusst an 6 Uhr. Hätten Sie es nicht getan, wären Sie nicht aufgeweckt worden. Ähnlich widmete sich jener junge Reiseführer dem Studium der Sprachen, indem er seinem tieferen Bewusstsein deutlich zu verstehen gab:

»Ich spreche diese Sprachen fließend und besitze ein vollkommenes Gedächtnis für alles, was ich lese und höre.« Zwischen beiden Bewusstseinsebenen herrschte eine starke Verbindung, so arbeiteten sie zusammen und erfüllten alle notwendigen Funktionen. Die biblische Entsprechung dazu lautet: »Mein Vater wirket bis auf diesen Tag, und ich wirke auch« (Johannes 5, 17).

Auf dem Weg nach Südafrika machten wir halt bei den Viktoriafällen zwischen den Grenzstädten Victoria Falls in Simbabwe und Livingstone in Sambia. Die Kaskaden sind doppelt so hoch und so breit wie die Niagarafälle. Der betörende Anblick dieser Naturgewalt raubt einem den Atem, während das Wort des Psalmisten allmählich die trockenen Bereiche des Denkens in Besitz nimmt, die Seele erfrischt und erneuert: »Darum fürchten wir uns nicht, wenngleich die Welt unterginge und die Berge mitten ins Meer sänken, wenngleich das Meer wütete und wallte und von seinem Ungestüm die Berge einfielen. Sela. Dennoch soll die Stadt Gottes fein lustig bleiben mit ihren Brünnlein, da die heiligen Wohnungen des Höchsten sind. Gott ist bei ihr drinnen, darum wird sie fest bleiben; Gott hilft ihr früh am Morgen« (Psalm 46, 3–6).

Und in Johannes 4,14 sagt Jesus: »Wer aber von dem Wasser trinken wird, das ich ihm gebe, den wird ewiglich nicht dürsten, sondern das Wasser, das ich ihm geben werde, das wird in ihm ein Brunnen des Wassers werden, das in das ewige Leben quillt.« Solche Bibelstellen, die auf das Element Wasser verweisen, sollen daran erinnern, dass Gott uns als Lebendiger Geist innewohnt und dass dieser Geist das Wasser unseres geistigen Lebens ist. Ohne Wasser können wir nicht leben. Es ist in allen belebten Dingen vorhanden. In der Betrachtung der Viktoriafälle werden wir uns der Wasser des Lebens – der geistigen Erweckung – bewusst.

Anschließend sagte mir ein Mitreisender, dieses Naturwunder habe ihn in eine Art Trance versetzt, und plötzlich sei ihm die

Lösung für ein höchst kompliziertes Problem eingefallen. Bei diesem Vorgang machte sich jenes innere Wasser bemerkbar. Die Lösung stieg in dem Mann auf, erfüllte ihn mit Frieden und Hoffnung. Er gelangte an jenen Ort im Innern, wo die Wasser des Lebens ungehindert fließen. Die subjektive Weisheit kann zu Bewusstsein kommen, wenn dieses ruhig und gelassen ist. Der Fluss des Friedens strömt hindurch und erfreut die Stadt Gottes. Sie ist nichts anderes als Ihr eigener ausgeglichener Geist. So werden alle Bewohner – Gedanken, Vorstellungen, Überzeugungen – in diesem tiefen Fluss gebadet. Wenden auch Sie sich nach innen, denn genau dort sprudelt das Wasser des Lebens.

Der Mann war schrecklich besorgt und durcheinander gewesen, doch als die Schönheit der Natur ihn besänftigte, durchbrach ein Lichtstrahl seine Gedanken, und er sah deutlich, was zu tun war. »Wohlan, alle, die ihr durstig seid, kommt her zum Wasser! Und die ihr kein Geld habt, kommt her, kauft und esst! Kommt her und kauft ohne Geld und umsonst Wein und Milch!« (Jesaja 55, 1).

Nach meiner Ankunft in Johannesburg wollte ich unbedingt den berühmten Kruger National Park besuchen, das größte Wildschutzgebiet Südafrikas, aber der Hotelmanager teilte mir mit: »Sie kommen leider zu spät. Die nächste Tour findet erst nächsten Montag statt.« Da meine Zeit knapp war, sagte ich zu meinem tiefen Selbst: »Der Unendliche Geist öffnet jenen Zugang, den der Mensch für verschlossen hält.«

Beim Frühstück sprach ich mit einem Mann aus Kimberley, der mir von einem bestimmten Problem berichtete, und gab ihm ein Exemplar meines Buches *The Miracles of the Mind* (Die wundersamen Wirkungen des Geistes) mitsamt einigen Anleitungen. Am nächsten Morgen sagte er, solch einfache Methoden für das Gebet seien ihm bisher unbekannt gewesen, dadurch habe sich sein Problem förmlich in Luft aufgelöst. Er fügte hinzu, dass sein Chauffeur ihn zum Kruger National Park fahre und den Weg über Zulu-Dörfer nehme. In der endlosen Steppe wolle er alles fotografieren – Elefanten, Löwen, Zebras, Nashörner, Paviane, Giraffen … Unvermittelt warf er ein: »Es wäre mir eine Ehre, wenn Sie uns begleiten würden.« Ich konnte nicht Nein sagen. Sein Vorschlag war die Antwort auf mein Gebet. »Denn meine Gedanken sind nicht eure Gedanken, und eure Wege sind nicht meine Wege, sondern so viel der Himmel höher ist als die Erde, so sind auch meine Wege höher als eure Wege und meine Gedanken als eure Gedanken« (Jesaja 55, 8–9).

Auf der Fahrt redeten wir über das Vaterunser. Zuvor hatte er mir bereits viele Fragen zu diesem wunderbaren Gebet gestellt, es immer als ein »Muss« betrachtet, die Verse morgens und abends gesprochen, allerdings ohne deren Sinn wirklich zu verstehen. Daraufhin erklärte ich Folgendes: Das Gebet ist keinesfalls eine unnütze Wiederholung und viel mehr als ein bloßes Lippenbekenntnis. Um echt und aufrichtig zu sein, muss es tief aus dem Herzen kommen. Wenn man sagt: »Vaterunser«, so heißt dies, dass wir alle einen gemeinsamen Vater haben, dass wir Brüder und Schwestern sind. Wir alle sind gleichen Ursprungs. Gott ist Leben – sämtliche Wesen und Dinge kommen aus dem Lebensprinzip. Das erste Wort »Vaterunser« ist der Kern des ganzen Gebets. Es enthält unsere Daseinsberechtigung, unser Glück, unseren Seelenfrieden. Wenn wir Gott als unseren Vater ansehen, wird uns die Quelle der Kraft offenbart, die all unsere Bedürfnisse stillt. »Vater« verheißt Liebe, Fürsorge, Schutz. Auch unser irdischer Vater wacht über uns, arbeitet für unser Wohlergehen. Er kümmert sich darum, dass wir ein Zuhause, Nahrung und Kleidung haben und in einer Atmosphäre aufwachsen, in der wir uns körperlich, geistig und seelisch weiterentwickeln können. In der Kindheit stehen Vater und Mutter für Gott. Doch hinter ihnen verbirgt sich die ewige Wahrheit: »Alle gute Gabe und alle vollkommene Gabe kommt von oben herab, von dem Vater des Lichts, bei welchem ist keine Veränderung noch Wechsel des Lichts und der Finsternis« (Jakobus 1, 17).

Das Wort »Vater« steht für »Schöpfer« oder das schöpferische Lebensprinzip. Wer »Vater unser« sagt, ruft das Höchste Wesen an, die Unendliche Kraft, den Schöpferischen Ursprung, dem alles entstammt. Wer sein Gegenüber anschaut, entdeckt nicht den wahren Menschen, erfasst nicht dessen Gedanken, Gefühle, Hoffnungen, Freuden, Ängste, Wünsche, Sehnsüchte, Ideen, Pläne, denn sie sind unsichtbar. Gemüt und Geist entziehen sich dem Blick, man erkennt nur den Körper, die äußere Gestalt.

So ist auch der Vater im Innern unsichtbar, ebenso wie seine schöpferische Macht. Der endliche Verstand kann niemals das Unendliche begreifen, sehr wohl aber etwas erfahren über jene verborgenen Kräfte. Wir sind also imstande, unsere Gedanken und Gefühle, Aktionen und Reaktionen genauer kennenzulernen – und damit auch die Gesetze unseres eigenen Seins.

Das Neue Testament übermittelt die Botschaft: »Der Vater aber, der in mir wohnt, der tut seine Werke« (Johannes 14, 10). Er ist das Ewige Prinzip, das seit jeher existiert und niemals untergehen wird, und genau darin liegt zugleich die Macht unseres Bewusstseins. Es ist göttlich, ewig und unaufhörlich in Bewegung. Unsere Worte, Gesten, Handlungen werden nicht durch den Körper verursacht, sondern durch den Geist im Innern, die Schöpferische Kraft. Dieser Unbewegte Beweger bewerkstelligt alles, der Körper ist nur sein ausführendes Organ, das auf Gedanken reagiert, selbst aber weder Willenskraft besitzt noch die Initiative ergreifen kann. »Vater unser« bezieht sich also auf die Göttliche Gegenwart im Innern, um uns daran zu erinnern, dass sie gutmütig und wohltuend ist.

Falls Sie ihr Gewalt, Grausamkeit und Rachsucht unterstellen, bekommen Sie zwangsläufig die Konsequenzen Ihres negativen Denkens zu spüren. Die Vorstellung von einem strafenden Gott, der Sie argwöhnisch beobachtet und ständig auf die Probe stellt, wirkt sich schädlich auf Ihr gesamtes Leben aus.

Erwachen Sie nun, um die Geistige Macht als Liebevollen Vater anzuerkennen, der Sie beschützt, umsorgt, leitet und inspiriert.

So werden Ihnen vielerlei Segnungen zuteil und missliche Erfahrungen jeder Art erspart. Außerdem finden Sie in dieser einfachen Form des Gebets den unverfälschten Ausdruck Ihrer selbst, Glückseligkeit und Erfolg. Vergessen Sie nicht: Sobald Sie dieser inneren Instanz vertrauen, wendet sie sich Ihnen zu, weil deren Wesen darin besteht, entsprechend Ihrer Denkweise zu reagieren.

Mit Gott vertrauten Umgang pflegen bedeutet, Ihn als Freund, Wohltäter, Leitfigur und Berater anzusehen. Dementsprechend lautet die Beschreibung im Alten Testament: »… und er heißt Wunder-Rat, Gott-Held, Ewig-Vater, Friede-Fürst« (Jesaja 9, 6). Hiermit ist der entscheidende Akzent gesetzt. Verankern Sie diese Vorstellung von Gott im Bewusstsein und leben Sie danach, so wird Ihre ganze Welt auf magische Weise mit ihr verschmelzen. Indem Sie darüber nachsinnen, erfahren Sie die Reaktion als Liebe, Frieden, Eingebung und Energie. Dies bewirkt einen tief greifenden Wandel in all Ihren inneren und äußeren Angelegenheiten.

Das Wort »Himmel« im Vaterunser verweist auf den unsichtbaren Zustand – auf Glückseligkeit, unbeschreibliche Schönheit und unbedingte Liebe. Sie erhalten die Nachricht, dass das Himmelreich in Ihnen ist, nämlich Unendliche Intelligenz, Grenzenlose Weisheit, Allmacht sowie sämtliche Eigenschaften und Qualitäten Gottes. In Ihren unbewussten Tiefen warten diese nur darauf, durch Gebet und Meditation zum Vorschein zu kommen. Das Schatzhaus der Unendlichkeit befindet sich in den Himmeln Ihres eigenen Denkens. Ihn bewohnen Sie dann, wenn Sie in Frieden leben, also ausgeglichen und gelassen sind.

»Vater unser im Himmel …«, das ist die Formel für die Unendliche Geistige Macht in ihrer Zeit- und Raumlosigkeit. Die Unendlichkeit kann weder geteilt noch vervielfacht werden. Sie ist die allumfassende Einheit, von der es keine zweite gibt. Sonst würden beide einander widersprechen und sich gegenseitig aufheben. Anstatt Kosmos existierte Chaos. Einheit der Welt und Einheit des Geistes beruhen auf der gleichen Notwendigkeit, andernfalls könnte der und das Unendliche keine Allmacht beanspruchen.

Man sieht, dass Verwirrung in den Köpfen derer herrscht, die an zwei gegensätzliche Mächte glauben. Ihr Denken ist geteilt, denn sie haben zwei Herren, wodurch ein unlösbarer Konflikt entsteht. Lernen Sie also, in *eine* Richtung zu gehen und ausschließlich an den einen wahren Gott zu glauben, Ihren Ewigen Vater.

»Geheiligt werde dein Name.« Der Begriff »geheiligt« verweist auf Ganzheit, Reinheit, Vollkommenheit. »Denn so spricht der Hohe und Erhabene, der ewig wohnt, dessen Name heilig ist« (Jesaja 57, 15).

Damit ist natürlich Gott gemeint: Unendliche Vollkommenheit, Höchste Glückseligkeit, Unbeschreibliche Schönheit, Grenzenlose Weisheit und Absolute Harmonie. Sein Name bezeichnet zugleich die ihm eigenen Attribute. Wenn Sie diesen Namen heiligen, erkennen Sie an, dass es nur eine Oberste Geistige Macht gibt, die über Ihr Leben bestimmt. Infolge Ihrer aufrichtigen, ebenso konstruktiven wie harmonischen Gedanken gelangen Sie dank Gott in den Besitz der Gnade und der Liebe, werden Sie auf all Ihren Wegen gesegnet. Anders ausgedrückt: Durch die Heiligung Seines Namens akzeptieren Sie die Tatsache, dass Gott Ihnen nichts als Güte, Wahrheit und Schönheit beschert und auf Ihre Gedanken und Wünsche stets antwortet.

Während meines Aufenthaltes in Johannesburg kam ich mit einem weiteren Mann aus Kimberley ins Gespräch – einem Soldaten, der im Krieg schwere Schussverletzungen am Bein erlitten hatte. Er wusste nichts von der inneren Heilkraft und sagte, damals sei er Atheist gewesen. Auf die Frage des Offiziers nach seiner Religion hatte er erwidert: »Mensch.« Lange Zeit musste er in einem englischen Krankenhaus bleiben, wo ihm irgendwann der Gedanke kam: *Es gibt eine Intelligenz, die mich erschaffen hat, und sie kann mein Bein heilen.* Er begann sich all die

Dinge vorzustellen, die er bei bester Gesundheit tun würde, zumal er früher intensiv Sport betrieben hatte. Also führte er im Innern die Aktivitäten eines Sportlers aus, den ersehnten Zustand immer vor Augen. Er nahm an der mentalen Bewegung teil, fühlte und verstärkte sie, bis ihm der Ablauf völlig normal erschien. Er konnte zwar nicht ohne Krücken gehen, aber auf dem Stuhl sitzend fuhr er Fahrrad, erstieg Berge oder spielte Fußball. Darüber hinaus bat er um innere und äußere Stärke. Das verblüffende Ergebnis: Die Knochenbrüche und Wunden verheilten und ließen nur eine einzige Narbe zurück. Nach einigen Jahren wurde er – gemessen an seiner Körpergröße – sogar zum stärksten Mann Südafrikas gekürt.

Der Mann heiligte den Namen Gottes, indem er sich ganz und vollkommen fühlte und die Aufmerksamkeit unbeirrt auf sein Ziel richtete. Wenn er unruhig, besorgt oder wütend wurde, hörte er auf, den Namen zu heiligen. Doch sobald er sich ausschließlich seinem Ideal hingab, machte er echte Fortschritte und empfand die Genesung als natürlichen Prozess.

Der Göttliche Name ist die Natur oder Natürlichkeit des Zustandes, für den man betet. So gelangt man in eine Stimmung oder erwirbt eine Einstellung, die es erlaubt, diesen erhofften Zustand intensiv zu erleben, bis er mental völlig akzeptiert ist.

Einige Zeit später begegnete ich einem klugen Mann aus Europa. Nach dem Zweiten Weltkrieg war er unter denjenigen, die alles verloren hatten. Er konnte nicht einmal die eigene Identität beweisen. Sein Haus war zerstört, alle Mitglieder der Familie umgekommen. Die Lage schien hoffnungslos. Viele Male habe man ihm jede Anerkennung verweigert, sagte er. So begann er sich Abend für Abend vorzustellen, dass der Botschaftsangehörige seinen ersehnten Personalausweis abstempelt. Durch glückliche Fügung kam er mit Menschen zusammen, die dann seine Herkunft und seinen Hintergrund bezeugten. Sie zu treffen sei für ihn die erstaunlichste Erfahrung überhaupt gewesen, bekannte er. In der Tat, Gottes Wege sind unerforschlich.

»Dein Reich komme.« Das Himmelreich ist zum Greifen nah. Gott wohnt im Innern als Inbegriff Ihres Lebens, denn Er ist das Leben selbst, und dieses gehört nun Ihnen. Gott vergisst oder verlässt Sie niemals. Sie brauchen nicht darauf zu warten, dass das Himmelreich kommt – es ist *hier und jetzt* in Ihnen. Erkennen Sie also, dass *eine* Geistige Macht allgegenwärtig ist und dass alles in der Welt in und aus ihr geschaffen wurde. Unendliche Weisheit ist in diesem Augenblick Teil Ihres Wesens und wartet nur darauf, von Ihnen angerufen zu werden.

Jeder Mensch ist in seinem Geist ein König. Er allein befiehlt über seine Gedanken, kann sie »herumkommandieren«, wie es ihm beliebt, und auf jene Gegenstände richten, über die er nachdenken möchte. Gefühle resultieren aus dem Denken. Sie können Ihren »Dienern« sagen, was zu tun ist, und diese werden Ihnen gehorchen. Ja, Sie sind ein König im Reich der Vorstellungen. So können Sie jedem unerwünschten Besucher – Angst, Zweifel, Sorge, Wut, Hass usw. – den Zutritt verwehren. Sie besitzen die Macht, alle Feinde – negative Gedanken und Gefühle – aus Ihrem Imperium zu verbannen. Das tun Sie mit dem Feuer der Göttlichen Liebe und Weisheit. Sie legen fest, in welcher Stimmung Sie die Tage und Nächte verleben, wie Sie auf Situationen und Bedingungen reagieren. Überbringt ein Bote Ihnen schlechte Nachrichten, wenn andere Sie kritisieren, verurteilen und verleumden, dann erinnern Sie sich, dass Sie ein König sind und dass niemand Sie verletzen kann, außer Sie erteilen durch innere Zustimmung die Erlaubnis dazu. Verweigern Sie diese, lassen Sie sich von keinem negativen Gedanken beunruhigen. Sie sollten auf *positive* Weise ablehnen, *negativ* zu reagieren. Sagen Sie sich: »Ich bin ein König, der den Königsweg beschreitet. Ich bleibe ungerührt und gleichmütig, da nichts als mein eigenes Denken mich beeinflussen kann. Meine Loyalität und Treue gilt allein Gott und Seinen Wahrheiten.« So verkündete es auch Jesus, an Pilatus gewandt: »Du sagst es, ich bin ein König. Ich bin dazu geboren und in die Welt gekommen …« (Johannes 18, 37).

Sie wurden geboren, um im hiesigen Dasein Gottes Gaben immer stärker zum Ausdruck zu bringen, Ihr Licht derart strahlen zu lassen, dass die anderen Ihre guten Werke sehen, und dadurch Ihren Vater im Himmel zu verherrlichen. Sie bitten oder flehen nicht darum, dass ein Himmelreich komme, denn Ihr Vater hat Freude daran, es Ihnen jederzeit zu geben. Das Himmelreich Gottes ist bereits gekommen, wenn Sie wirklich dafür sorgen, dass Ihr Denken von Göttlichen Ideen beherrscht und geleitet wird, die den Geist aktivieren, kurieren und inspirieren. Nicht von ungefähr schrieb Phineas Parkhurst Quimby, der amerikanische Heilpraktiker und Vorreiter der Neugeist-Bewegung: »Der Mensch handelt so, wie an ihm gehandelt wird.«

Die Vorstellungen, die Ihr Denken beherrschen, zeitigen ganz bestimmte Handlungen. Als König ordnen Sie etwas an, und es wird geschehen. Ihre Stimmung oder Überzeugung ist gleichsam der Befehl, den Sie dem tieferen Bewusstsein erteilen, das dann automatisch darauf reagiert. Niemand widerspricht Ihnen, denn Sie sind der Herrscher, der die höchste Macht innehat, und all Ihre Bediensteten – Gedanken, Vorstellungen, Gefühle – führen gehorsam Ihre Befehle aus. Immerzu schicken Sie Boten voraus, die Ihre übliche Denkweise zum Ausdruck bringen und Ihnen den Weg bahnen. In früheren Zeiten wurden, wenn der König auf Reisen war, Boten gesandt, um alle notwendigen Angelegenheiten zu klären und seine Ankunft vorzubereiten. Ein festlicher Empfang war ihm sicher. Nicht anders verhält es sich bei einem Staatsmann, der fremde Länder besucht. Seine Route wird genau geplant und streng überwacht, und diese Sicherheitsvorkehrungen zielen darauf ab, dass kein Übeltäter ihm nahe kommt oder sonst wie schadet.

Sobald Sie im Bewusstsein von Gottes Liebe Ihren Weg beschreiten, darum bittend, sie möge vorangehen, um ihn in jeder Hinsicht erfreulich zu gestalten, und mit dieser Annahme leben, werden Sie außergewöhnliche Erfahrungen machen und wunderbaren Menschen begegnen. Wohin Sie auch den Schritt lenken – achten Sie darauf, Ihren Gedanken und Gefühlen die richtigen Befehle zu erteilen, damit sie den Weg ebnen und Ihnen an allen Orten ein festlicher Empfang bereitet wird.

Ich schreibe dieses Kapitel in Kapstadt – welch herrliche Metropole! –, umgeben von liebenswürdigen Menschen, deren Englisch mich an das der Bewohner Londons erinnert. Hier bin ich in Gesellschaft von Dr. Hester Brunt, der Leiterin des örtlichen Zentrums von *Science of Mind*, und ihren Schülern. Sie alle sind hier geboren, aber ihre Eltern stammen aus England und brachten von dort jene vergeistigte Einstellung mit, die nun auch die Kinder ausstrahlen. Ein weiteres Zeugnis dafür, dass richtige Gedanken und Überzeugungen kostbare Früchte hervorbringen.

Dr. Brunt und ihre Assistenten zeigten mir die Sehenswürdigkeiten der Stadt und der Region, so auch die berühmte Garden Route, ein einzigartiges Naturparadies, das sich quer durch den südlichen Landesteil bis nach Port Elizabeth erstreckt. Zusammen mit ihrer Tochter leistet sie vorzügliche Arbeit für die Verbreitung der Wissenschaft des Geistes, die weithin großen Anklang findet und immer mehr Menschen in ihren Bann zieht.

Im Hotel unterhielt ich mich mit einem Mann, dessen Worte ich an dieser Stelle wiedergebe: »Wenn ich reise, reise ich wie ein König. Gott ist Multimillionär.« Ich mochte seine Einstellung und bat ihn, mir ausführlicher darüber zu berichten. »Als ich von England abflog«, erklärte er, »sagte ich mir: ›Dieses Flugzeug mitsamt seinen Teilen ist die Verkörperung einer Idee Gottes. Er liebt die Passagiere wie auch alle anderen Menschen. Also liebe ich sie auch. Auf meinem Weg erwarten mich Liebe und Freude, Frieden, Fülle und Inspiration.‹«

Er wiederholte diese Sätze immer wieder, bis die darin enthaltenen Vorstellungen durch einen Prozess mentaler Osmose in die Tiefen seines Unterbewusstseins drangen. Daraufhin erlebte dieser Mann großartige Dinge, machte in Südafrika eine steile Karriere und traf die Frau seiner Träume. Er hatte beschlossen, dass seine Glücksboten ihn überall erwarten. So steht es schon im Alten Testament: »Siehe, ich will meinen Boten senden, der vor mir her den Weg bereiten soll« (Maleachi 3, 1).

Reisen auch Sie das nächste Mal mit der Gewissheit, dass Sie ein König sind und im Himmelreich Gottes oder alles Guten leben. Es ist jetzt verfügbar und wartet nur, dass Sie darauf Anspruch erheben. »Nun waren ja die Werke von Anbeginn der Welt fertig« (Hebräer 4, 3). »Was geschieht, das ist schon längst gewesen, und was sein wird, ist auch schon längst gewesen; und Gott holt wieder hervor, was vergangen ist« (Der Prediger Salomo 3, 15).

Was immer Sie ersehnen, tief empfinden und als wahr akzeptieren, wird Wirklichkeit. Wir verleihen dem Gestalt und Ausdruck, was bereits existiert. Wir erschaffen Elektrizität nicht, sondern nutzen sie. Wir erfinden Harmonie nicht, sondern stellen sie her durch unsere geistige Einstellung. Denken Sie für einen Moment an Gottes unendliche Ideen, dann wird Ihnen unzweifelhaft klar, dass es nur *einen* Schöpfer, *einen* Ursprung, gibt, der seit jeher alles enthält. Was immer Sie sich vorstellen, ist schon vorhanden, sonst könnten Sie es sich gar nicht vorstellen.

»Dein Wille geschehe, wie im Himmel so auf Erden.« Ein weiterer überwältigender Satz in diesem grundlegenden Gebet der gesamten Christenheit. Erkennen Sie, dass Gottes Wille jederzeit durch Sie zum Ausdruck gelangt. Bekräftigen Sie aus lieb gewonnener Gewohnheit, dass er in all Ihren Lebensbereichen wirksam ist, und seien Sie sich der Tragweite dieser gesprochenen Worte vollauf bewusst: »*Dein* Wille geschehe.«

Gottes Wille ist untrennbar von Seinem Wesen, Seinem Namen, denn Gott ist Leben, und daher besteht Sein Wille zwangsläufig darin, dass Sie ein immer höheres Maß an Leben zum Ausdruck bringen, also ein erfülltes und glückliches Leben führen. Das Leben kann nicht den Tod wünschen. Das würde Gottes Natur und Willen widersprechen, eben weil Er unendlich gut und vollkommen ist, Urheber nur des vollkommen Guten. Formulieren Sie Ihr Gebet richtig: »Gottes Wille manifestiert sich in meinem Leben als Gesundheit, Liebe, Harmonie, Glück, Freude, Frieden und Fülle. Er ist wunderbar.« Wenn Sie es regelmäßig wiederholen, bestätigen Sie damit, dass Gottes Plan durch eine wunderbare Ordnung, Harmonie und Symmetrie gekennzeichnet ist.

Während der Niederschrift dieser Zeilen kehren meine Gedanken zurück nach Lourdes, wo ich einem englischen Pilger, der mit seinem Sohn in einem nahe gelegenen Hotel weilte, die Frage gestellt habe: »Was meinen Sie genau mit der Aussage: ›Wenn es Gottes Wille ist, wird mein Sohn geheilt‹? Denn ganz gewiss muss Gott aufgrund Seines ureigenen Wesens für ihn nichts anderes als die vollkommene Genesung im Auge haben. Erinnern Sie sich nur einmal an jene Stelle im Neuen Testament, Johannes 10, 10: ›Ich bin gekommen, dass sie das Leben und volle Genüge haben.‹«

Der Mann schien ebenso verwirrt wie skeptisch. Offenbar meinte er, Gottes Wille müsse für den Jungen unerfreulich oder gar böse sein. Welch grässliche Vorstellung von Gott! Allein schon das Wort »Wenn« zeigt an, dass man voller Zweifel, Angst und Sorge ist. Im Gebet gibt es kein »Wenn«. Streichen Sie es aus! Sagen Sie niemals: »Wenn es Gottes Wille ist …« Oder: »Wenn ich das Richtige tue …« Worin bestünde das Unrichtige? Haben Sie einen Gott oder zwei Götter? Die Bitte um richtiges Handeln kennt nur dieses. Der Gedanke an das falsche Handeln beweist, dass Sie zwei Mächten huldigen, Gott und einem Teufel. In diesem Fall sollten Sie in Ihrem Denken den wahren Gott unbedingt wieder auf den Thron Seiner Herrlichkeit setzen.

Der Pilger lauschte meinen Erklärungen und besann sich auf die Gegenwart Gottes in seinem Innern. Gerührt und mit Tränen in den Augen sagte er schließlich: »Ich weiß jetzt, was Gott für meinen Sohn will, und werde es beanspruchen, fühlen und glauben, bis es Teil meines Bewusstseins ist. Sobald ich zu einer festen Überzeugung gelange, wird mein Wille zu Gottes Wille – oder zur Gewissheit: *Es ist vollbracht.*«

Wie einfach die ganze Sache doch ist und wie wunderbar! Warum verkomplizieren wir diese simplen Wahrheiten Gottes derart, dass wir Ihn fürchten anstatt Seine Heilige Gegenwart zu lieben?

Während meines Aufenthaltes in Lourdes fand bei diesem Jungen eine bemerkenswerte Veränderung statt. Mit einem Licht in den Augen sagte er bedeutungsvoll: »Gottes Wille äußert sich in meinem Geist und Körper, Er geht und spricht in mir.«

Ich verabschiedete mich von den beiden und wusste tief im Herzen, dass Vater und Sohn die ekstatische Freude erleben würden, Gottes Willen am Werk zu sehen und am eigenen Leib zu erfahren.

Was für eine großartige geistige Strategie aus den Worten spricht: »Dein Wille geschehe …« Sie stehen in Einklang mit denen von Jesus: »Dir geschehe, wie du geglaubt hast« (Matthäus 8, 13). Wenn Sie also in Ihrem Denken die Vorstellung verankern, dass Gottes Wille in all Ihren Angelegenheiten wirksam ist, wird diese positive Überzeugung Ihr Leben bestimmen und Sie veranlassen, sich gemäß Ihrem Glauben auszudrücken und zu handeln. Es ist wunderbar zu wissen, dass der Mensch »die Manifestation seines Glaubens« ist, wie Quimby erklärte. Indem Sie erkennen, dass das Licht und die Liebe Gottes Sie auf allen Wegen beherrschen und leiten, werden Sie automatisch vor Fehlurteilen oder unklugen Entscheidungen bewahrt und vergeuden keine Zeit und Mühe mehr mit sinnlosen Unternehmungen.

Eine der nächsten Stationen auf meiner Reise war dann Dublin gewesen, wo ich ebenfalls über mein Buch *The Miracles of the Mind* (Die wundersamen Wirkungen des Geistes) referierte. Hinterher stellte ein Zuhörer folgende Frage: »Wie weiß ich, ob Gott will, dass ich meine Stelle aufgebe und eine eigene Firma gründe?« Die Antwort darauf ist einfach. Der Wunsch, sich selbstständig zu machen, sei gut, ja sehr gut, sagte ich. Das Leben suche durch ihn nach höherem Ausdruck. Sein Fortkommen habe in jeder Hinsicht Priorität. Nur solle er jetzt nicht nachgrübeln, ob Gott für ihn diesen oder jenen Geschäftszweig vorgesehen habe, sondern das Naheliegende tun, das dem gesunden Menschenverstand entspricht. Er sei auf der hiesigen Daseinsebene, um sich weiterzuentwickeln und seinen Horizont zu erweitern. Wenn sein Wunsch angemessen sei und niemanden verletze, so bekunde sich darin Gottes Wille. Darüber hinaus empfahl ich ihm, seinen Wunsch achtsam und liebevoll zu behandeln, wohlwissend, dass seine Bitte um Gottes Unterweisung ihn leiten, unterstützen und mit all den Dingen versorgen werde, die für die Verwirklichung seines Traumes notwendig sind.

Der junge Mann erkannte, dass sein Auftrag darin bestand, den Wunsch nach innerer und äußerer Entfaltung zu bejahen, diese Vorstellung zu nähren und das Gute wirklich anzunehmen – aufgrund der Einsicht, dass die Unendliche Intelligenz ihn auf allen Wegen führt. Der kluge Gedanke resultiert in klugem Handeln, denn die gesamte Natur beruht auf dem Gesetz *Aktion gleich Reaktion*. Wenn die Voraussetzung stimmt, ist auch das Ergebnis richtig. Außerdem entwickeln wir uns gerade durch unsere Sehnsucht weiter. Diese ist Gottes Geschenk an uns – Sein Versprechen auf Erfüllung, so wie auch der Same das Versprechen auf Ernte ist. Gott spricht zu uns durch die flüsternde innere Stimme, ob auf künstlerischem, geschäftlichem oder irgendeinem anderen Gebiet. Diese Sehnsucht müssen wir als lebendige Wirklichkeit akzeptieren in der Gewissheit, dass sie unser Eigen ist. Bewahren wir den Glauben daran, verwandelt sich das Ideal allmählich in konkrete Erfahrung.

Kurze Zeit später hielt ich in Oslo einen Vortrag im privaten Kreis, dem auch ein angesehener Linguist angehörte. Er fragte mich: »Welche Schritte sollte ich unternehmen, sobald ich fest daran glaube, dass mein Gebet beantwortet wird?« Ich erwiderte, er werde förmlich gezwungen, genau jene Schritte zu unternehmen, die für die Verwirklichung seines Wunsches notwendig sind. Das Gesetz des Unterbewusstseins ist *zwingend.* Die unterbewussten Annahmen und Überzeugungen diktieren und kontrollieren alle bewussten Handlungen. Was immer man automatisch zu tun scheint, geschieht nach dem eigenen Glauben. Man denkt vielleicht, völlig unabhängig zu verfahren, doch sämtliche Schritte werden vom tieferen Selbst gelenkt. Die Freiheit besteht darin, bestimmte Vorstellungen oder Wünsche zu wählen. Sobald man die jeweilige Idee als lebendige Realität akzeptiert, nimmt sie allmählich Gestalt an. Mit anderen Worten: Jedes Ereignis resultiert letztlich aus der Denkweise. Was man für richtig hält, wird durch die subjektive Weisheit nach und nach in die Praxis umgesetzt.

In London wiederum, wo ich eine Reihe von Kursen gab, fragte mich eine Frau in der Caxton Hall: »Welchem Klub sollte ich mich anschließen, um meinen Traumpartner zu treffen? In meiner Arbeit sind keine Männer, nur Frauen. Ich lebe allein, bin nirgendwo Mitglied, gehe weder tanzen noch schwimmen, spiele weder Tennis noch Golf. Welche Schritte muss ich unternehmen, um meinem Seelengefährten zu begegnen?« Meine Antwort lautete: »Da ist nichts zu tun, außer beten und glauben. Sobald Sie Ihr Denken mit den Qualitäten ausfüllen, die Sie bei einem Mann bewundern, wird der geistige Same keimen und aufgehen.« Die Frau folgte meiner Empfehlung und stellte sich lebhaft vor, dass die Unendliche Intelligenz ihr nun einen Mann offenbare, mit dem sie sich bestens versteht, dass er geistvoll, aufrichtig, treu sei. Nachdem sie jene Qualitäten verinnerlicht hatte, würde sie automatisch das Spiegelbild ihrer Gemütsverfassung anziehen – und genau das geschah dann auch. Sie war mit geschäftlichen Sendungen auf dem Weg zum Postamt, als ein Mann in Eile ihr versehentlich den Stapel vom Arm schlug. Er entschuldigte sich mehrmals, wechselte einige Worte und lud sie zum Abendessen ein. Sie brachte ihn zum Kurs mit und sagte: »Wir sind verlobt. Das ist die Antwort auf mein Gebet.«

Die Frage, was man tun solle, nachdem der feste Glaube an die Verwirklichung des Wunsches im Denken verankert ist, beruht auf einem Irrtum. Das tiefe Selbst verwirklicht ihn auf seine Weise, und keine Tätigkeit – ob Tanzen oder Schwimmen, Tennis oder Golf spielen – hat darauf Einfluss. Was man glaubt und innerlich akzeptiert, führt zu den notwendigen Schritten, woraufhin die betreffende Sache einfach »geschieht« (ein Ausdruck des russischen Gelehrten P. D. Ouspensky). In der Bibel steht nicht: »Mein Wille geschehe«, sondern: »*Dein* Wille geschehe.« Das sagt derjenige, der Gottes Willen immer deutlicher erkannt hat. Letztlich handelt es sich also um eine Göttliche Aktion, die alles zum Guten wendet.

Erfreuen Sie sich an dem beantworteten Gebet, und Ihr Wille (Wunsch, Gedanke, Leitbild) wird übereinstimmen mit Gottes Willen oder dem Bewusstsein, die Person zu sein beziehungsweise die Sache zu haben, die Sie ersehnen. Hierin bekundet sich jene Überzeugung, die dann in Ihrer Welt als Bedingung, Erfahrung oder Ereignis manifest wird.

Ihr Wille besteht in der Fähigkeit, ein Ideal oder Ziel zu wählen. Leben Sie mental damit, indem Sie es lieben und pflegen, ihm Beachtung schenken und all Ihre Hingabe zuteilwerden lassen. Schließlich wird es im Innern eine klare Form annehmen und bald die Wonne über das beantwortete Gebet hervorrufen. Das ist in der Tat ein wunderbarer Prozess!

»Unser tägliches Brot gib uns heute.« Das Brot versinnbildlicht nicht nur die Gesamtheit der materiellen Dinge, die Sie in dieser Welt brauchen, sondern auch das andächtige Schweigen. Wir müssen vom Brot des Himmels speisen und ausrufen: »Herr, gib uns allewege solch Brot!« (Johannes 6, 34). Es mögen uns die köstlichsten Nahrungsmittel zur Verfügung stehen, aber tief im Herzen sehnen wir uns nach Harmonie, Liebe, Freude, Glück und Inspiration. Jeden Tag müssen wir Gottes Ideen von Weisheit, Wahrheit und Schönheit geistig verarbeiten. Das geschieht dadurch, dass wir der Welt, der Sinneserfahrung eine Zeit lang entsagen und uns gütlich tun an der Wahrheit, dass es nur Eine Allmacht gibt, die durch unsere Gedanken, Vorstellungen und Gefühle wirksam ist.

Manchmal aber geht der Wille fehl und verursacht tiefen Kummer. Und so schrieb der schottische Dichter Robert Burns: »Des Menschen Unmenschlichkeit gegenüber dem Menschen/lässt Abertausende klagen.« Wenn Sie zum Beispiel die Zeitung lesen, Radio hören oder fernsehen, werden Ihnen ständig Nachrichten über Leiden, Kriege, Verbrechen, über Ungerechtigkeit, Armut und jede Art von Mangel übermittelt. Vielleicht geraten Sie deshalb außer sich, zumal wenn Sie selbst gerade an schweren beruflichen oder privaten Lasten zu tragen haben. In diesem Fall sollten Sie sofort beginnen, regelmäßig vom himmlischen Brot zu speisen. Ziehen Sie sich an den stillen Ort im Innern zurück, wo Sie nicht unter den durch die Sinneserfahrung verursachten Problemen und Ärgernissen leiden müssen. Denken Sie an Gott und den Himmel und halten Sie Zwiesprache mit der Stille. Wo Gott wohnt, herrschen Friede, Licht und Kraft, die Geist und Seele nähren, Ihnen ermöglichen, den ganzen Stress zu bewältigen, Lebendigkeit und Begeisterung zurückgeben für die Aufgaben morgen oder in der nächsten Woche. Lehnen Sie die falschen Meinungen und Suggestionen der Welt ab, um tief im Herzen die höchste Souveränität des Gott-Selbst im Innern zu bekräftigen. Mit dieser Überzeugung, diesem unerschütterlichen Glauben, können Sie alle Hindernisse überwinden.

Lassen Sie sich von den zahllosen Anblicken und Geräuschen, hervorgerufen durch die Sinne, weder hypnotisieren noch paralysieren. Kehren Sie zu Gott und Seiner Gegenwart im Innern zurück. Konzentrieren Sie sich auf Seine Ganzheit, Vollkommenheit, Kraft und Weisheit, bis Ihr Geist förmlich emporgehoben wird. Dabei werden ihn die großartigen Wahrheiten faszinieren, in die er sich vertieft. So essen Sie Ihr tägliches Brot, verspüren keinen Hunger mehr, keinen Durst, denn Gott in Seiner Weisheit wird – in Anlehnung an Psalm 119,105 – eine Leuchte an Ihrem Fuß und ein Licht auf Ihrem Weg sein.

»Mein Vater gibt euch das rechte Brot vom Himmel … Ich bin das Brot des Lebens« (Johannes 6,32,35). Hier wird Ihnen deutlich gesagt, dass dieses ICH BIN (Gott) das wahre Brot ist. Speisen Sie also geistig von allem Guten, verinnerlichen Sie Ihren sehnlichen Wunsch, ergötzen Sie sich an seiner Verwirklichung, bis er ein Teil von Ihnen ist. Sobald Sie erfüllt sind vom Gefühl, der Mensch zu sein, der Ihnen vorschwebt, haben Sie die damit verbundene Vorstellung ganz und gar absorbiert.

An anderer Stelle heißt es: »Und er nahm das Brot, dankte und brach's und gab's ihnen und sprach: Das ist mein Leib, der für euch gegeben wird; das tut zu meinem Gedächtnis« (Lukas 22, 19). Dies ist gewiss nicht wörtlich zu verstehen. Wir haben bereits gesehen, dass die biblische Sprache mystisch, allegorisch und figurativ ist. Es handelt sich nicht um Brot an sich, sondern um geistige Nahrung. Der Same birgt die Form der Pflanze, ähnlich wie Ihre Vorstellung oder Sehnsucht eigene Strukturen und Prozesse beinhaltet. Sie tun nichts weiter, als das geistige Bild vorbehaltlos zu akzeptieren, dann wird es vom subjektiven Selbst ausgestaltet und in den Bereich des Sichtbaren projiziert. Indem Sie von Ihrem Wunsch zehren, speisen Sie vom Körper Christi, denn Christus ist die Erfüllung des Gesetzes. Er verheißt das friedliche, erfüllte Bewusstsein oder die innere Überzeugung, dass Ihr Gebet beantwortet wird, und repräsentiert so Gottes Weisheit und Macht, die in Ihrem Geist am Werk sind.

Wenn Sie beten oder die Wirklichkeit Ihres Wunsches genießen, ergötzen Sie sich an Christus. Und wenn Sie über Gottes Herrlichkeit und Schönheit nachsinnen, über all das, was glanzvoll und erhebend ist, speisen Sie im Grunde vom Körper Christi, denn diese Qualitäten werden zum Vorschein kommen und sich in Ihrer Welt verkörpern.

Teilen Sie dieses himmlische Brot mit anderen Menschen. Es ist das Brot der Liebe und der Gutwilligkeit, des Verstehens und der Versöhnung. Sprechen Sie den Satz »Unser tägliches Brot gib uns heute« immer wieder und lauschen Sie dabei der Stimme Ihres Himmlischen Vaters. Er ist Ihr eigentlicher Vater, und damit stehen Sie jetzt unter dem Göttlichen Befehl, Harmonie, Gesundheit und Frieden zum Ausdruck zu bringen.

»Und vergib uns unsere Schuld, wie auch wir vergeben unsern Schuldigern.« Vergeben ist gleichbedeutend mit Lieben. Sie können nur dann innere Fortschritte erzielen, wenn Sie die Kunst der Versöhnung einüben. Nehmen wir an, jemand hat Sie mit unfreundlichen, kritischen Worten bedacht, ja vielleicht sogar verunglimpft, und Sie leiden unter dieser Kränkung. In einer derartigen Situation bedarf es zunächst der Einsicht, dass ohne Ihre innere Zustimmung niemand Sie wirklich verletzen kann. Sie haben sich diesem Menschen gedanklich und gefühlsmäßig geöffnet, und erst dadurch kam es zu der Störung. Deren eigentliche Ursache liegt also in Ihnen. Wenn man Sie als »gemeinen Hund« oder »Idioten« bezeichnet, sind Sie dann ein solcher? Natürlich nicht! Wie könnte die Beleidigung Ihnen wehtun? Sie verzeihen dem anderen durch den einfachen Satz: »Gottes Frieden erfüllt seine Seele.« Zweifellos hat er mentale Probleme, daher segnen Sie ihn und setzen Ihren Weg im Licht fort.

Sie würden keinen Menschen verurteilen, der ein schweres physisches Gebrechen hat, also dürfen Sie auch keinen psychisch Kranken abschätzig behandeln, dessen Denken infolge einer traumatischen Erfahrung und negativen Gemütsverfassung verzerrt und verwirrt ist. Haben Sie Mitgefühl mit ihm, sehen Sie in seinem Dasein dennoch das Werk Gottes und wünschen Sie ihm Seelenfrieden. Ihre Versöhnlichkeit zeigt sich, wenn Sie ihm aus tiefstem Herzen das Göttliche Recht auf Gesundheit, Harmonie und alles Gute zugestehen. Sie dürfen nie vergessen, dass es für Sie keine echte geistige Weiterentwicklung gibt, solange Sie nicht für jeden Erdbewohner genau das beanspruchen, was Sie auch für sich einfordern.

Falls Sie auf jemanden wütend oder neidisch sind, berauben Sie sich selbst der Gesundheit, der Harmonie und des Guten. Was Sie dem Gegenüber suggerieren, fällt letztlich auf Sie zurück. Mit dem Versuch, dessen Glück zu beeinträchtigen, nehmen Sie sich etwas weg, denn Sie greifen unbefugt in seine Rechte ein. Wollen Sie zum Beispiel die Beförderung eines Arbeitskollegen verhindern, indem Sie Lügen über ihn verbreiten oder abfällige Bemerkungen vor seinem Chef machen, so ist Ihre Gemütsverfassung von Mangel und Begrenzung geprägt, was Ihnen zwangsläufig weitere Verluste bescheren wird. Verzeihen Sie sich dieses Verhalten sofort, lenken Sie die Aufmerksamkeit wieder auf Ihre Lebensziele, identifizieren Sie sich mit dem Gott im anderen, empfinden Sie Freude an seiner spirituellen, psychischen und materiellen Entwicklung. Ersetzen Sie den negativen Gedanken durch eine gottähnliche Vorstellung. Ändern Sie also Ihre Denkweise und behalten Sie die neue Richtung bei.

Nach dem Abschluss meiner Vorträge in Südafrika flog ich von Johannesburg weiter nach Perth an der Westküste Australiens – eine Entfernung von etwa 8000 Meilen – mit Zwischenstopps auf Mauritius und der kleinen Kokos-Insel. Sie ist ein herrlicher Fleck auf Erden, wo mir sogleich gezeigt wurde, wie man eine Kokosnuss öffnet und ihren köstlichen Saft trinkt. Einer der Einheimischen erklärte mir, warum die Insel bisher nie überflutet worden sei, obwohl sie auf Höhe des Meeresspiegels liegt – nämlich weil eine Höhere Weisheit die Korallen dazu veranlasst habe, schützende Riffe um die Insel zu errichten und damit deren Bewohner vor Unheil zu bewahren.

Auch an einem so abgeschiedenen Ort sieht man die Unendliche Intelligenz am Werk, die stets über Schöpfung und Mensch wacht.

Perth ist eine ebenso kosmopolitische wie gastfreundliche Stadt. Hier leitet Dr. Charles Randall ein großartiges Truth Centre. Er verbreitet die Lehre der Wahrheit seit zwanzig Jahren und wird von allen geschätzt und verehrt. Die Schüler sind äußerst interessiert und aufrichtig, und diese Eigenschaften fand ich auch bei zahlreichen anderen Personen aus allen sozialen Schichten wieder.

Dr. Randall hatte sich gewünscht, dass ein spiritueller Lehrer ihn besuchen und über seine Arbeit in den Vereinigten Staaten berichten würde. Es beglückte mich, von ihm zu hören, dass ich durch meine Anwesenheit sein Gebet beantwortet hatte. Daraufhin berichtete er mir von bemerkenswerten Heilungen, bewirkt durch sein Bewusstsein der Göttlichen Liebe und Gottes Gegenwart. So stand der ganze Aufenthalt im Zeichen intensiven geistigen Austauschs.

Anschließend führte meine Reise weiter nach Sydney, wo ich mit etlichen Leuten sprach, die regelmäßig in die USA kommen, um sich auf den Gebieten der Wissenschaft, Medizin, Industrie und Kunst weiterzubilden. Im Laufe eines Jahrhunderts haben die Australier aus der Wildnis einen Garten Eden geschaffen.

Mrs Grace Aguilar und ihr Mann leiten in Sydney die New Thought Movement (Neugeist-Bewegung). Beide sind besonders anmutige und freundliche Menschen, die lange in Gottes Weinberg gearbeitet haben. In ihrer Gesellschaft verbrachte ich acht Tage, hielt nachmittags und abends Vorträge und genoss die anregenden Begegnungen mit den Zuhörern. Ein Geschäftsmann erzählte, wie er mithilfe des Gebets seine Firma aufgebaut und ein Vermögen angehäuft hat, das vielen anderen zugutekommt. Seine Formel besteht nach wie vor aus einem einzigen Satz: »Gott, zeige mir den Weg, der Menschheit einen noch größeren Dienst zu erweisen.« Die Göttliche Weisheit antwortete darauf und segnet ihn bis heute auf mannigfache Art.

Ich kam auch ins Gespräch mit einer jungen Frau, die jahrelang an Migräne, Sinusitis, Magenschmerzen und heftigen Asthmaanfällen litt. Ihre Lebensgeschichte war voller Bitterkeit, Feindseligkeit und Hass gegen die eigene Mutter. Ich fragte, wo die Mutter denn nun sei, und sie erwiderte: »Oh, die ist vor zehn

Jahren gestorben.« Offenbar hatte die Mutter ihr Erbe der anderen Tochter in Neuseeland vermacht, woraufhin die Frau sich seither mit jenem mentalen Gift namens Hass zugrunde richtete. Es ist ein echter »Killer«.

Ich erklärte ihr, was der Satz im Vaterunser »... wie auch wir vergeben unsern Schuldigern« bedeutet und jener Ausspruch Jesu, »nicht siebenmal, sondern siebzigmal siebenmal« (Matthäus 18, 22) zu vergeben, also nötigenfalls tausend Mal am Tag.

Allmählich wurde der Frau klar, dass ihre Mutter damals nach bestem Wissen und Gewissen gehandelt hatte und dass sie unbedingt für diese beten musste, um ihr und sich selbst etwas Gutes zu tun.

Das Gebet übt immer einen günstigen Einfluss aus. Es heilt die Wunden des Herzens, bannt die Gefahr, setzt Kräfte frei, öffnet verschlossene Türen und verwandelt Wasser in Wein ... Die junge Frau brach in Tränen aus, was ihr tiefe Erleichterung verschaffte. Nach einer Weile sagte sie: »Gott segne meine Mutter, Seine Liebe sei mit ihr, wo immer sie auch ist.« Dies war Balsam für ihre Seele, der Geist Gottes hatte gesprochen – von Versöhnung, Gutwilligkeit und Verständnis.

Wir beteten gemeinsam für ihre Mutter und erkannten, dass sie von Gottes Licht, Liebe und Wahrheit umgeben war, dass Sein Friede und Seine Schönheit ihre Seele erfüllten. Dadurch wurde zugleich die Tochter wieder gesund.

Nie zuvor habe ich eine solch schlagartige Veränderung bei meinem Gegenüber wahrgenommen. Ein Licht trat in die Augen der jungen Frau, auf ihrer Miene erschien ein Lächeln, und plötzlich war sie überströmt vom Grenzenlosen Licht. All ihre Symptome verschwanden. Mit lauter Stimme rief sie: »Gott ist Liebe, und ich bin geheilt!« In einem Augenblick, den manche als »ewig« bezeichnen würden, erfuhr sie am eigenen Leib Gottes ekstatische Liebe.

Gestatten wir uns Liebe, Gutwilligkeit und Verständnis für unsere Schuld gegenüber anderen. Die Ursache der Probleme, mit denen diese junge Frau zu kämpfen hatte, waren natürlich Hass, Schuldkomplex und Angst. Sie wusste, dass dieser Hass falsch war, deshalb fühlte sie sich schuldig und lebte in der Angst, für ihre Böswilligkeit bestraft zu werden. Doch als sie endlich zu einer versöhnlichen Einstellung fand und ihre Seele mit Liebe erfüllte, trat spontan die innere Heilung ein.

Die Liebe befreit und schenkt, sie ist der Geist Gottes. Er kennt weder Höhe noch Tiefe, weder Kommen noch Gehen, eben weil er den ganzen Raum einnimmt. Sie wissen und fühlen, ob und wann Sie dem anderen verziehen haben. Das ist gewissermaßen der Indikator oder Prüfstein. Wie reagieren Sie, wenn jemand Ihnen wunderbare Dinge sagt über den Menschen, der Ihnen angeblich Unrecht zugefügt hat? Ärgert oder stört Sie das? Würden Sie lieber das Gegenteil hören? Wenn ja, haben Sie nicht verziehen. Die Ressentiments sind weiterhin vorhanden. Diese verschwinden erst durch Gebet und Liebe, bis Sie sich dann an den guten Nachrichten über die betreffende Person tatsächlich erfreuen können. Mit Wohlgefallen sollten Sie Gottes Gesetz am Werk sehen bei *jedem* Menschen ungeachtet seines Charakters, seiner Stellung, seines Umfelds.

In Sydney erzählte mir ein Mitglied des dortigen Truth Centre, wie er einem Mann verzieh, der ihn seiner Meinung nach schlecht behandelt hatte. »Ich habe Ihre Besprechung des Buches *Active Mind* von A. R. Orage im ›New Thought Magazine‹ gelesen, und darin stand: ›Orage vermittelt Ihnen eine wunderbare Methode, um persönliche Probleme zu lösen: Schreiben Sie einen Brief, der von Ihrem Freund kommen könnte und der Sie völlig zufriedenstellen würde. Fügen Sie darin solche Wörter ein, die Sie von diesem Freund gerne hören würden.‹ Ihr Kommentar zu dieser Stelle lautete: ›Das ist das Gesetz der Vergebung.‹ Davon tief beeindruckt, habe ich es in die Praxis übertragen.« Der Mann führte aus, dass ihn eine Mitteilung seines Vorgesetzten wütend gemacht habe, nämlich: »Ihr Verhalten bringt das Fass zum Überlaufen – derlei kann ich nicht hinnehmen!« Er schäumte vor Wut und sagte sich: »Das verzeihe ich dem nicht, nach all den Jahren loyalen Engagements.«

Diesem Mann ging ein Licht auf, als er die Buchbesprechung las. Er setzte sich demütig hin, stellte sich vor, der Chef habe ihm einen Brief geschrieben, darin er sich lobend über ihn und seine Arbeit äußerte. Der Inhalt stellte ihn in jeder Hinsicht zufrieden und entsprach der goldenen Regel sowie dem Gesetz der Liebe und der Gutwilligkeit. Er sah die Worte in dem imaginären Brief, erfreute sich an der Lektüre und tat das Folgende: »Jeden Abend las ich immer wieder diesen Brief und betrachtete die Unterschrift meines Vorgesetzten.« Wut und Hass wichen allmählich von ihm, während er in dieser Weise fortfuhr, bis dann – um seinen Ausdruck zu benutzen – etwas »total Verrücktes« geschah: Der Vorgesetzte schrieb ihm tatsächlich einen höchst anerkennenden Brief und gab zudem noch seine Beförderung bekannt. Diese Nachricht war die Essenz dessen, was er sich tagelang vorgestellt und gefühlt hatte.

Hier kommt erneut das fundamentale Gesetz der Vergebung zum Ausdruck, welches bewirkt, dass jede Art von Feindseligkeit ersetzt wird durch eine von Liebe und Gutwilligkeit geprägte Stimmung. Jeder kann dem Beispiel dieses Mannes folgen. Er führte nur die Anweisungen aus, die in dem Artikel gegeben worden waren, und malte sich aus, jenen Brief zu empfangen, nach dem er sich sehnte. Während er dieses Ereignis gedanklich vorwegnahm und mit Genuss den imaginären Brief las, verbreitete das allwissende tiefe Selbst Gottes magische Kraft um den Vorgesetzten und veranlasste ihn, entsprechend zu reagieren.

Ich nannte dem Mann jene Stelle in Lukas 6, 37: »Vergebet, so wird euch vergeben«, und erklärte ihm, dass niemand uns Unrecht tun kann, wenn wir es nicht gestatten. Die einzige Macht liegt im Bewusstsein, und dessen Zustand – also jenes Gemisch aus Vorstellungen, Überzeugungen, Stimmungen – bestimmt über sämtliche Erfahrungen, die man macht, gute wie schlechte. Er erkannte, dass die Handlungen der anderen ihm gegenüber seine eigene Einstellung widerspiegeln, dass sie gewissermaßen Instrumente des universalen Gesetzes sind, die er in Gang bringt und die ihn an seinen Bewusstseinszustand erinnern.

Die anderen Menschen sind wirklich Boten, die uns mitteilen, wie wir uns selbst sehen, und uns auf die Inhalte unseres Denkens aufmerksam machen. Der Mann in Sydney hatte also den Brief förmlich angezogen. Außerdem hatte er nach eigener Aussage viele Monate lang verabscheut, dass der Vorgesetzte bei den Beförderungen relativ neue Mitarbeiter bevorzugte, was er als äußerst ungerecht empfand. Plötzlich wurde ihm eines klar: Falsch war nur seine Einstellung, die der Chef wiederum bestätigte. Als er sie dann von Grund auf änderte und sich auszumalen begann, die ersehnte Botschaft vor Augen zu haben, stellte er eine tiefe geistige Verbindung zu seinem Ziel her und verzieh sich selbst ebenso wie dem anderen. Der empfangene Brief spiegelte schließlich seine veränderte Einstellung wider.

Verbreiten auch Sie nun Gottes magische Kraft, indem Sie den Geist der Versöhnung, der Liebe und Gutwilligkeit gegenüber allen ausstrahlen. So werden Sie in Bann geschlagen von Wahrheit und Schönheit und eingehüllt in Gottes Liebe. Sie sind tatsächlich von Ihm berauscht, und diese Gemütsverfassung bezaubert die Menschen ringsum derart, dass sie meinen, ihre Freundlichkeit und Bereitschaft zur Zusammenarbeit gehe von ihnen selbst aus.

Der bereits erwähnte englische Autor A. R. Orage, Schüler von P. D. Ouspensky und Mitarbeiter von Georges Gurdjieff, empfiehlt einen bildhaften Rückblick auf alle Ereignisse des Tages, bevor man sich schlafen legt. Indem man sie vor dem inneren Auge Revue passieren lässt, noch einmal deutlich wahrnimmt und empfindet, besteht die Möglichkeit, sich mental von jeder negativen Erfahrung zu befreien. Damit einher geht die tiefere Einsicht in solche Erfahrungen, die mit der goldenen Regel und dem Gesetz der Liebe übereinstimmen, also auch mit dem Geist der Versöhnung, des Verstehens und der Gutwilligkeit. Auf diese

Weise werden im Innern die Göttlichen Qualitäten wiedererweckt. Vergessen wir daher nie die Wahrheit der folgenden Aussage: »Des Menschen Feinde werden seine eignen Hausgenossen sein« (Matthäus 10, 36).

Sie lässt sofort an jenen Spruch in der Bergpredigt denken: »... wenn dir jemand einen Streich gibt auf deine rechte Backe, dem biete die andere auch dar« (Matthäus 5, 39). Die rechte Backe versinnbildlicht Ihre objektive Welt – die Umgebung, Situationen und Bedingungen – wie auch Ihren Körper. Wenn Sie gewisse Dinge unangenehm finden und auf Hindernisse stoßen, die andere Ihnen in den Weg stellen, so setzen Sie dem keinen Widerstand entgegen, reagieren Sie nicht verärgert oder gar gehässig. Genau das ist gemeint mit dem Ausdruck »die andere Backe darbieten«, eine großartige mentale Strategie. Wenn Sie sich einer misslichen Lage widersetzen, schenken Sie ihr Beachtung, und dadurch wird sie nur noch schlimmer. Wenden Sie sich vielmehr lautlos von ihr ab, um Ihre ganze Aufmerksamkeit auf das zu richten, was Sie wünschen. Sinnen Sie darüber nach, wie die Dinge sein sollten. Erkennen Sie Gott im Gegenüber.

Identifizieren Sie sich mit Seiner Gegenwart, die Ihnen innewohnt, und ziehen Sie Seine Lösung in Betracht. Haben Sie Freude daran, dass diese bereits Wirklichkeit ist. Bewahren Sie unerschütterlich eine optimistische Einstellung, ungeachtet der Umstände. Weigern Sie sich, dem Gefühl von Mutlosigkeit oder Verzweiflung nachzugeben.

Sie halten die andere Wange hin, indem Sie den negativen Gedanken austauschen gegen einen positiven. Befreien Sie jetzt Ihr Bewusstsein von allen unerfreulichen Vorstellungen und konzentrieren Sie sich auf Ihr Ideal, dem Sie entsprechen möchten. Ihre Eigenarten und Handlungen, Blicke und Worte werden bezeugen, ob Sie anderen und sich selbst wirklich verziehen haben. Wenn ja, teilt sich das deutlich mit – und Sie merken es außen wie innen. Dann erfolgt zwangsläufig die seelische Heilung.

In Japan gibt es eine wunderbare Bewegung namens Seicho-no-Ie, was so viel bedeutet wie »Haus des Wachstums« oder »Heim des Unendlichen Lebens«. Es handelt sich um die japanische Variante der Neugeist-Bewegung, begründet von Taniguchi Masaharu, einem erleuchteten Mann und großartigen Lehrmeister. Ich sprach dort vor seinen Anhängern, etwa Zweitausend von ihnen lauschten jedem Vortrag. Eineinhalb Millionen gehören der Bewegung in ganz Japan an, belegen Kurse in Japanisch und Englisch. Es gibt dort zweitausend Truth Centres und achttausend Lesesäle der Neugeist-Bewegung. Hunderte von freiwilligen, speziell ausgebildeten Lehrern reisen von einem Ort zum andern, halten Vorträge und wenden ihr Wissen in der Praxis an. So haben sie bemerkenswerte Heilungen bewirkt.

Äußerst interessant ist die Tatsache, dass zahlreiche kommunistische Anführer, die aus dem Gefängnis entlassen wurden und als ebenso rücksichtslos wie fanatisch galten, jetzt die Grundsätze der Neugeist-Bewegung lehren – mit noch größerem Eifer als jene kommunistischen Ideen, die ihnen früher so wichtig waren. Taniguchi Masaharu und seine Schüler versorgen sie mit einschlägiger Literatur, beten für den Erfolg des Projekts, und das Wunder geschieht. Ihre Anweisung lautet: »Widersetze dich nicht dem Bösen, sondern überwinde es mit dem Guten.«

Taniguchi Masaharu interpretiert die buddhistischen Schriften für sein Publikum wie ich das Alte und Neue Testament für das meine. Er ging durch viele Schulen und sah schließlich das Licht – den Einen Gott sowie die Art und Weise Seines Schaffens. Zudem hat er den schönsten Tempel der Neugeist-Bewegung in der ganzen Welt bauen lassen, und darin hielt ich meine Vorträge.

In einem seiner Werke mit dem Titel *Infinite Life, Wisdom and Abundance* (Unendliches Leben, Weisheit und Fülle) beschreibt Taniguchi Masaharu mehrere Fälle, die letztlich auch die Macht des Verzeihens veranschaulichen. Sie zeigen, wie die alte, materialistisch geprägte Vorstellung verworfen und durch eine neue, spirituell ausgerichtete Lebensauffassung ersetzt wurde.

In einem Fall geht es um eine große Überschwemmung, bei der in der Stadt Yase etliche Restaurants fortgespült wurden, ohne eine Spur zurückzulassen. Doch das Restaurant Hiragi-ya, ein Versammlungsort für Anhänger der Neugeist-Bewegung, blieb verschont. Taniguchi Masaharu zufolge war dies ihrer geistigen Einstellung zu verdanken. Sie glaubten fest daran, dass keine Naturkatastrophe ihnen und ihrem Besitz etwas anhaben könne. Die Lehre besagt: Wenn der Mensch seinen Geist am Licht orientiert und davon erleuchtet wird, wird er niemals Schaden erleiden.

Der japanische Meister liefert in seinem Buch zahlreiche Belege dafür, dass seine Schüler bei Naturkatastrophen wie auch nach Zug- und Schiffsunglücken gerettet wurden. So begab sich einer von ihnen zum Hafen, um an Bord eines Schiffes zu gehen, merkte dann aber, dass ihm die falsche Abfahrtszeit mitgeteilt worden war, denn das Schiff hatte bereits abgelegt. Er wandte sich erbost an den Fahrkartenverkäufer – und erfuhr kurze Zeit später, dass dieses Schiff auf hoher See mit einem anderen kollidiert war. Der Mann führte seine Unversehrtheit darauf zurück, dass er die »Wahrheit des Lebens« erforscht und in sich trägt.

Nehmen Sie sich diese Lektion zu Herzen. Ersetzen Sie den Glauben an Unfälle und Missgeschicke durch die Vorstellung von Glück, Sicherheit, Seelenfrieden und einer Allmächtigen Gegenwart, die Tag und Nacht über Sie wacht. Machen Sie sich immer wieder bewusst, dass Sie, Ihre Lieben und all Ihre Besitztümer im geheimen Gewölbe des Höchsten verbleiben, umsorgt von der Unendlichen Weisheit, die Ihre Wege angenehm gestaltet und vor Gefahren schützt.

Suchen Sie die Schuld nicht bei Naturgewalten oder Wetterverhältnissen, weil diese »feindlich« seien, noch bei den Mitmenschen, die ihnen vielleicht Unrecht getan haben, sondern verzeihen Sie einfach sich selbst. Sehen Sie ein, dass im Grunde nur eines notwendig ist: die große Kunst des systematischen Gebets oder die Kunst der Vergebung, und folgen Sie den Wahrheiten Gottes anstatt jenen falschen Theorien, Dogmen und Konzepten, die Sie jahrelang gefangen hielten in Elend und Hoffnungslosigkeit. So verstehen Sie auch die tiefe Bedeutung jenes Bibelverses: »Das Himmelreich ist nahe herbeigekommen!« (Matthäus 3, 2).

An dieser Stelle schweifen meine Gedanken zurück nach Kapstadt in das dortige Science of Mind Center. Im Anschluss an den Vortrag über mein neu erschienenes Buch *Believe in Yourself* (Glaube an dich selbst) übergab mir ein kluger Rechtsanwalt den Ausschnitt eines Artikels, der in der Zeitung *Argus* abgedruckt war und vom Verzeihen handelte. Ich zitiere daraus einige Sätze: »Lieutenant Colonel J. P. Crane erzählte von seinem Leben als Kriegsgefangener in Korea. In achtzehn Monaten Einzelhaft äußerte er nicht ein bitteres Wort über die Richter, die ihm eine so harte Strafe auferlegt hatten, dass sein Überleben sogar die Ärzte erstaunte. Als er später in England durch seinen Garten ging und die Glocken hörte, die ihn zur Heimkehr willkommen hießen, sagte er: ›Die Erinnerung an diesen Ort (sein Zuhause mit all den geliebten Menschen) hielt mich geistig und körperlich am Leben. Sobald ich das staubige Gelände des koreanischen Gefängnisses abschritt, wo überhaupt nichts wuchs, stellte ich mir jede Pflanze, jeden Baum in meinem Garten vor. Ich sah sie aus dem Boden sprießen, gedeihen und blühen. Dieses innere Bild habe ich nie losgelassen.‹« Die Überschrift des Artikels lautete: »Ein Garten machte ihm Mut.«

Auch das ist eine wunderbare Lektion in der Kunst der Vergebung. Anstatt zu grollen, zu hassen oder anzuklagen, überließ sich dieser Mann seiner Vision. Er malte sich aus, zu Hause bei seinen Lieben zu sein, und fühlte die damit verbundene Freude. Er sah die Pflanzen in seinem Garten blühen und Früchte tragen. Das alles war für ihn mit Leben erfüllt und völlig real – dank seiner Einbildungskraft, der großartigen Werkstatt Gottes. Ein weiteres Zitat aus dem Artikel mag dies veranschaulichen: »Vergessen Sie nie Ihr Zuhause und die geliebten Menschen, nur so können Sie mit einer derartigen Erfahrung fertigwerden.« Andere Männer wären wahnsinnig geworden oder an gebrochenem Herzen gestorben, er aber rettete sich durch seine Vision. Ihr treu zu bleiben, darin bestand sein Geheimnis in der Kunst der Vergebung. Keine negative Vorstellung, kein destruktives Selbstgespräch konnte ihn davon abbringen.

Achten Sie auf die Worte dieses Colonels. Bei ihm fand die Stimme des Herzens ihren unmittelbaren Ausdruck. Die Gemütsbewegung stimmte mit dem Film in seinem Kopf überein und war schließlich nicht mehr davon zu trennen. Was beide berührten, wurde Wirklichkeit. Genau das meinte P. D. Ouspensky, als er über die innere Rede schrieb, die mit den eigenen Plänen, Wünschen und Zielen – ja mit der Wahrheit selbst – in Einklang ist: Denken und Fühlen *sind* Wort, und das Wort ist Macht. Ein Widerhall darauf findet sich im Alten Testament: »So soll das Wort, das aus meinem Munde geht, auch sein: Es wird nicht wieder leer zu mir zurückkommen, sondern wird tun, was mir gefällt, und ihm wird gelingen, wozu ich es sende« (Jesaja 55, 11).

Das innere Wort ist tatsächlich eins mit Ihrem Gefühl, Ihrer Stimmung oder Überzeugung. Sie mögen es nicht hören, aber deutlich spüren. Das Wort der Vergebung darf kein bloßes Lippenbekenntnis sein, es muss aus dem Herzen kommen. Erst wenn Herz und Lippen *eine* Sprache sprechen, spricht auch Gott: »Wenn zwei unter euch eins werden auf Erden, worum sie bitten wollen, das soll ihnen widerfahren von meinem Vater im Himmel« (Matthäus 18, 19).

»Im Anfang war das Wort, und das Wort war bei Gott, und Gott war das Wort« (Johannes 1, 1). Gottes Wort ist die Idee, der formulierte Wunsch, die klare Vorstellung. Im Wesentlichen definiert Gott sich dadurch, dass Er dieses, jenes oder ein anderes ist. Alles, was man im Universum sieht, ist Gottes Wort (Idee, Muster, Bild) in konkreter Gestalt.

In einem buddhistischen Tempel empfahl mir der Abt, ein Zen-Kloster in der Stadt Fukie zu besuchen, das kaum jemand kennt. Dort lebt, betet und meditiert man in völliger Stille. Es geht um eine Erfahrung der Seele, ein unvergessliches Erlebnis. Die Mönche kommunizieren auf nonverbale Weise, allein durch ihre Gedanken. Das Wort ist der Klang ihres Herzens, ein wirklich geistiges Wort. Ich konnte ihre Gebete, ihre Grüße fühlen, ja den lautlosen Klang fast hören, unterhielt mich schweigsam mit ihnen und verstand ihre stille Sprache.

Schweigend wurde mir die Nahrung gereicht. Ich wusste, dass sie von meiner Ankunft wussten und ein Zimmer für mich vorbereiteten. Ich blieb über Nacht und schloss mich ihnen in Gebet und Meditation an. Wenn die hörbar gesprochenen Worte mit den stillen Bewegungen des Herzens zusammenstimmen, herrscht Harmonie. Das ist die geistige Rede, und das Gebet wird beantwortet. Die Vergebung kommt nicht mehr von den Lippen, sondern aus dem Herzen … Vergessen Sie nicht: Besteht eine Kluft zwischen gesprochenem Wort und wahrem Gefühl, passiert gar nichts, denn nur deren Einheit manifestiert sich in der äußeren Realität.

Inzwischen bin ich in Neuseeland eingetroffen, das mit herrlichen Landschaften gesegnet ist. Die Südalpen mit ihren Fjorden, dem fruchtbaren, saftig grünen Buschland, den schönen Seen und hohen Wasserfällen entfalten eine Pracht, die ihresgleichen sucht. Wie in Australien sieht man überall riesige Schafherden. Mr Silock, der Leiter der hiesigen New Thought Movement und zudem ein erfolgreicher Geschäftsmann, erzählte mir, wie er sein traumhaftes Anwesen am See gefunden hatte. Er las einfach den 23. Psalm und sagte zu sich: »Unser Haus ist umgeben von grünen Auen und frischem Wasser.« Tatsächlich stimmt die Szenerie mit den ersten Versen des Psalms völlig überein. Mr Silock und seine Frau gelangten durch Göttliche Führung an diesen bezaubernden Ort, was wieder einmal zeigt, dass man die Weisheit der Psalmen für vielerlei Zwecke nutzen kann. Die Bibel enthält das überlieferte Wissen ganzer Epochen, das durch Gebet und Meditation verfügbar ist.

Einer seiner Schüler nahm mich mit zu der Thermal Region und den Maori-Dörfern. Ein faszinierendes Erlebnis! Die Menschen leben mitten auf dem Gebiet speiender Geysire und rauchender Krater, ohne jede Angst vor Erdbeben, die unlängst hier stattgefunden haben. Eine weitere Lektion wird den Besuchern der Waitomo-Höhlen zuteil, einer unterirdischen Märchenwelt, die den Atem stocken lässt. Die sogenannten »Glühwürmchengrotten« sind eine der herausragendsten Attraktionen der Insel. Auf Booten durchs Gewässer treibend, sieht man oben im dunklen Gewölbe unzählige kleine Lichter flimmern. Der Reiseführer gab eine äußerst technische und komplizierte Erklärung dafür, warum die Glühwürmchen wie Sterne leuchten, woraufhin der mich begleitende Schüler der Wahrheit bemerkte: »Er hätte einfach sagen sollen, dass die Unendliche Intelligenz, die durch die Würmchen am Werk ist, ihr Glühen verursacht, damit es winzige Insekten anzieht, von denen sie leben.«

Eine der Höhlen heißt »Kathedrale« und wirkt gewiss auch so. Das Wasser, im Laufe der Jahrtausende durch den Kalkstein gerieselt, hat wunderbare Formen erschaffen, die Statuen, Engeln und anderen Gebilden gleichen. Welch schlagkräftiger Beweis dafür, dass den komplexen chemischen Wechselwirkungen der Stoffe eine verborgene Ordnung, Symmetrie und Proportion, innewohnt!

Zurückgekehrt zum Zentrum der New Thought Movement genoss ich es in hohem Maße, dort Vorträge zu halten und mit den unterschiedlichsten Menschen ins Gespräch zu kommen. In jedem Augenblick war mir bewusst, dass an diesem Ort die geistige Arbeit mit großem Eifer vorangetrieben wird und reiche Früchte trägt. Dabei ging es immer wieder auch um die Bedeutung des von Wahrheit erfüllten Wortes, seine Umwandlung in authentisches Handeln sowie die Wahl, die damit verbunden ist und die jeder von uns treffen muss: »Denn es ist das Wort ganz nahe bei dir, in deinem Munde und in deinem Herzen, dass du es tust. Siehe, ich habe dir heute vorgelegt das Leben und das Gute, den Tod und das Böse« (5. Mose 30, 14–15). »So wählt euch heute, wem ihr dienen wollt« (Josua 24, 15).

Welche Art von Gedanken haben Sie gewählt? Worauf richten Sie Ihre Aufmerksamkeit, während Sie diese Zeilen lesen? Mögen Sie nachsinnen über Eintracht, Freude, Güte, Sanftheit und Verständnis. Erfüllen Sie Ihren Geist mit solchen Vorstellungen, denn dadurch entscheiden Sie sich für das Leben. Identifizieren Sie sich mit Ihrem Wunsch nach Gesundheit, Glück und Wohlstand. Falls Ihr Bemühen nachlässt, zwingen Sie sich dazu, in konstruktiver und harmonischer Weise zu denken. Bleiben Sie diszipliniert und aufrichtig, so werden Sie allmählich das *richtige* Leben erfahren, das äußerst lohnenswert ist – ein Leben in Frieden und Sicherheit.

Beten Sie ernsthaft und aus tiefstem Herzen. Arbeiten Sie regelmäßig an Ihrem Denken, bis Sie im Innern jene Überzeugungen und Gefühle verankert haben, die Ihre Wirklichkeit gestalten werden.

»O Gott, die fabelhaften Schwingen, ungenutzt, gefaltet im Herzen«, schrieb der englische Schriftsteller Christopher Fry. Sie *haben* Flügel, um zum Himmel emporzusteigen, wo Gottes Frieden und Kraft Sie erwarten. Die Flügel repräsentieren Ihr Denken und Fühlen. Deshalb haben Sie – wie ein Vogel – zwei Flügel. Vor welchem Problem Sie auch stehen, Sie brauchen nicht dagegen anzukämpfen. Sie können es geistig hinter sich lassen und über die Göttliche Lösung meditieren – darüber, wie Gott und Himmel beschaffen sind. Sein Paradies ist der friedliche Geist in Ihnen. Sie können es finden, indem Sie das Räderwerk des Denkens zum Stillstand bringen und sich in die Vision des Unendlichen versenken. Das ist die Festung des Höchsten, die niemand belagern oder einnehmen kann. Dort, wohin Ihre Flügel Sie tragen, die viele nicht nutzen, leben Sie jenseits von Raum und Zeit. Vergegenwärtigen Sie sich die Bedeutung dieser Worte, schreiben Sie sie Ihrem Herzen ein. Deren Wahrheit verstandesmäßig zu begreifen ist eine Sache; sie tief zu empfinden eine ganz andere.

Hören Sie auf, die Schuld bei den Nächsten zu suchen. Niemand außer Ihnen ist zur Rechenschaft zu ziehen oder zu ändern. Hegen Sie auch keinen Groll mehr, keine Feindseligkeiten oder Vorurteile. Das sind Gefühle, die Sie an das Leiden binden. Lassen Sie sie los. Befreien Sie alle Insassen aus dem Gefängnis Ihres Denkens. Das größte Gefängnis der Welt, angefüllt mit Hass, Böswilligkeit und Angst, befindet sich im Menschen. »Die Mauer macht den Kerker nicht, / Den Käfig nicht das Gitter« (Richard Lovelace).

Warum sollten Sie sagen: »Eines Tages werde ich glücklich sein, meine Gesundheit wiedererlangen, im Wohlstand leben«? Gott ist das ewige Jetzt. Auch die Liebe, ewig, unzerstörbar, ist von Gott. Sie hat nichts zu tun mit Raum und Zeit – genauso wenig wie der Frieden, der ebenfalls von Gott kommt. Warum das alles aufschieben? Beanspruchen Sie es heute, und der Gott der Liebe und des Friedens wird der Ihre sein. Wählen Sie nun das Glück, indem Sie über das Wahre, Richtige, Schöne und Reine nachdenken. Wenn es eine Tugend gibt, einen Lobpreis, dann überlassen Sie sich diesen Vorstellungen.

»Der Mensch ist so, wie er den ganzen Tag über denkt« (Ralph Waldo Emerson).

Lenken Sie Ihre Aufmerksamkeit auf jene gottgegebenen Wahrheiten, und das Glück ist Ihnen hier und jetzt gewiss. Warum warten? Wer grollt und sich weigert, dem anderen zu verzeihen, verlegt seine Gesundheit, Freude und innere Ruhe in die Zukunft, denn er vergisst: »Das Reich Gottes ist in euch« (Lukas 17,21).

Sie brauchen nach Gottes Attributen, Qualitäten und Energien nicht zu suchen. Sie brauchen ja auch nicht nach Ihrem Gehirn zu suchen, oder? Es ist in Ihnen. Sie haben gesucht, gehofft, gewünscht, geträumt, obwohl Gott und all Seine Herrlichkeit Ihnen seit jeher innewohnen, und Sie besaßen jene »fabelhaften Schwingen«, aber sie blieben ungenutzt, gefaltet im Herzen. Erheben Sie sich mit den Flügeln des Glaubens und der Liebe, dann wird Gott Ihnen Licht schenken. »Wache auf, der du schläfst, und stehe auf von den Toten, so wird dich Christus erleuchten« (Epheser 5, 14).

Der nächste Vers im Vaterunser lautet: »Und führe uns nicht in Versuchung …« Eine Anspielung darauf steht im Neuen Testament: »Selig ist der Mann, der die Anfechtung erduldet; denn nachdem er bewährt ist, wird er die Krone des Lebens empfangen, welche Gott verheißen hat denen, die ihn liebhaben. Niemand sage, wenn er versucht wird, dass er von Gott versucht werde. Denn Gott kann nicht versucht werden zum Bösen, und er selbst versucht niemand. Sondern ein jeglicher wird versucht, wenn er von seiner eigenen Lust gereizt und gelockt wird« (Jakobus 1, 12–14).

Viele Menschen hängen dem Irrglauben an, Gott stelle sie auf die Probe oder führe sie in Versuchung. Sie sollten sich die obige Stelle im Jakobusbrief zu Herzen nehmen, um von ihrer falschen Vorstellung geheilt zu werden. Die Aussage im Vaterunser »Und führe uns nicht in Versuchung …« thematisiert die Funktionsweisen und Prozesse des menschlichen Denkens. Es geht darum, dem eigenen Plan treu zu bleiben und vom anvisierten Ziel nicht abzuweichen.

Durch das Gebet bemühen Sie sich, mental und emotional mit Ihrem Ziel eins zu werden. Dazu das folgende Beispiel. Kürzlich begegnete ich einem bekannten Geschäftsmann, der zutiefst verängstigt schien. Den Grund dafür beschrieb er so: »Eine Wahrsagerin hat mir prophezeit, dass ich in den nächsten drei Monaten einen schweren beruflichen Rückschlag erleiden werde.« Diese Bemerkung verleitete ihn dazu, den rechten Weg zu verlassen, der Erfolg und Wohlstand für ihn, seine Firma und die Angestellten versprach. Statt seiner Vorstellung treu zu bleiben, dachte er nun an Scheitern, Schulden und Bankrott. Man sieht, wie die krankhafte Einbildungskraft ihr Werk verrichtete. In seinem Kopf lief ein Film ab, den er selbst produziert hatte, der aber jeder Grundlage entbehrte. Daher sagte er zu mir: »Die Geschäfte werden einbrechen.«

Ich erklärte ihm, dass Erfolg und Misserfolg nur zwei Vorstellungen sind. Falls er an Misserfolg denke, werde er ihn zwangsläufig anziehen. Wenn er sich dagegen als erfolgreich betrachte und überzeugt sei, für den Erfolg geschaffen zu sein, werde er ihn natürlich auch haben.

Die Identifikation mit der Mentalität des Siegers und das Wissen, dass dadurch eine subjektive Kraft aktiviert wird, die das gewöhnliche Denken in die richtigen Bahnen lenkt, zeitigen den Erfolg. Dem Mann wurde allmählich bewusst, dass seine Angst völlig unbegründet war – und dass ihn eine falsche Suggestion in die Irre geführt, ja in Verzweiflung gestürzt hatte. Eine Stunde lang redete ich ihm gut zu. Am Ende hatte er verstanden, dass er durch Denken und Fühlen sein Schicksal selbst gestaltet.

Es ist offensichtlich, auf welche Weise er veranlasst wurde, sein Ziel aus den Augen zu verlieren. Die Wahrsagerin besaß keine Macht über ihn und hätte seine Geschäfte nicht beeinflussen können, wenn er dagegen gewesen wäre. So aber musste er die Suggestion des Versagens und des Mangels akzeptieren. Dank dem Glauben an Erfolg hätte er sie ablehnen können. In diesem Fall wäre die falsche Suggestion wirkungslos geblieben.

»Und des Menschen Feinde werden seine eignen Hausgenossen sein« (Matthäus 10, 36). Der Haushalt, auf den hier angespielt wird, ist der eigene Bewusstseinszustand, und der Sieg über den Feind (negatives Denken) besteht darin, sich vorzustellen und zu fühlen, dass man jetzt so ist, wie man gerne wäre, und sein Ziel weiterzuverfolgen. Dann geschieht einem gemäß dem Glauben (der geistigen Einstellung). Beim Gebet muss man sich der Versuchung widersetzen, den Gedanken an Angst, Zweifel, Mangel nachzugeben. Andernfalls wird man versucht, das heißt, man hat seinem Geist erlaubt, abzuschweifen und sich mit dem Übel zu verbinden. So bleibt das Gebet zwangsläufig ohne Antwort.

Schon zum zweiten Mal bin ich nun in Indien, diesem ebenso faszinierenden wie geheimnisvollen Land, das von einigen als »Schmelztiegel der Religionen« bezeichnet wird. Hier begegnet man Menschen aus der ganzen Welt, die auf dem Weg sind zu Klöstern, Tempeln, Moscheen – oder manchmal auch nur auf der Durchreise zum Kaschmir-Tal oder nach Tibet.

Ich führte eine Reihe von Gesprächen mit Freunden in Kalkutta und besuchte hinterher einen heiligen Mann in Neu-Delhi, den ich etwa dreiunddreißig Jahre zuvor kennengelernt hatte. Wir redeten lange miteinander im Lord Cecil Hotel und gingen dann in sein Retreat. Er besaß die wunderbare Fähigkeit, seine Worte durch Schweigen auszudrücken. Ich konnte seine Gedanken hören, selbst wenn er durch zwei Räume von mir getrennt war. So kommunizierte auch ich mit ihm über das Denken. Wir meditierten zusammen im Garten und wurden emporgehoben in unergründliche Dimensionen des Geistes. Er teilte mir mit, dass er nun zu höheren Welten aufbreche, denn seine Stunde sei nah. Er sprach von einer noch größeren Arbeit und hatte das Gefühl, noch viel mehr tun zu können. Damit meinte er, dass er seinen Übergang in die vierte Dimension ahnte. Mehrere Lehrmeister, die ich gut kannte, haben mir den Zeitpunkt ihres Wechsels angekündigt. Sie waren sich dessen bewusst und verschieden im Schlaf. Einer von ihnen sagte zu seinen Schülern: »Ich werde um 14 Uhr einschlafen. Auf Wiedersehen.« Es war 10 Uhr morgens, und um 14 Uhr trat ein, was er vorhergesagt hatte. Der Kommentar meines indischen Freundes lautete: »Auf die eine oder andere Weise müssen wir alle irgendwann gehen. Unser Körper hat einen Anfang und natürlich auch ein Ende, aber eigentlich dauert er unendlich fort. Es gibt sowohl himmlische als auch irdische Körper.«

Bald darauf erfuhr ich, dass er entschlafen war, aber weder am Radio noch durch einen Anruf noch durch einen Brief. Ich hörte seine Stimme, in einer Entfernung von fast zweitausend Kilometern, flüstern: »Ich mache mich jetzt auf den Weg. Auf Wiedersehen. Vor einer halben Stunde habe ich dir einen Brief geschrieben.« Ich erhielt diesen Brief und zugleich einen von seinem Freund – die Stunde stimmte genau. Er schrieb: »Ich gehe, weil die Arbeit meiner Seele auf der hiesigen Ebene vollbracht ist. Es gibt keinen Tod, er ist nur in unserem Denken, nicht in der Person, die wir für tot erklären.« Dieser Mann war im Begriff, neue Türen zu öffnen im Haus der zahllosen Räume …

Das erinnert mich an Emmet Fox, den großen Lehrmeister der Neugeist-Bewegung, der betonte: »Ich werde ewig leben. In tausend Jahren werde ich weiterhin irgendwo lebendig und aktiv sein, in hunderttausend Jahren irgendwo anders.«

In Indien wie überall auf der Erde bestehen enorme Möglichkeiten, die Botschaft der Neugeist-Bewegung zu verbreiten: Wahrheit, Weisheit und Schönheit. Einer meiner Reisegefährten war völlig durcheinander und aufgebracht, weil er in den Straßen immer wieder Menschen an Hunger und Erschöpfung sterben sah, ohne dass jemand sie beachtete. Ressentiment und Wut helfen jedoch nicht weiter. Wer Gottes Wahrheit erkennt und die Gesetze des Lebens versteht, wird – trotz misslicher Umstände – erfüllt sein von Freundlichkeit, Mitgefühl und Gutwilligkeit. Das Wissen um die geistigen Grundsätze und deren Anwendung kann die Wunden des Menschen heilen – und eben dies geschieht hier wie dort auf mannigfache Weise.

Das systematische Gebet ist die Antwort auf Hunger und Armut in der Welt. Es dient als geistiges Heilmittel gegen Krankheit, Krieg, Hass und Verbrechen. Davon spricht bereits das Alte Testament: »Der Geist Gottes des Herrn ist auf mir, weil der Herr mich gesalbt hat. Er hat mich gesandt, den Elenden gute Botschaft zu bringen, die zerbrochenen Herzen zu verbinden, zu verkündigen den Gefangenen die Freiheit, den Gebundenen, dass sie frei und ledig sein sollen« (Jesaja 61, 1).

Diese Passage enthält die Lösung für alle Probleme, unter denen Menschen leiden. Es naht der Tag, da man große Geldsummen in die Erforschung der Göttlichen Wissenschaft investieren wird, um zu zeigen, dass die geistigen Ursachen für Krankheiten nicht im Reagenzglas zu finden sind. Der Name des eigentlichen Erregers lautet »Angst« – und sie hat ihren Sitz im Denken.

In Kalkutta setzte ich einer Engländerin auseinander, wie sie ein schwieriges häusliches Problem meistern könne. Einige Bekannte hatten ihr nämlich erzählt, ihr Mann unterstütze eine Inderin und sehe sie häufig. Die Frau sagte, sie seien seit neununddreißig Jahren verheiratet und hätten schon erwachsene Kinder. Sie verabscheute diese andere Frau wie Gift und hatte damit zugelassen, in Versuchung geführt und abgelenkt zu werden von Gottes Liebe, Frieden und Güte. In ihrer Rachsucht hatte sie den Geist der Vergebung vergessen. Sie war seelisch krank – und in einer Sackgasse, in die aber weder Gott noch irgendein vermeintlicher Teufel sie geführt hatte, denn der einzige Teufel in der Welt ist das negative Denken, dem wir nachgeben oder unsere Aufmerksamkeit widmen. Doch sie musste mit Groll, Hass und Böswilligkeit nicht einverstanden sein, sondern besaß die innere Kraft, solche »unverdaulichen« Gefühle zurückzuweisen und ihren Gedanken die entsprechenden Befehle zu erteilen.

Ich berichtete ihr über den Flugkapitän, der mir auf der Reise nach Hongkong erklärt hatte, wie er die Maschine auf Kurs hält. Er deutete auf das Messinstrument, dessen Leuchtstrahl die Richtung anzeigte, wobei wir des schlechten Wetters wegen etwa fünfzehn Meilen davon abgewichen waren. Aber nach wenigen Minuten befanden wir uns wieder auf Kurs und durchquerten den Himmel auf der vorgezeichneten Strecke, geleitet von Gottes Licht. Die Frau sah ein, dass auch sie vom Kurs abgekommen war, doch durch wundersame Einwirkung des allumfassenden Geistes erneut darauf einschwenken konnte. Ich zitierte ihr folgende Bibelverse: »Ich vergesse, was dahinten ist, und strecke mich nach dem, was da vorne ist, und jage nach dem vorgesteckten Ziel …« (Philipper 3, 13–14). Nun stand sie vor der Aufgabe, aufrichtig zu verzeihen und den ihr eigenen Weg wiederzufinden.

Wenn wir wirklich den Wunsch haben, das Richtige zu tun, haben wir das betreffende Hindernis schon zu einundfünfzig Prozent überwunden und nähern uns einer ausgeglichenen Gemütsverfassung. Der Psalmist erinnert uns an dieses Verlangen nach innerer Wandlung: »Wie der Hirsch lechzt nach frischem Wasser, so schreit meine Seele, Gott, zu dir« (Psalm 42, 1).

Daraufhin besann sich die Frau auf das Wesentliche, traf eine Entscheidung und entwickelte einen Aktionsplan. Die Lösung war im Grunde einfach – sie lag im Gebet, mit dem man Gottes Geschenk, das Er bereits übermittelt hat, tatsächlich annimmt. »Alle gute Gabe und alle vollkommene Gabe kommt von oben herab, von dem Vater des Lichts, bei welchem ist keine Veränderung noch Wechsel des Lichts und der Finsternis« (Jakobus 1, 17). Und: »… ein jeglicher Mensch sei schnell zum Hören, langsam zum Reden, langsam zum Zorn« (Jakobus 1, 19). Hören Sie rasch auf die gute Nachricht, aber frönen Sie nie dem negativen Denken oder dem Groll und der Wut. Gehen Sie sofort in sich, um übereinzustimmen mit dem Gefühl, dass Sie der Mensch sind, der Sie gerne sein möchten.

Auf meine Empfehlung hin beschloss die Frau, ihren Mann zu segnen. Durch diese Segnung identifiziert man die andere Person mit Göttlichen Eigenschaften und bleibt dem ihr innewohnenden Gott treu. Da jeder Mensch eine Verkörperung Gottes ist, braucht man nur zu der folgenden Einsicht zu gelangen: Was auf Gott zutrifft, trifft auch auf den Menschen zu. Im Gebet wünschte die Frau ihrem Mann das Beste, indem sie aus tiefer, liebevoller Empfindung wiederholte: »Mein Mann ist Gottes Mann. Was Gott kennzeichnet, charakterisiert auch ihn. Mein Mann bringt Gottes Liebe, Harmonie und Frieden zum Ausdruck. Er wird von Gott geführt und durch Sein Licht erleuchtet. Zwischen uns beiden gibt es nur Göttliche Liebe, Harmonie und Frieden. Ich preise die Göttlichkeit in ihm.«

Sobald ihr Gedanken kamen, die von Angst, Sorge oder Ressentiment zeugten, wandte sie sich sofort der Geistigen Wahrheit über ihren Mann zu und bekräftigte leise: »Er ist Gottes Mann, und Gott kommt durch ihn zum Ausdruck«, oder ähnliche Aussagen. Entscheidend war, dass sie es auch wirklich so meinte. Sie hielt die Augen auf Gottes Herrlichkeit gerichtet, wohlwissend, dass derjenige, der bis zum Ende durchhält, die Lösung finden wird. Sie blieb ihrem verkündeten Ziel treu, nämlich der Liebe und der Harmonie statt dem Hass und dem Chaos. Die Liebe ist eine gefühlsmäßige Bindung, und so wurde sie emotional wie auch mental mit den Wahrheiten Gottes verbunden.

Mein Kommentar dazu lautete: Sobald sie die Aufmerksamkeit auf die Wahrheit Gottes im Hinblick auf ihren Mann richte und daran festhalte, werde sie einen Bewusstseinszustand herstellen, der sich dann in ihrem Leben als Erfahrung niederschlage. Früher oder später werde sie diesem Bewusstsein absoluten Vorrang gewähren und einen Moment innerer Erfüllung erreichen – und genau dann käme die gewünschte Antwort. Niemals solle sie ihren Gedanken gestatten, falschen Göttern nachzugehen. Das würde ihr Kraft und Glauben rauben und das Gebet zunichtemachen.

Es ist wesentlich, sich mit ganzer Seele der Wahrheit hinzugeben. Man darf nicht zulassen, dass Angst, Zweifel, Sorge und dergleichen sich ins Denken einschleichen. Sonst wird man in Versuchung geführt, vom wahren Ideal oder Lebensziel abzuweichen. Dieses aber verlangt absolute Treue.

Die Frau verhielt sich loyal gegenüber Gott und der Wahrheit, blieb die ganze Zeit aufrichtig und geriet nie mehr ins Schwanken. Sie betete ohne Unterlass, bewahrte also die richtige geistige Einstellung ungeachtet aller Irritationen und unangenehmen Episoden. Sie wusste, dass die Wahrheit triumphieren wird, und das geschah dann auch. Am dritten Abend kam ihr Mann nach Hause und sagte: »Hier ist das Diamantarmband, das ich der anderen Frau geschenkt habe. Du bist diejenige, die ich liebe.« Er bat sie um Verzeihung, gestand, dass er ein Narr gewesen war, und fügte hinzu: »Alter schützt vor Torheit nicht.«

»... erlöse uns von dem Bösen.« Sie werden von allen negativen Erfahrungen befreit durch die Erkenntnis, dass Sie dank Gottes Gesetz genau das haben können, was Sie sich im Leben wünschen. Das Gesetz lautet: »Ich bin so, wie ich es mir vorstelle.«

Thomas Troward, einer der führenden Köpfe der Neugeist-Bewegung in England, drückte dies folgendermaßen aus: »Alle Dinge geschehen durch geistige Selbstbesinnung.« Das heißt, Sie entwickeln sich nach Maßgabe dessen, was Sie für sich selbst als wahr erachten. Die Allmacht reagiert dann auf Ihre Überzeugung, die eben darin besteht, eine bestimmte Sache als richtig zu akzeptieren, und gestaltet dementsprechend Ihre Welt.

Mit anderen Worten: Alles hängt vom Glauben ab. Sie brauchen niemanden zu verletzen, um das zu bekommen, was Sie wünschen. Sie können sich der Ewigen Quelle zuwenden und vom Wasser des Lebens trinken. Der Preis dafür ist unerschütterlicher Glaube und tiefe Überzeugung. Ihn kann jeder entrichten. Die Bibel erklärt: »Zieht ins Land und nehmt es ein ...« (5. Mose 1, 8), und das bedeutet: Kehre ein ins eigene Bewusstsein, beanspruche dort und fühle intensiv, dass du jetzt derjenige bist, der du sein möchtest, und das besitzt, wonach du verlangst. Wenn du diesem Anspruch treu bleibst und darauf bestehst, wird er sich zwangsläufig in gelebte Erfahrung verwandeln.

Buchstabieren Sie das englische Wort »evil« (Übel) rückwärts, erhalten Sie das Wort »live« (leben). Das Übel ist demnach das Gegenteil von Leben. Sie sind hier auf der Erde, um unterscheiden zu lernen – zu wählen zwischen einem schmackhaften und einem verdorbenen Apfel, von den essbaren Beeren zu speisen statt von den giftigen.

Ähnlich müssen Sie im Reich des Denkens geistige Nahrung verweigern, die für den Verzehr ungeeignet ist. Beherzigen Sie die majestätisch formulierte Ermahnung im Neuen Testament: »Hebe dich, Satan, von mir! Du bist mir ein Ärgernis; denn du meinst nicht, was göttlich, sondern was menschlich ist« (Matthäus 16, 23).

Die Botschaft ist deutlich: Sie werden sich nun der Wahrheit bewusst und lehnen es kategorisch ab, bösartigen und zerstörerischen Gedanken zu frönen. Der Satan steht für Irrtum, Missgriff, Fehler. Sie irren, wenn Sie nicht über Gott und gottähnliche Gegenstände nachsinnen. Im hiesigen Dasein haben Sie die Aufgabe, die Schafe von den Böcken zu trennen, und zwar vom Thron Ihrer Herrlichkeit aus (vgl. dazu Matthäus 25, 31 ff.). Der Thron versinnbildlicht die Autorität Ihres Bewusstseins, Ihre geistige Wachheit, die es ermöglicht, alles Falsche, Unsinnige und Abergläubische zurückzuweisen aufgrund der am Wahren ausgerichteten Maßstäbe.

Hongkong – der Name bedeutet »wohlriechender Hafen« –, so chinesisch und doch so britisch, ist eine Metropole bezaubernder Kontraste. In manchen Teilen dauern jahrtausendealte Sitten und Gebräuche fort und offenbaren damit die Macht überlieferter Vorstellungen und geistiger Atmosphären. Im Ganzen betrachtet ist Hongkong ein Wahrzeichen sowohl moderner Architektur als auch spektakulärer landschaftlicher Schönheit. Smaragdgrüne Hügel erheben sich würdevoll über saphirblauen Buchten. Schiffe aus aller Welt legen hier an. Ich logierte im Peninsula Hotel, wo man auf Menschen jeder Hautfarbe trifft. Im dortigen Viertel begegnete ich auch einem etwas eigenartigen Chinesen.

In seinem Geschäft hatte ich ein paar Waren gekauft und bemerkt, dass er äußerst unruhig wirkte. Wohl deshalb gab er mir zwei Mal falsch heraus und dazu noch die falsche Ware. Ich fragte ihn, was los sei, und er erwiderte: »Sind Sie Pfarrer?« Ich bejahte, woraufhin er sagte: »Das wusste ich, als Sie zur Tür hereinkamen.« Sein Problem war die Angst, erschossen zu werden. Aber warum? »Weil ich bei ihrem ruchlosen Komplott nicht mitmache«, antwortete er.

»… erlöse uns von dem Bösen.« Das ist weder eine fromme Bitte noch ein verzweifeltes Flehen, die Gottheit möge das Böse fernhalten. Die Bibel lehrt klare, richtige und in jeder Situation anwendbare geistige Gesetze. Also stellte ich ihm diese Frage: »Kann Gott getötet werden?«, die er mit den Worten quittierte: »Nein, natürlich nicht.« Also fuhr ich fort: »Das ist alles, woran Sie denken müssen. Gott ist Ihre Wirklichkeit, und Er kann nicht umgebracht werden. Behalten Sie das immer im Kopf.«

Er hatte eine Bibel in Englisch bei sich und beherrschte diese Sprache vorzüglich. Ich öffnete das Buch der Bücher, schlug das Johannesevangelium auf und deutete in Kapitel 6 auf den 44. Vers: »Es kann niemand zu mir kommen, es sei denn, dass ihn ziehe der Vater, der mich gesandt hat.« Ich erklärte ihm, was damit gemeint ist: Es kann sich im Leben nichts ereignen, was man nicht durch sein Bewusstsein angezogen hat. Wenn er zwei Männer sähe, die miteinander kämpfen, einer drücke auf den Abzug und erschieße den anderen, so habe der sich eigentlich selbst umgebracht. Das ist das Gesetz. Viele können dies nicht verstehen, dennoch liegt darin die absolute Wahrheit. Dem Menschen geschieht nichts, außer sein Bewusstsein verfügt es, ob ausdrücklich oder unterschwellig. Im genannten Fall waren beide Männer in blutrünstiger Stimmung, und der Mord war lediglich die Manifestation ihrer Zerstörungswut. Natürlich ist auch der Mörder verantwortlich für seinen Bewusstseinszustand. Er hat Liebe und Frieden, Gutwilligkeit und Harmonie getötet, aber auch seine Vernunft, und ist im erbitterten Krieg mit sich selbst. Daraus resultieren dann Schuldgefühl und Angst, denn er hat den Frieden Gottes in sich ausgelöscht. Er fürchtet sich vor dem Gefängnis und dem elektrischen Stuhl, und tatsächlich werden später Polizisten ihn festnehmen und einsperren. Doch er selbst hat sich schon tausend Mal diese Strafe auferlegt, bevor sie objektiv vollstreckt wird. Jetzt erleidet er einen seelischen und geistigen Tod.

Der chinesische Händler schien dem ziemlich gut folgen zu können. Ich schrieb für ihn ein Gebet auf, das in etwa so lautete: »Es gibt nur Eine Gegenwart und Eine Macht. Ich würdige diese Gegenwart in meinem Herzen. Ich weiß nun, dass niemand in der ganzen Welt mich ohne meine Einwilligung verletzen kann, und erlaube daher keinem Menschen, mir auch nur ein Haar zu krümmen. Ich gestehe weder Situationen noch Personen Macht zu. Ich übermittle Gottes Liebe, Frieden und Harmonie an all diese Männer (namentlich zu nennen), die mir etwas antun wollen. Gott ist bei ihnen und handelt durch sie. Ich bin umgeben von Seiner Liebe, die eine kugelsichere Rüstung ist. Wie wunderbar! Gott begleitet mich auf meinen Wegen, und alles wird gut.«

Ich wies ihn an, drei Mal täglich ungefähr fünfzehn Minuten in dieser Art zu beten. So würden die ausgesprochenen Wahrheiten in sein Unterbewusstsein gelangen, und er könne zur Ruhe kommen.

Gerade habe ich einen ergreifenden Brief von ihm erhalten, in dem stand, dass er sich nie besser gefühlt und keine Angst mehr habe. Am Ende war noch dieses Postskriptum beigefügt: »Der Abendzeitung habe ich entnommen, dass all diese Männer heute Morgen im Meer ertrunken sind.« Durch das Gebet wurde er vom Übel befreit, von negativen Vorstellungen und ängstlichen Gedanken. Die Art und Weise, wie das Gebet beantwortet wird, entzieht sich unserem Verständnis. »... so viel der Himmel höher ist als die Erde, so sind auch meine Wege höher als eure Wege und meine Gedanken als eure Gedanken« (Jesaja 55, 9).

Die Männer, die im Meer ertranken, müssen große Angst vor dem Tod gehabt haben – darin spiegelte sich ihr Bewusstseinszustand wider. Es ist kein zorniger Gott, der Menschen ertränkt oder sonst wie bestraft. Vielmehr sind es Bewusstseinszustände, die sich stets in der äußeren Welt manifestieren. Sobald wir den Feind in unserem Denken durch Glauben und Treue zu dem Wahren Gott unschädlich machen, leben wir in Frieden. Andererseits dürfen wir eines nicht vergessen: Wir kennen nicht die Bewusstseinsinhalte der Leute, die gewaltsam oder durch einen Unfall zu Tode kommen. Wir sind nicht vertraut mit ihren Denkgewohnheiten, Stimmungen und Überzeugungen. Glaubensvorstellungen und Umwelteinflüsse haben ihr Bewusstsein ebenso konditioniert wie die Meinungen der Masse, die oft um Unglück,

Scheitern und Sterben kreisen. Demzufolge wird es jedem vernünftigen Menschen einsichtig sein, dass diese negativ aufgeladene Mentalität auf unser Unterbewusstsein einwirkt, sodass wir unwillentlich negative Erfahrungen anziehen, eben weil es uns nicht gelungen ist, unsere Gedankenwelt konstruktiv zu steuern und an spirituellen Grundsätzen auszurichten.

Nicht von ungefähr sagte Jesus: »... wenn ihr nicht Buße tut, werdet ihr alle auch so umkommen« (Lukas 13, 5). Das heißt, wenn wir nicht unsere Denkweise ändern und den neuen Weg weitergehen, werden wir zu Opfern des Massenbewusstseins. Wir alle sind Teil des kollektiven Unbewussten, von dem C. G. Jung spricht. Gemäß unserer Aufnahmefähigkeit empfangen wir daraus ständig Gedanken, Gefühle und Überzeugungen und übermitteln diese unsererseits, fungieren also gleichzeitig als Empfangs- und Sendestation. Auf der subjektiven Ebene sind wir eins mit allen Menschen.

Phineas Parkhurst Quimby, der Vorreiter der Neugeist-Bewegung, schrieb: »Unsere geistigen Ichs vermischen sich wie die Strömungen in der Atmosphäre, und darin hat ein jedes seine Identität.« Wer nicht betet und über sein Denken selbst bestimmt, ist nur ein Herdentier, das von wechselnden Winden hin und her geworfen wird. Machen Sie die Probe aufs Exempel und fragen Sie eine befreundete Person: »Hast du dieses Jahr Grippe bekommen?« Wahrscheinlich lautet die Antwort: »Nein, noch nicht.« Der oder die andere erwartet förmlich die Grippe, nicht wahr?

Auch die Krankheit entspringt dem Massenbewusstsein. Wenn Sie nicht an Krankheit glauben – da Sie ebenso wenig wie Gott krank werden können –, bleiben Sie immer gesund. Die Angst jedoch ist der Tod des Glaubens, wie auch der Hass der Tod der Liebe ist, der Zorn der Tod des Friedens, die Trauer der Tod der Freude. Diese Räuber und Mörder stehlen und töten unser Glück auf vielerlei Weise.

Ein Mann, der einen meiner Vorträge gehört hatte, besuchte mich im Hotel und fragte: »Wie kann es sein, dass ich mein ganzes Leben lang Gutes getan habe und trotzdem vom Unglück verfolgt werde, wohin ich auch gehe?« Er zählte mir all seine guten Werke auf, die er bis zu diesem Tag für andere und die Menschheit überhaupt vollbracht hatte, und seine Liste war durchaus beeindruckend. Er spendete hohe Summen für Arme, Kirchen und gemeinnützige Einrichtungen, besuchte regelmäßig den Gottesdienst, sang geistliche Lieder, handelte nach den religiösen Dogmen und Ritualen. Dennoch hegte er bitteren Groll gegen Gott: »Der hat mich im Stich gelassen. Ich mache für Ihn die Arbeit, und was bringt's? Nur Kummer und Sorgen.« Sodann erwähnte er ein Unglück nach dem anderen, das ihm und der Familie widerfahren war, ungeachtet der zahlreichen guten Werke.

Seine Ausführungen klangen ziemlich überzeugend, aber die ganze Geschichte enthielt offensichtlich einen gravierenden Irrtum. Ich sagte einfach nur: »Berichten Sie mir über Ihre Gedankenwelt, Ihre Gemütsverfassung, insbesondere das interessiert mich. Denn wir ernten, was wir säen.« Es stellte sich heraus, dass sein Innenleben durchsetzt war von Anklagen und Vorurteilen. Er hatte große Wut auf Gott. Seine Gedanken waren abwegig und äußerst negativ, wodurch er dann die entsprechende automatische Reaktion seines Unterbewusstseins hervorrief.

Der gute Gedanke zeitigt Gutes, der böse Gedanke Böses. Der Mann war mehr oder weniger verwirrt, und das Gesetz des Lebens wirkte aufgrund seines üblichen Denkens. Man kann den Menschen wohlgesonnen sein, Tiere freundlich behandeln, einige Gebete auswendig lernen und hersagen, ohne ihre eigentliche Bedeutung zu verstehen. Man kann den Nachbarn einen Gefallen erweisen, den Gemeinsinn achten und pflichtbewusst seine Steuern zahlen. Das ist lobenswert und so, wie es sein sollte, doch Güte, Wahrheit und Schönheit müssen zunächst im Innern erfahren werden.

Erst dann können Gedanken, Gefühle und Reaktionen übereinstimmen mit der goldenen Regel, dem Gesetz der Liebe und dem Geist der Vergebung. »Was wahrhaftig ist, was ehrbar, was gerecht, was rein, was lieblich, was wohllautet, ist etwa eine Tugend, ist etwa ein Lob, dem denket nach!« (Philipper 4, 8).

Gottes Geschenke warteten auf diesen Mann, aber er musste seinen Geist öffnen, um sie zu empfangen: »Bringt aber die Zehnten in voller Höhe in mein Vorratshaus, auf dass in meinem Hause Speise sei, und prüft mich hiermit, spricht der Herr, ob ich euch dann nicht des Himmels Fenster auftun werde und Segen herabschütten die Fülle« (Maleachi 3, 10). Also empfahl ich ihm, seine geistige Einstellung grundlegend zu ändern und vorbehaltlos zu akzeptieren, dass Gottes Fülle alle Bereiche seines Lebens durchdringt, dass er durch Göttliche Unterweisung geführt und auf jede Art gesegnet wird. Daraufhin beschloss er, sein negatives Denken aufzugeben und von nun an darauf zu vertrauen, dass richtiges Handeln und wahres Wohlbefinden von innen her kommen und in seinem Leben zutage treten wie die Sonne, die morgens am Horizont aufgeht.

Um das Reich des Geistes und des allgegenwärtigen Wunders zu erschließen, muss man die Fenster des Himmels öffnen und jene Segnungen empfangen, die dort seit jeher vorhanden sind. Der Mann begann zu fühlen, dass er tatsächlich geleitet und beschenkt wird, hieß die Gaben willkommen und fasste den Vorsatz, diesen mentalen Zustand auch weiterhin aufrechtzuerhalten. Seine veränderte Einstellung wird in Gnade und Liebe resultieren, die dann wie sanfter Regen vom Himmel fallen. Ich habe zwar nichts mehr von ihm gehört, weiß aber durch das Licht in seinen Augen und sein strahlendes Lächeln, dass die höchsten Fenster für ihn geöffnet sind und dass er die Göttlichen Gunstbeweise bereitwillig empfangen wird.

Es ist unsere Aufgabe, auf kluge Weise zu bitten, die richtige Form des Gebets zu erlernen. Unsere Schmerzen, Krankheiten und Kümmernisse sind Reaktionen des Lebens auf unser negatives Denken und veranlassen uns dazu, nach der Ursache und dem Licht zu suchen. Jeder Mensch ist der Urheber seiner guten und seiner schlechten Erfahrungen. Beschließen Sie jetzt, die Herrlichkeit und Schönheit des Lebens zu erfahren. Ihr wesentliches Ziel besteht darin, den Weg zu Gott einzuschlagen, immer höhere Bewusstseinszustände zum Ausdruck zu bringen und sich selbst wie auch der Welt ein stetig wachsendes Maß Seiner Unendlichen Weisheit und Macht zu offenbaren. Vergessen Sie niemals, dass es nur Eine Macht, Eine Gegenwart gibt, die durch nichts angefochten, herausgefordert oder hintertrieben werden kann. Diese Kraft charakterisiert Ihr eigenes Bewusstsein, Ihr ICH BIN *ist* Gott, der Unendliche Eine, das Leben selbst. Hierin liegt das große Geheimnis, das vielen Generationen verschlossen blieb. Das ist Ihr Fundament, der Fels, auf den Sie Ihre ganze Zukunft bauen. Mit einem Wort: Was auf Gott zutrifft, gilt auch für Sie.

Dieses Wissen erfüllt Sie mit mystischer Ehrfurcht und Hingabe, die sich nicht in Worte fassen lässt. Sie erkennen allmählich, was der Dichter meinte, als er schrieb: »Näher ist Er als der Atem und näher als Hände und Füße« (Alfred Lord Tennyson). Es ist Gott, der glaubt, mit Ihnen eins zu sein, und Sie sind Seine Verkörperung, denn es gibt nur Ein Sein, Ein Leben, und jeder von uns ist dessen Erscheinungsform. Wir könnten nichts anderes sein, eben weil kein anderes existiert.

Das Übel des Menschen rührt daher, dass er an eine zusätzliche Macht glaubt. Er ist angefüllt mit Überzeugungen, die sekundäre Ursachen betreffen. Daher muss er zurückfinden zu dem Einen, Schönen und Guten. Nur die unbedingte Treue zu der Höchsten Macht bringt das Übel zum Verschwinden. »So jemand spricht: Ich liebe Gott, und hasset seinen Bruder, der ist ein Lügner. Denn wer seinen Bruder nicht liebt, den er sieht, wie kann er Gott lieben, den er nicht sieht? Und dies Gebot haben wir von ihm, dass, wer Gott liebt, dass der auch seinen Bruder liebe« (1. Johannes 4, 20–21). Diese Passage lässt keinerlei Zweifel daran, dass derjenige, der die Eine Macht wirklich verehrt, seine Liebe, Achtung und Gutwilligkeit auch dem Mitmenschen entgegenbringen wird. Die Liebe ist eine gefühlsmäßige Bindung, und die völlige Ergebenheit gegenüber dem EINEN, dem Einzigen Gott, kann nicht getrennt werden von der tiefen Zuneigung zum Nächsten.

Setzen Sie sich also mit Herz und Seele dafür ein, die Wahrheiten Gottes in Ihrem Leben zur Geltung zu bringen. Sobald Sie in Ihrem Innern Frieden herstellen und für alle Menschen Liebe und Wohlwollen empfinden, werden Sie entdecken, dass diese wunderbaren Qualitäten zunehmend von anderen Menschen geteilt werden. Ihre Liebe ist dann Ausdruck von Vergebung und Verstehen – ein echter Segen für alle, den sie ihrerseits an andere weitergeben werden.

Dies ist der Weg zu einem glücklichen, gesunden und erfolgreichen Leben. Ihre intensive Leidenschaft und Sehnsucht, sich selbst grundlegend zu ändern, sowie Ihr Glaube an eine immerwährende Macht, die auf Ihr Denken reagiert, bringt das schöpferische Gesetz (Aktion gleich Reaktion) in Gang, was noch mehr Glück, Frieden und Freude zur Folge hat. Indem Sie ohne Unterlass Gottes Eigenschaften und Kräfte für sich beanspruchen, werden diese in Ihnen wirksam und gestalten dadurch Ihre Wirklichkeit. Aufrichtiger Wunsch und unerschütterliche Überzeugung gehen eine geheimnisvolle Verbindung ein, aus der Ihnen unvorstellbare Wohltaten erwachsen. So triumphieren Sie über Unheil, Leiden und Sorge. Gott und Seine Liebe erfüllen Ihre Seele, und wo die Liebe herrscht, kann kein Übel sein. Zugleich bestätigen Sie mit Ihrer Liebe zu Gott und allem Guten die Liebe zu jedem Menschen, ob nah oder fern. »Und wir haben erkannt und geglaubt die Liebe, die Gott zu uns hat. Gott ist Liebe; und wer in der Liebe bleibt, der bleibt in Gott und Gott in ihm« (1. Johannes 4, 16).

3

Meine Reise nach Honolulu

Das letzte Kapitel dieses Buches schreibe ich in der herrlichen Stadt Honolulu auf Hawaii. Aus Japan kommend, war ich angenehm überrascht, am Flughafen von etwa fünfzehn Japanern empfangen zu werden, die mir so viele Blumenkränze um den Hals legten, dass mein Gesicht dahinter verschwand. Die japanische Neugeist-Bewegung hatte sie telegrafisch über meine Ankunft benachrichtigt und gebeten, mich zu einem Vortrag einzuladen. So war es mir eine große Freude, im hiesigen Tempel – ein weiträumiges, prächtiges Gebäude – zu sprechen und von äußerst engagierten Menschen umgeben zu sein, allen voran der Leiter des Zentrums und die Mitglieder des Beirats. Die Atmosphäre war erfüllt von starken geistigen Schwingungen, die mir zu verstehen gaben, dass man hier von einer Herrlichkeit zur nächsten übergeht.

»Denn dein ist das Reich und die Kraft und die Herrlichkeit in Ewigkeit. Amen« (Matthäus 6, 13). Mit diesem Schlussvers schlägt der inspirierte Verfasser des Vaterunsers den erhabenen Ton des Lobpreises auf Gott an. Diese Worte, die tief im Herzen widerhallen, erinnern Sie zugleich, dass Gottes Reich im Innern zu finden ist. Weisheit, Kraft und Größe des Unendlichen Einen bestimmen Ihr Wesen und warten darauf, angerufen und beansprucht zu werden. »Das Himmelreich ist nahe herbeigekommen!« (Matthäus 3, 2). Liebe, Frieden, Gesundheit, Freude, die Antwort, die Sie suchen – all das ist in Ihnen, ja schon seit Anbruch der Zeit gegenwärtig. Kommen Sie jetzt also in Einklang mit dem Unendlichen Einen und lassen Sie den Strom des Friedens durch Kopf, Herz und Ihr ganzes Wesen fließen. Dann werden Sie feststellen, dass Gottes Reich fürwahr gekommen ist. Genau darum geht es letztlich in jeder Religion und bei jedem Gebet.

Sie müssen jetzt nicht mehr tun, als Ihr Inneres zu öffnen und Gottes Gaben zu empfangen. Er ist der Geber und das Geschenk, der Mensch der Empfänger. Sinnen Sie über Gottes vollbrachte Werke nach und sagen Sie nicht mehr: »Eines Tages werde ich glücklich sein.« Verschieben Sie nicht die Ankunft von Gottes Reich, Frieden, Harmonie und Freude auf ein ungewisses Morgen. »Um solcher Ursache willen erinnere ich dich, dass du erweckest die Gabe Gottes, die in dir ist durch die Auflegung meiner Hände« (2. Timotheus 1, 6).

Ändern Sie Ihr bisheriges Denken, Ihre Vorstellungen von einer bösen, ungeordneten, feindlichen Welt und erkennen Sie, dass in Gott wie im Himmel alles vollkommen ist. Mitten im Sturm auf hoher See herrscht tief unten am Grund absolute Stille. Das trifft auch auf Sie und Ihre Umgebung zu. Jenseits der Unruhe, Aufregung und Wut, der Unmenschlichkeit des Menschen gegenüber dem Menschen gibt es einen immerwährenden Frieden, ein ewiges Gesetz der Rechtschaffenheit, eine höchste Glückseligkeit und Eintracht. »Ich bin Gott und sonst keiner mehr, ein Gott, dem nichts gleicht. Ich habe von Anfang an verkündigt, was hernach kommen soll, und vorzeiten, was noch nicht geschehen ist« (Jesaja 46, 9–10). Hier wird Ihnen in der ebenso einfachen wie schönen Sprache der Bibel gesagt, dass Gott alles und der Mensch nichts erschafft. Dessen Aufgabe besteht lediglich darin, der Schöpfung Gestalt zu verleihen – so wie auch Thomas Alva Edison die Elektrizität nicht erschuf, sondern zugänglich machte, damit wir sie für unsere Zwecke nutzen können. Denn seit jeher existierte die Energie selbst und wartete nur darauf, entdeckt zu werden.

So verhält es sich mit jedem Grundprinzip. Sie erschaffen nicht Liebe, Freude, Harmonie oder Gesundheit, sondern bringen diese Göttlichen Qualitäten zum Ausdruck, indem Sie Ihre Denk- und Verhaltensmuster daran orientieren. Schmerz, Krankheit, Leiden sind die Folge verwirrter Gedanken und zerstreuter Handlungen. Ordnen Sie diese neu, um Einblick zu gewinnen in Gottes unveränderliche Wahrheiten, dann wird Ihnen zuteil, was Sie verloren glaubten. Geben Sie sich nicht eine Sekunde der Vorstellung hin, nächstes Jahr oder in zehn Jahren vergeistigter zu sein. Geistige Entwicklung hat nichts mit Zeit und Raum zu tun, denn Gott und Seine Eigenschaften sind zeit- und raumlos. Während des Gebets verlassen Sie die hiesigen Dimensionen, treten ein in die Ewigkeit und werden mit jedem Tag Gott ähnlicher. Sie sind bereits all das, was Sie je zu sein hofften. Es braucht nur den Glauben und die Einwilligung, dass Sie es sind, und so werden Sie es sein.

Auf Ceylon – dem heutigen Sri Lanka – bin ich einem Weisen begegnet, der sagte: »Ich lese eure Bibel auf die gleiche Weise, wie ich die Veden, die Upanischaden oder andere heilige Schriften lese.« Mit anderen Worten: Das Allumfassende Bewusstsein schrieb alle Bücher, in denen das wahre Ich jedes Menschen seinen Ausdruck findet. Es gibt nur Ein Sein, das verschiedene Formen annimmt. Sobald Ihnen dies klar wird, erkennen Sie auch, dass Sie schon überall gewesen sind, alles gesehen, alles geschrieben, alle Sprachen gesprochen und alle Rollen gespielt haben. Die ganze Schöpfung ist in Ihnen gegenwärtig. Sie waren Moses, Buddha, Jesus, Mohammed und alle Menschen, die jemals gelebt haben.

Ja, es gibt nur Ein Sein, das sich in der Vielheit widerspiegelt. Es ist seinem Wesen nach unteilbar – und erscheint jetzt zum Beispiel in Gestalt des Menschen, der dieses Buch liest. Es umfasst alles, wie etwa auch das Klavier alle Töne in sich trägt. Aber von Ihnen hängt es ab, ob Sie auf der Tastatur Missklänge erzeugen oder eine harmonische Melodie spielen. Ihr mentales Muster sowie Ihr Selbstbild bestimmen darüber, welche Erfahrungen Sie machen. Was immer Sie ersehnen – Heilung, Unterweisung, Inspiration oder Wohlstand –, existiert bereits. Sie müssen nur fest überzeugt sein, dass dem so ist, und darauf Anspruch erheben. Geben Sie sich dem Gefühl hin, dass Sie der Mensch sind, der

Sie gerne sein möchten, und genau das haben, was Sie sich wünschen, dann wird daraus Wirklichkeit, denn Ihnen geschieht nach Ihrem Glauben. Ändern oder erweitern Sie Ihre Ansichten über Gott, Leben und Welt.

Beanspruchen Sie, dass alles, was auf Gott zutrifft, auch Ihnen zugutekommt, dann gelangen Sie in das Reich Gottes, wo Pracht und Fülle herrschen.

Es wirkt sich wunderbar auf Sie aus, über die Allgegenwart im Innern nachzusinnen. Das ist die Kraft, die mühelos die Planeten bewegt und die Galaxien in Schwebe hält. Dieses Wissen flößt Ihnen Ehrfurcht ein, und Sie verstehen allmählich die Aussage »Bei Gott sind alle Dinge möglich« (Matthäus 19, 26). Stellen Sie sich nur einmal vor, dass alle Manifestationen und Energien auf der Erde nichts sind im Vergleich zum All. Die Herrlichkeit der Sterne ist das Licht Gottes. Wenn der biblische Verfasser in 1. Chronik 29, 11 schreibt: »Dein, Herr, ist die Majestät und Gewalt, Herrlichkeit, Sieg und Hoheit«, verweist er auf die Unendliche Intelligenz Gottes, die den ganzen Kosmos durchdringt und lenkt. So hat sie auch Ihren Körper geschaffen, die Zellen, Gewebe, Organe, Knochen, Muskeln. Bewusstsein und Unterbewusstsein sind die Projektionen dieser weisen Macht. Fürsorglich wacht sie zugleich über die anderen Geschöpfe: »Seht die Vögel unter dem Himmel an: sie säen nicht, sie ernten nicht, sie sammeln nicht in die Scheunen; und euer himmlischer Vater nährt sie doch« (Matthäus 6, 26). Der Gedanke, dass allein Gott die Antwort kennt, hat eine Größe, die der Seinen entspricht.

In diesem Zusammenhang denke ich zurück an meine Vorträge über die Psalmen im Wilshire Ebell Theatre in Los Angeles, insbesondere den 139. Psalm, einen der schönsten, bewegendsten und erhellendsten überhaupt. Diejenigen, die ihn verstehen, finden darin den Schlüssel zu jeder Art von Heilung: »Es war dir mein Gebein nicht verborgen, als ich im Verborgenen gemacht wurde, als ich gebildet wurde unten in der Erde. Deine Augen sahen mich, als ich noch nicht bereitet war, und alle Glieder waren in dein Buch geschrieben, die noch werden sollten und von denen keines da war« (139. Psalm, 15–16).

Eine junge Zuhörerin, die an der Krankheit eines inneren Organs litt, dachte darüber nach und fing an, sich diese Sätze vorzusprechen: »Die Lebendige Intelligenz, die meinen Körper erschaffen und gestaltet hat, noch bevor einer seiner Teile zum Vorschein kam, muss ein Muster und eine Urform aller Zellen, Gewebe, Organe usw. besitzen. Sie muss wissen, wie sie ein beschädigtes Organ heilt, insofern sie die Schöpferin des Körpers ist.«

Genau darin lag für sie die Botschaft des Psalmisten, nämlich dass Gott alles, was er ins Leben gerufen hat, auch wiederherstellen, in Ordnung bringen und ganz machen kann aufgrund der Prämisse: »... alle Glieder waren in dein Buch geschrieben.« Dieses Buch, sagte sie sich, ist der Inbegriff des Göttlichen Geistes und enthält daher die vollkommene Idee für jeden Körperteil, der dann kontinuierlich und systematisch ausgebildet wird, bis das Kind im Mutterleib so weit gewachsen ist, dass es nach neun Monaten das Licht der Welt erblickt. Gottes Mensch, der aus dem Unsichtbaren tritt, war demnach schon in der ersten Zelle angelegt – nicht anders wie die hoch aufragende Eiche in ihrem Samen. Wie könnte er zum Baum werden, wenn der Bauplan dafür nicht bereits im Göttlichen Geist existierte?

Mit diesen grundlegenden Wahrheiten setzte sich die junge Frau auseinander, um schließlich immer wieder zu bekräftigen: »Die Lebendige Intelligenz, die mich erschaffen hat, übernimmt jetzt die Führung, regeneriert und heilt jedes Atom meines Körpers und gleicht ihn Gottes vollkommenem Muster der Harmonie, Gesundheit und Liebe an.« Ihr Gebet war geprägt von tiefem Verständnis und Glauben. Sie wusste, was sie tat und warum sie es tat. So vertraute sie ihr beschädigtes Organ dem Schöpfer an und bat Ihn um einen segensreichen Eingriff. Dank ihrer Anerkennung der in diesem Psalm gepriesenen Weisheit des Göttlichen erlebte sie eine wundersame Genesung.

Gelangen auch Sie nun zu der Einsicht, dass allein Gott die Antwort kennt. Die Unendliche Intelligenz kann keinerlei Probleme haben, nur deren Lösung. Doch die größte Wüste liegt weder in Afrika noch in Asien, sondern im Kopf des Menschen, der voll wirrer Auswüchse ist wie Angst, Zweifel, Sorge, Unwissenheit, Aberglaube und ähnlicher Vorstellungen, die jeder Grundlage entbehren.

Erkennen Sie ein für alle Mal, dass Sie das Reich Gottes in sich tragen und dass der Vater Freude daran hat, es Ihnen zu geben. »Mein Sohn, du bist allezeit bei mir, und alles, was mein ist, das ist dein« (Lukas 15,31). Bereiten Sie sich geistig darauf vor, das Gute zu empfangen, das seit jeher verfügbar und für Sie bestimmt ist.

Sobald Sie der Idee von Gott in Ihrem Denken die höchste Stelle einräumen durch die bekräftigte Formel: »Die Unendliche Intelligenz führt mich auf all meinen Wegen«, merken Sie, dass diese Voraussetzung absolut richtig ist, weil nur so die automatische Reaktion des tieferen Selbst Ihrer jeweiligen Bitte entspricht. Infolgedessen wird auch das Ergebnis richtig und günstig sein.

Fahren Sie beharrlich damit fort, und »alle Täler (depressiven Zustände) sollen erhöht werden, und alle Berge und Hügel (Hindernisse) sollen erniedrigt werden, und was uneben ist (Schwierigkeiten, Verwicklungen), soll gerade werden …« (Jesaja 40, 4).

Wenn Sie sich Gottes Reich im Innern zuwenden und dessen Macht in jeder Faser fühlen, mit jedem Gedanken erfassen, so vergessen Sie nicht, dass sie Ihnen auf eigene Weise antwortet. Vertrauen Sie ihr einfach, wie Sie als Kind Ihrer Mutter vertraut haben. Sie blickten in deren Augen und sahen dort Liebe. Nicht anders begegnen Sie Gott, nur dass Seine Liebe und Güte unermesslich sind.

Liebe ist Vertrauen. Fragen Sie nicht: Wie …? Wann …? Wo …? Wodurch …? Entdecken Sie vielmehr die Vorzüge des Glaubens: »… so viel der Himmel höher ist als die Erde, so sind auch meine Wege höher als eure Wege und meine Gedanken als eure Gedanken« (Jesaja 55, 9).

Es ist wunderbar, dieses Vertrauen in die Unendliche Intelligenz einzuüben, die das Innere bewohnt, und so zum Licht zu werden, das ausstrahlt und den Weg erhellt.

Bewahren Sie es durch Ihr tägliches Denken, das schließlich die Kraft der Überzeugung besitzt. Dann hat der wahre Herr oder die Weisheit Gottes die Leitung über Ihr Denken inne, und dann gilt: »Deine Sonne wird nicht mehr untergehen und dein Mond nicht den Schein verlieren; denn der Herr wird dein ewiges Licht sein, und die Tage deines Leidens sollen ein Ende haben« (Jesaja 60, 20).

Gestehen Sie der Welt der Wirkungen keine Macht mehr zu. Die einzige Macht ist Gott – Ihr eigenes Bewusstsein. Mögen erhabene Gedanken, Zuversicht, Glaube und die Gewissheit, dass in allem und jedem das Gute herrscht, das Reich Ihres Geistes führen. So werden Sie das Lied der jubilierenden Seele singen, die in der Bibel schrieb: »Die Sonne soll nicht mehr dein Licht sein am Tage, und der Glanz des Mondes soll dir nicht mehr leuchten, sondern der Herr wird dein ewiges Licht sein, und dein Gott wird dein Glanz sein« (Jesaja 60, 19).

Nun sprechen Sie diese Worte im Brustton der Überzeugung und leben Sie danach: »Denn dein ist das Reich und die Kraft und die Herrlichkeit in Ewigkeit. Amen.«

Wie man die Angst überwindet

Der Herr ist mein Licht und mein Heil;
vor wem sollte ich mich fürchten?
Der Herr ist meines Lebens Kraft;
vor wem sollte mir grauen?

Psalm 27, 1

Denn er deckt mich in seiner Hütte zur bösen Zeit,
er birgt mich im Schutz seines Zeltes und
erhöht mich auf einen Felsen.

Psalm 27, 5

Wer ist in diesem Moment Ihr Herr und Meister? Er ist nichts anderes als Ihre vorherrschende geistige Einstellung, Ihre Überzeugung im Hinblick auf Sie selbst, die Menschen und Dinge. Dieser Herr kann ein Tyrann sein.

Wenn Sie jetzt zum Beispiel Groll hegen, ist er der Herr oder Tyrann, der Ihre Handlungen in sämtlichen Lebensbereichen vorschreibt. Ob Sie gerade mit der Familie zusammen sind, wichtige berufliche Angelegenheiten erledigen, Geld investieren oder ein neues Haus kaufen – in solch angespannter Gemütsverfassung werden Sie das Falsche sagen und tun. Das Gesetz lautet: *Wie innen, so außen.*

Aus Angst um Ihr Wohl werden Sie negativ reagieren. Diese Angst erwächst aus dem Mangel an Glauben oder Vertrauen in Gott, also aus der Verleugnung Seiner Allmacht.

»Der Herr ist mein Licht und mein Heil …« Der Herr ist Gott oder das Gesetz des Guten. Um es zur Geltung zu bringen und dadurch die Angst ein für alle Mal zu vertreiben, müssen Sie in Ihrem Bewusstsein die Gedanken an Kraft, Mut und Zuversicht verankern. Diese werden dann eine entsprechende Stimmung hervorrufen, die den Erzfeind Ihrer Gesundheit und Ihres Erfolges in die Flucht schlägt.

Die Angst, jener Widersacher, den Sie selbst ersonnen haben, muss völlig beseitigt werden, ehe das Licht Gottes durch Sie scheinen kann, sonst bleibt es wie hinter einer Wolke verborgen. Die Menschen haben aus Furcht vor der Vergangenheit, der Gegenwart und der Zukunft ihre persönlichen Teufel geschaffen.

Unsere Einstellung zum Leben bestimmt darüber, welche Erfahrungen wir machen. Wenn wir Unglück erwarten, wird es uns auch widerfahren. Da aber der Schüler der Wahrheit das Gesetz Gottes kennt, erwartet er nur das Gute. Die Welt ist nicht grausam; sie scheint vielleicht so, weil wir die Gegenwart Gottes nicht bestätigen oder beanspruchen. Viele fürchten sich derart vor Kritik, dass ihre schönsten Ideen oft gar nicht das Licht der Welt erblicken. Für denjenigen, der glaubt, dass Gott die Einzige Gegenwart und Macht ist, gibt es diese Furcht ebenso wenig wie die vor der Vergangenheit; er weiß, dass ihn sein Glaube an deren Macht Gott entfremden würde. Gott ist das Ewige Jetzt, darin weder Vergangenheit noch Zukunft existieren.

Gott ist das Evangelium – die gute Nachricht. Es gibt nicht so etwas wie Karma, das wir hier abbüßen müssen, sondern nur den törichten Glauben daran. »Jetzt ist der Tag des Heils!« (2. Korinther 6, 2). Das Reich Gottes ist nahe. Glück und Erfolg sind direkt verfügbar. Fühlen Sie deren Wirklichkeit, seien Sie davon wie elektrisiert! Gewinnen Sie die Überzeugung, dass Sie heute der Mensch sind, der Sie gerne sein möchten.

Die einzige Schuld liegt im Bewusstsein der Schuld. »Wenn eure Sünde auch blutrot ist, soll sie doch schneeweiß werden, und wenn sie rot ist wie Scharlach, soll sie doch wie Wolle werden« (Jesaja 1, 18). Das ist die gute Nachricht. Es kommt nur auf *einen* Moment an, den jetzigen. Sie können nur in der Gegenwart leben, denken und planen. Sobald Sie einsehen, dass jede Form von Mangel und Begrenzung das Ergebnis Ihres falschen Denkens und Fühlens ist, werden Sie die Wahrheit erkennen, die Sie befreit.

Frühzeitliche Menschen fürchteten die Natur, moderne Menschen fürchten ihre Mitmenschen. Zum großen Teil haben wir die alten Geister vertrieben, Seuchen bekämpft und Naturgewalten gebändigt. Dafür werden wir nun heimgesucht von Propaganda jeder Art, ständiger Kommunikation und Information, von Konsumismus, Sinnverlust und zunehmender Gewalt. Ja, manche fürchten sich vor dem Leben, wagen kaum noch zu sprechen oder einen Schritt vor die Tür zu tun. Eltern haben Angst um ihre Kinder, Jugendliche um ihr berufliches Fortkommen … All das ist im Wesentlichen zurückzuführen auf die abergläubische Vorstellung, dass eine weitere Macht Gott herausfordern könne.

Das einzige Übel besteht im mangelnden Wissen um die Gesetze des Lebens. Fassen wir einen nicht isolierten Draht, der unter Strom steht, an, bekommen wir einen Schlag, der aber unserer Unwissenheit zuzuschreiben ist. Doch keiner würde behaupten, Elektrizität sei ein Übel; sie hat zahllose Vorteile und bringt Licht in die Welt. Das Übel beruht vielmehr auf falscher Anwendung und völliger Unkenntnis hinsichtlich der Allgegenwart Gottes. Ähnlich verhält es sich mit der Angst. Wo sie ist, kann keine Liebe sein, denn Irrtum geht nicht einher mit Verstehen.

Die Reichen fürchten, alles zu verlieren, die Armen fürchten, nichts zu gewinnen. Doch der einzige Reichtum und die einzige Sicherheit sind in unserem Bewusstsein zu finden. Wenn wir überzeugt sind, reich zu sein, kann nichts uns von Wohlergehen und Erfolg abhalten. Was wir fürchten, ist unwirklich. Nur der Eine ist wirklich, ist Gesetz und Wahrheit.

Zahlreiche abergläubische Vorstellungen haben sich bis auf den heutigen Tag bewahrt und spiegeln sich wider in ebenso vielen pseudoreligiösen Lehren, die den Menschen Angst einflößen. Zugleich ist es eine Tatsache, dass gerade der Nächste uns das Fürchten lehrt. Sonntags beten wir miteinander, montags machen wir Jagd aufeinander.

Die Lösung des Angstproblems liegt im Verstehen. Um Harmonie zum Ausdruck zu bringen, müssen wir harmonische Gedanken und Gefühle hegen. Wenn unsere Gemütsverfassung geprägt ist von Zuversicht, vom Vertrauen in das Glück, wird sich dies in allen Lebensbereichen zeigen. Wer sich darüber im Klaren ist, dass jede Art von Missklang, Krankheit und Mangel aus verkehrten Vorstellungen resultiert, kennt auch die Wahrheit, die seine Fesseln sprengt.

Lernen Sie, sich die gewünschte Sache vorzustellen, und fühlen Sie dann deren Wirklichkeit. Das ist die einfachste und schnellste Methode, konkrete Ergebnisse zu erzielen. Einige haben Erfolg, indem sie sich von der Wahrheit überzeugen, dass Gott die Einzige Gegenwart und Macht ist. Zu dieser Einsicht zu gelangen ist mit das Wunderbarste, was uns hier auf Erden geschehen kann.

Sie müssen niemanden behandeln oder heilen als sich selbst und dabei erkennen, dass Sie jetzt Liebe und Wahrheit zum Ausdruck bringen. Fürchten Sie sich vor nichts und niemandem, sondern strahlen Sie Mut, Zuversicht und Kraft aus. Auf diese Weise sind Sie imstande, alle Hindernisse auf dem Weg zu beseitigen, ja Berge zu versetzen.

Wir sind eins mit der Unendlichen Macht. Wenn wir behaupten, schwach oder gebrechlich zu sein, erzählen wir Lügen über Gott. Die Angst entfremdet uns der Liebe zu Gott und dem Guten, wie umgekehrt der ständige Gedanke an Bedürftigkeit den Mangel anzieht in Bezug auf Gesundheit, Beruf, Finanzen, Beziehungen. Wir müssen aufhören, die Angst zu predigen, und gemeinsam anfangen, die ganze Wahrheit zu lehren.

Die Wahrheit nämlich lautet: Es gibt weder Hölle noch Fegefeuer, weder Strafe noch Verdammung. Gott ist das Ewige Jetzt! Das ist eine der drastischsten und weitreichendsten Aussagen der Bibel. Für Sie heißt das: In diesem Augenblick geht es allein darum, sich Gott zuzuwenden und das zu beanspruchen, was Sie ersehnen. Akzeptieren und glauben Sie es und gehen Sie freudig Ihres Weges! »Heute wirst du mit mir im Paradiese sein« (Lukas 23, 43).

Wir irren ab, wenn wir diese Wahrheit verzerren, nur um uns hervorzutun oder aus Angst, die Leute würden uns sonst im Stich lassen. Eine solche Einstellung führt zu geistiger Stagnation und Frustration. Wir müssen unser Auge auf das Himmelreich richten, nicht auf das vergängliche Reich der Erde.

Wo der Glaube an Gott herrscht, gibt es ebenso wenig Angst wie dort, wo Aufrichtigkeit das Bewusstsein lenkt. Es gibt keine Angst vor Kritik, wo Freundlichkeit die Gesinnung prägt. Religion ist der gute Wille in Aktion oder die Anwendung der goldenen Regel.

»Denn er deckt mich in seiner Hütte zur bösen Zeit, er birgt mich im Schutz seines Zeltes und erhöht mich auf einen Felsen.« Die Hütte gewährt Unterschlupf und wird damit zum Gewand Gottes, das den Bewohner umhüllt und ihn einstimmt auf das Gute. Denken Sie über Gott nach und fragen Sie sich: »Was bedeutet Er mir?« Erkennen Sie, dass Er das Leben in Ihnen ist, Ihr eigenes allmächtiges Bewusstsein.

In der Bibel lesen wir auch: »Fürchte dich nicht, du kleine Herde! Denn es ist eures Vaters Wohlgefallen, euch das Reich zu geben« (Lukas 12, 32). Mit diesen Worten sagt Jesus, dass Gottes Reich – Inbegriff der Harmonie, der Unendlichen Weisheit und Kraft – in jedem von uns ist und jederzeit zugänglich. Jesus sah dieses Reich und lebte darin, wir aber sind blind dafür. Diese Blindheit ist die Folge unserer Unwissenheit und Angst. Die Wahrheit wurde über viele Jahrhunderte durch verkehrte Vorstellungen und Überzeugungen derart verschleiert, dass wir daraus einen Gott nach unserer Maßgabe geschaffen haben: ein schreckliches Wesen im Himmel, launisch und rachsüchtig, das Kriege und Krankheiten schickt. So haben wir entsprechend unserem falschen Gottesbild Himmel und Erde in eine Hölle verwandelt, die wir tagaus, tagein bewohnen.

Lassen Sie mich an dieser Stelle die Geschichte einer jungen Frau erzählen, die bewies, dass das Himmelreich nah ist. Sie lebte bei ihrem Vater, der jede Nacht betrunken nach Hause kam und sie manchmal misshandelte. Infolge ihrer ständigen Angst vor ihm und ihres Kummers litt sie stark unter Akne.

Wir leben nicht mit Menschen, sondern mit den Vorstellungen, die wir uns von ihnen machen und die dann ihrerseits auf sie zurückwirken. Dank dieser Einsicht versenkte sich die junge Frau in einen meditativen Zustand, schloss die Augen und sann über die Göttliche Kraft im Innern nach. Alsbald betrachtete sie ihren Vater nicht mehr als Trinker, sondern als liebevollen, freundlichen und in sich ruhenden Menschen. Sie kleidete ihn in das Gewand der Rechtschaffenheit, und ihr Urteil war unvoreingenommen und ausgewogen. Das heißt, sie sah ihn so, wie er sein sollte. Seine Trunksucht war ja nur ein Symptom dafür, dass er vor sich selbst floh wie auch vor der Realität, um seinen Minderwertigkeitskomplex oder ein bohrendes Gefühl von Verlust zu kompensieren. Die junge Frau sprach jene Worte aus, die ihn heilten. Tief entspannt fragte sie: »Wie würde ich mich fühlen, wenn mein Vater liebevoll, freundlich und gelassen wäre?« Daraufhin ließ sie ihre Gedanken um die Lösung kreisen, was ihr Ruhe, Zuversicht und Freude bescherte. Mit dieser konstruktiven Methode hatte sie also bereits die ersten köstlichen Früchte geerntet.

Wer ein Urteil über jemanden fällt, ist der Richter, der sich über die andere Person erhebt. Das Urteil der jungen Frau hingegen beruhte auf einem inneren Hören oder Fühlen, wobei sie ihren Vater in bester Verfassung sah. Sie stellte sich vor, wie er zu ihr sagte, dass er sich großartig fühle, seinen Frieden und sein inneres Gleichgewicht wiedergefunden habe. Außerdem versicherte er ihr, wie wunderbar und fürsorglich sie sei. Der Gedanke an die Genesung ihres Vaters versetzte sie in Begeisterung, alle Zweifel und Ängste waren verflogen. Eins mit ihrem Ideal, hatte sie im geliebten Wesen die Schönheit wahrgenommen, die sich dann auch in der Wirklichkeit zu erkennen gab.

Nach einer Woche war ihr Vater vollständig geheilt; darüber hinaus hatte sich seine Einstellung grundlegend geändert. Er behandelte nun seine Tochter mit Liebe und Achtung, sodass beide innig miteinander umgingen. Damit hatte sie gezeigt, dass das Himmelreich – der harmonische Zustand – jetzt zum Greifen nah ist. Was hätten wir also zu fürchten? »Ist Gott für uns, wer mag wider uns sein?« (Römer 8, 31).

Jede dem Unterbewusstsein eingeprägte Vorstellung oder Empfindung wird durch die unveränderliche Gesetzmäßigkeit des Lebens verwirklicht. So bringt es auf eine uns unergründliche Weise all das zum Vorschein, was ihm suggeriert wurde – ob Gesundheit oder Krankheit, Erfolg oder Misserfolg, Glück oder Unglück.

In diesem Zusammenhang fällt mir eine Frau ein, die den Bericht über einen Flugzeugabsturz gelesen hatte. Sie wollte nach Los Angeles fliegen, befürchtete nun aber, dass ihre Maschine ebenfalls abstürzt. Ein negativer Gedanke kann einem nur dann schaden, wenn er durch Angst oder andere unangenehme Gefühle stark aufgeladen wird. Sie war sich dessen nicht bewusst, kannte nicht die Prinzipien, die unser Dasein bestimmen. Diese Unwissenheit ist die Ursache all unserer Unfälle und Missgeschicke. Als die Frau zwei Monate später dennoch die Reise unternahm, trat genau das ein, was sie befürchtet hatte und wovon sie unterschwellig überzeugt gewesen war: Die Maschine stürzte ab.

Wenn hingegen eine Frau argwöhnt, dass ihr Mann sie verlässt, empfängt er dieses negative Gefühl der Angst und verinnerlicht es. Ist ihm das Gesetz des Lebens nicht bekannt, wird die Überzeugung seiner Frau zum realen Ereignis. Mit anderen Worten: Er wird genau das tun, was sie befürchtet, denn so denkt sie über ihn. Doch ihr steht eine ganz andere Möglichkeit offen: Sie kann nämlich ihre Angst durch eine durchweg positive Vorstellung ersetzen. Morgens und abends übermittelt sie ihm während der Meditation die Stimmung von Liebe und Frieden sowie das Gefühl, dass er der wunderbarste Mann überhaupt ist. Sie sieht ihn als liebevollen, freundlichen, zuvorkommenden Menschen und hört ihn sagen, wie reizend und anmutig sie sei, wie glücklich und ausgeglichen er sei. Auf diese Weise verwandelt sich die ursprüngliche Angst in Vertrauen und Freude: Zeichen dafür, dass der Geist Gottes zu ihren Gunsten wirkt. Fährt sie damit fort, wird diese Stimmung in ihr zur vorherrschenden Überzeugung. Dann weiß sie, dass er niemals »fehlgeht«, und handelt danach: »Furcht ist nicht in der Liebe, sondern die völlige Liebe treibt die Furcht aus …« (1. Johannes 4, 18).

Unser tägliches Gebet oder unsere tägliche Stimmung muss erfüllt sein von froher Erwartung oder der Zuversicht, dass die Dinge sich zum Guten wenden. Diese Einstellung zu bewahren ist unsere vielleicht größte Herausforderung. Wenn wir das Beste erwarten, wird es uns auch zuteil. Alles hängt ab von unserer Gemütsverfassung, unserer inneren Ausrichtung.

Der wahrhaft metaphysische Denker lehrt, dass Gott das Lebensprinzip oder der Geist des Menschen ist, der ihn durchströmt und sich als Glaube und Vertrauen bekundet. Er konstituiert das Bewusstsein und ist damit die Quelle Ihres Lebens, Ihrer Kraft und Fülle.

Dieses Wissen, dass Sie existieren, ist Gottes Werk, und davon zeugt jede Ihrer Vorstellungen. Folglich müssen Sie sich im Alltag immer wieder fragen: »Woran denke ich hauptsächlich?« Lautet die Antwort: »Ich denke daran, was mir fehlt, was mich ängstigt und leiden macht«, so ist das unsinnig, gar eine Lüge, denn der Ihnen innewohnende Gott kennt dergleichen nicht. Die falsche Vorstellung erscheint Ihnen nur so lange richtig, wie Sie ihr anhängen. Die wahre Einsicht wird Sie schließlich heilen und befreien.

Heilung durch das Gebet

1

Schritte beim Beten

Und er sandte Petrus und Johannes und sprach: Gehet hin, bereitet uns das Osterlamm, auf dass wir's essen. Sie aber sprachen zu ihm: Wo willst, dass wir's bereiten? Er sprach zu ihnen: Siehe, wenn ihr hineinkommt in die Stadt, wird euch ein Mensch begegnen, der trägt einen Wasserkrug; folget ihm nach in das Haus, da er hineingeht, und saget zu dem Hausherrn: Der Meister lässt dir sagen: Wo ist das Gemach, darin ich das Osterlamm essen kann mit meinen Jüngern? Und er wird euch einen großen Saal zeigen, der mit Polstern versehen ist; daselbst bereitet es. Sie gingen hin und fanden's, wie er ihnen gesagt hatte, und bereiteten das Osterlamm. Und da die Stunde kam, setzte er sich nieder und die Apostel mit ihm. Und er sprach zu ihnen: Mich hat herzlich verlangt, dies Osterlamm mit euch zu essen, ehe denn ich leide. Denn ich sage euch, dass ich es hinfort nicht mehr essen werde, bis dass es seine Erfüllung findet im Reich Gottes. Und er nahm den Kelch, dankte und sprach: Nehmet ihn und teilet ihn unter euch; denn ich sage euch: Von nun an werde ich nicht trinken von dem Gewächs des Weinstocks, bis das Reich Gottes kommt. Und er nahm das Brot, dankte und brach's und gab's ihnen und sprach: Das ist mein Leib, der für euch gegeben wird; das tut zu meinem Gedächtnis. Desgleichen auch den Kelch nach dem Mahl und sprach: Dieser Kelch ist das neue Testament in meinem Blut, das für euch vergossen wird.Doch siehe, die Hand meines Verräters ist mit mir am Tische.

Lukas 22, 8–21

Im 22. Kapitel des Lukasevangeliums ist die Rede vom Passahfest, wobei es darum geht, sich am *Brot* des Lebens zu laben. Dieses Brot ist *geistige* Nahrung. Das heißt, wenn wir durch die Erkenntnis der Allgegegenwart, Unendlichen Liebe und Intelligenz Gottes unser Bewusstsein heben, werden wir nicht nur gesättigt, sondern überreichlich versorgt.

Brot und *Wein* sind Symbole der Göttlichen Substanz und des Göttlichen Lebens. Das Brot ist der gottähnliche Gedanke, der Wein die Manifestation unseres Ideals. Wir sind mit der Vorstellung vertraut, dass Gedanken zu Dingen werden. Gott denkt, und es entstehen Welten. Die ganze Welt ist ein Gedanke Gottes.

Die schöpferische Form unseres Gedankens nimmt äußere Gestalt an, da jeder als richtig empfundene Gedanke auf der Bildfläche des Raumes erscheint. Daher wurde das *Wort* zu *Fleisch* (Johannes 1, 14). Anders ausgedrückt: Das Brot ist der Wunsch, der Wein die Bejahung und Verwirklichung des Wunsches.

Veranschaulichen wir dies durch ein Beispiel. Eine junge Frau, die Schauspielerin werden möchte, ist entzückt über die Vorstellung, dass sie es *jetzt* bereits *ist*. Die Augen geschlossen in tiefer Meditation, malt sie sich aus, vor Publikum ihre einstudierte Rolle zu spielen. Sie geht darin auf, fühlt die freudige Erregung, die ihr diese Erfahrung beschert. Früher oder später prägt sich ihre Stimmung wie eine unumstößliche Tatsache dem Bewusstsein ein. Genau das ist gemeint mit dem Brot, das man speist – und damit die Substanz Gottes.

Aufgrund des universalen Gesetzes muss alles, was subjektiv bestätigt oder als wahr erachtet wird, zum Ausdruck kommen. Das ist der Wein Gottes oder das Gute, das uns zufällt. Der Wein verweist auf Belebung – die Idee wird mit Leben erfüllt, und daraus resultiert Freude. Mit den Worten des Paulus: »Um solcher Ursache willen erinnere ich dich, dass du erweckest die Gabe Gottes, die in dir ist …« (2. Timotheus 1, 6). Sobald Sie das Gute, Wahre und Schöne durch sich strömen lassen, haben Sie teil an der Göttlichen Natur. Das ist die Heilige Kommunion –

die tiefe Verbindung zu Liebe und Frieden, Ganzheit und Vollkommenheit.

Das Leben hat zwei wesentliche Aspekte, das Geistige und das Körperliche. Das Geistige inspiriert, das Körperliche ernährt. Diese beiden Qualitäten werden in der Bibel als Brot und Wein dargestellt. Das Leben im Menschen ist Gott; sein Körper und seine Angelegenheiten gehören der Welt an.

Wenn wir mit einem Problem oder einem sogenannten »Notfall« konfrontiert sind, sollten wir nie sagen: »Das ist ein äußerst schwieriges Problem; da bedarf es gewaltiger Anstrengungen.« So würde alles noch schwieriger. Das Gebet lehrt uns, anders vorzugehen, denn es vollzieht sich auf mühelose Weise, sodass die Bemühung gar nicht ins Gewicht fällt.

Diese Fürbitte sollte immer mit dem Satz enden: »Es ist vollbracht.« Es geht ja um die Erleichterung und die Freude über das beantwortete Gebet. Die innige Zwiesprache mündet dann in einen Zustand der Ruhe und Ausgeglichenheit, begleitet von der Genugtuung, dass Gott das Problem auflöst, das im Grunde gar nicht existiert.

Der geistige Mensch oder Wahrheitssucher nimmt nie das Problem mit zu Gott, denn Er hat keine Probleme, sondern die Antwort, da Er nur die Antwort kennt.

Der erste Schritt beim Beten besteht darin, die Gedanken zur Ruhe zu bringen und über Gottes Eigenschaften – etwa Unendliche Weisheit, Unendliche Liebe, Unendlicher Friede – nachzusinnen aufgrund der Einsicht, dass Ihr Bewusstsein mit Gott identisch ist. Dadurch wird die richtige geistige Einstellung gewährleistet, nämlich dass Gott die Lösung hat.

Mit dem zweiten Schritt erklimmen Sie den Hügel Gottes oder des Guten. Dieser Aufstieg mag, je nach Individuum und persönlicher Entwicklungsstufe, Minuten oder Stunden dauern. Unter keinen Umständen sollten Sie sich dem betreffenden Problem ängstlich oder zweifelnd nähern, weil das die Sache nur verschlimmern würde. Das Bewusstsein verstärkt alles! Wenn Sie die Aufmerksamkeit ausschließlich auf das Problem richten, wird es immer größer und undurchschaubarer. Folglich müssen Sie sich davon völlig lösen und das in Betracht ziehen, was Ihnen wohltut. Erst dann steigen Sie den Hügel Gottes hinauf.

Beim dritten Schritt verwandelt sich Ihr noch immer vorhandener Zweifel in Zuversicht, und aus der Angst wird Vertrauen und Frohsinn. Sie haben den höchsten Punkt erreicht! Das ist der Augenblick, um im Brustton der Überzeugung zu sprechen. Ihr tief erlebtes Wort bringt zum Ausdruck, dass es »vollbracht« ist, dass Ihr Gebet beantwortet wird. Ihr Herz schlägt in Gottes Rhythmus. Ihr Pulsschlag ist Sein Pulsschlag, Ihre Kontemplation Seine Kontemplation, Ihre Freude Seine Freude. Sie sagen »Amen«, deutlich hörbar oder ganz leise, was auch immer Sie bevorzugen.

Wenn Sie dann den Hügel hinuntersteigen, wissen Sie mit absoluter Sicherheit, dass Ihr Wunsch jetzt eine Tatsache im Bewusstsein ist. Ihr Herz wird erfüllt von unsagbarer Heiterkeit. Die innere Gewissheit ergreift von Ihnen Besitz. Sie gleichen einem Kind, das übersprudelt vor froher Erwartung, diese Stimmung aber nicht klar beschreiben kann.

Der vierte Schritt schließlich bekundet sich darin, dass die als wahr empfundene Stimmung schon bald im Äußeren als konkrete Erfahrung widergespiegelt wird. Sie bleiben unbeirrt, wohlwissend, dass das Gute unterwegs ist in Gestalt der Antwort, die Heilung bringt, gerade wenn Sie nicht daran denken.

Die Bibel handelt von geistigen Wahrheiten, alles andere sind symbolische oder allegorische Geschichten, die zusammen ein großes psychologisches Drama bilden. Die darin hervortretenden Figuren und Ereignisse stellen Bewusstseinszustände oder geistige Qualitäten dar, die uns allen eigen sind. Dieses ganze Drama spielt sich also im Menschen ab, es ist eine Geschichte der Seele. Die Bibel kann im Präteritum, Präsens oder Futur gelesen werden, da die Zeit weder in Gott noch im Bewusstsein existiert. Wir lesen sie in der Gegenwartsform, denn sie erzählt *unsere* Geschichte. Was nützte es, sie als rein historisches Dokument aufzufassen? Entscheidend ist, ihre innere Wahrheit und Schönheit zu erkennen und zur Geltung zu bringen, um auf diese Weise geistige Fortschritte zu erzielen.

Das Letzte Abendmahl hat zahlreiche Deutungen erfahren. Die wesentliche lautet: Jeder Mensch auf der Erde wird durch Jesus und seine zwölf Jünger verkörpert. Das ICH BIN steht für Jesus, Bewusstsein und Leben in Gott wie auch in uns. Wir verfügen über zwölf Fähigkeiten oder Kräfte des Bewusstseins, die manchmal mit den zwölf Söhnen Jakobs, den zwölf Stämmen Israels oder den zwölf Jüngern identifiziert werden – in alter Zeit aber auch mit den zwölf Tierkreiszeichen.

Beim Passahfest gedenken die Juden des Auszugs aus Ägypten. Damit verbunden ist die Freude, aus der Dunkelheit ins Licht aufzubrechen, aus Leid und Elend zu der Wahrheit zu finden, die befreit. Es geht demnach um den Übergang vom einen Bewusstseinszustand in den anderen, und genau dies geschieht auch beim Beten. So bietet sich hier, in der Beschreibung des Abendmahls, eine weitere Methode an, das Gebet systematisch einzuüben.

»Und er sandte Petrus und Johannes und sprach: Gehet hin, bereitet uns das Osterlamm, auf dass wir's essen.« Diese Stelle verweist auf den Menschen, der betet. Symbolisch betrachtet, spricht das objektive Bewusstsein zu Ihrem subjektiven oder wahren Selbst. Passahfest und Kreuzigung sind im Grunde identische Vorgänge, insofern die Kreuzigung ebenfalls den Übergang vom einen Bewusstseinszustand in den anderen kennzeichnet – von Krankheit zu Gesundheit, von Gefangenschaft zu Freiheit, von Armut zu Reichtum. Darüber hinaus bedeutet die Kreuzigung einen fixierten psychischen Zustand – das tiefe Gefühl, dass Ihr Gebet beantwortet wird. Um also am Passahfest teilzunehmen, müssen Sie Petrus und Johannes anrufen. Petrus versinnbildlicht den Glauben, Johannes die Liebe.

»… wenn ihr hineinkommt in die Stadt …« Die *Stadt* ist der verborgene Ort des Allerhöchsten, wo der Mensch mit Gott Zwiesprache hält. Sie müssen zunächst zu sich kommen und dann über Ihr ICH BIN nachsinnen. Sobald alle Kräfte nach innen gewendet und auf den Einen gerichtet sind, auf das Schöne und Gute, haben Sie wirklich Platz genommen unter Ihren zwölf Jüngern. Dieser meditative Prozess wird manchmal dargestellt im Lauf der Sonne, die sich durch die zwölf Zeichen des Tierkreises bewegt. Die Sonne ist in der Bibel das ICH BIN; die zwölf Fähigkeiten des Geistes oder die zwölf Jünger repräsentieren, wie erwähnt, zugleich den Tierkreis.

»… wenn ihr hineinkommt in die Stadt, wird euch ein Mensch begegnen, der trägt einen Wasserkrug; folget ihm nach in das Haus, da er hineingeht …« Der Mann mit dem *Wasserkrug* ist der Jünger Simon aus Kanaan. Damit ist Ihre Fähigkeit gemeint, die gute Nachricht zu hören. Simon verkörpert das Hören, Kanaan die Empfänglichkeit, das Gelobte Land oder das beantwortete Gebet.

Das heißt, der Mensch kommt zur Ruhe und wird zum Lauschenden – so wie Mozart dem Prinzip der Harmonie lauschte, Lincoln dem Prinzip der Freiheit, Einstein dem Prinzip der Physik. Wer seinem Ideal Beachtung schenkt, folgt dem Mann mit dem Wasserkrug.

Das Wasser passt sich der Form des Gefäßes an, in das es gegossen wird, und entsprechend verhält sich auch das subjektive Selbst. Es akzeptiert alles, was man für richtig erachtet, und objektiviert es schließlich auf der Bildfläche des Raumes. Dieser Ausdruck ist die Verwirklichung der eingeprägten und tief empfundenen Stimmung oder Vorstellung.

So nehmen Sie am Passahfest zuallererst dadurch teil, dass Sie still werden. Schließen Sie die Augen. Wenden Sie sich ab von den äußeren Erscheinungen, um über die Macht und Herrlichkeit Gottes im Innern zu meditieren. Ihre Idee muss nun durch Glauben (Petrus) angereichert und durch Liebe (Johannes) befruchtet werden. Das Gebet ist ein psychischer Zustand, in dem Sie sich an Ihrem Wunsch oder Wohl gütlich tun.

»Wo ist das Gemach, darin ich das Osterlamm essen kann mit meinen Jüngern?« Das *Gemach* bezeichnet die ruhige Gemütsverfassung, in der man sich auf den Einen mit Seinen Göttlichen Qualitäten besinnt. Dadurch kommt man in Berührung mit dem Wahren und in Einklang mit dem Unendlichen. Die eigenen Gedanken werden zu Gottes Gedanken, in denen Seine Hingabe an das Gute mitschwingt. Jetzt verzehrt man die geistige Nahrung, und dies ist nicht weniger als ein Fest.

Im Gebet speisen wir von Gott oder dem Guten, bis das Gefühl uns erfüllt, das zu sein oder zu besitzen, was wir ersehnen. Der Wunsch ist zu einer Überzeugung geworden, und die Suche hat ein Ende. Bevor wir etwas in der Welt erfahren, muss es in unserem Geist vorhanden sein. Alle Dinge strömen aus dem Unsichtbaren ins Sichtbare.

»Und er wird euch einen großen Saal zeigen, der mit Polstern versehen ist; daselbst bereitet es.« Was immer wir suchen oder erstreben, existiert bereits im Unendlichen Bewusstsein. Wir veranlassen, dass es manifestiert wird, indem wir die Wirklichkeit des gewünschten Zustandes oder Gegenstandes intensiv fühlen; dann wird diese Stimmung gespeichert, und die betreffende Angelegenheit ist bereits eine Tatsache im Bewusstsein, ungeachtet dessen, was wir denken. Wir müssen uns nur innerlich vorbereiten, also gewillt sein, das Geschenk zu empfangen. Dazu bedarf es der Bejahung und der Überzeugung. Gott ist der Geber und auch das Geschenk.

»Und da die Stunde kam, setzte er sich nieder und die Apostel mit ihm.« Die *Stunde* verweist auf den Zeitpunkt, da Sie bereit sind, auf die Stimme aus der Tiefe zu hören und das Gesetz des Bewusstseins konstruktiv anzuwenden. Wer sich hinsetzt, gelangt in einen passiven, empfänglichen Zustand der mühelosen Bemühung. Alle Sinne haben sich vom Äußeren ins Innere zurückgezogen; die Aufmerksamkeit gilt allein dem Ziel oder Ideal;

diese eindeutige Ausrichtung ermöglicht es, den subjektiven Geist nachhaltig zu beeinflussen.

Damit der Gedanke wirksam wird, muss er systematisch und konstruktiv gelenkt werden. Das Sitzen mit den zwölf Jüngern versinnbildlicht die geschulte Einstellung; so sind Sie nun wirklich in Übereinstimmung mit der Unendlichen Macht und vernehmen die gute Nachricht. Es ist ein inneres Hören, das stille Wissen des Mystikers.

»Und er nahm das Brot, dankte und brach's und gab's ihnen und sprach: Das ist mein Leib, der für euch gegeben wird …« Dieses *er* ist Ihr ICH BIN, das *Brot* Ihr Ideal oder die Sache, die Sie segnen würden. Das wahre Brot ist die geistige Nahrung, an der wir alle teilhaben. Außerdem symbolisiert das Brot Gedanken an Frieden, Liebe und Glück. »Der Mensch lebt nicht vom Brot allein, sondern von einem jeglichen Wort, das durch den Mund Gottes geht« (Matthäus 4, 4). Man kann vom Brot essen, wird aber wieder hungrig werden. Nur jenes Brot, das man bricht wie Jesus, ist das Brot des Lebens – der edle und gottähnliche Zustand des Bewusstseins. Darin bleibt kein Bedürfnis ungestillt.

Manche Menschen leben, um zu essen, hungern jedoch nach Seelenfrieden, Sicherheit, Liebe, Glück. Die wahren Dinge des Lebens sind ihnen unzugänglich. Sie wissen nicht, dass das geistige Brot vom Himmel kommt und ihnen all die Gaben beschert, in denen Gott gegenwärtig und wirksam ist.

»Das ist mein Leib …« Der Körper oder die Gestalt veranschaulicht Ihre bildhafte Vorstellung oder Idee. Wird diese dem Unterbewusstsein eingeprägt, kommt sie gemäß der Stimmung, die ihr zugrunde lag, in der Wirklichkeit zum Ausdruck. Wenn Sie zum Beispiel Künstler werden möchten, so entflammt dieses Ideal Ihren Geist und erzeugt eine herrliche Stimmung; sie umschließt das Ideal und bringt es auf der objektiven Ebene zum Vorschein. Denn es gilt der Grundsatz: »Wie innen, so außen.«

»… das tut zu meinem Gedächtnis.« Indem wir uns erinnern, fügen wir alle Teile wieder zusammen, die ein Ganzes bilden. Wir erkennen die Ganzheit oder die Einheit. »Wir alle sind Teile eines großen Ganzen, dessen Körper die Natur ist und Gott die Seele« (Alexander Pope). Sich erinnern heißt letztlich, mit Gott eins zu werden und sich all das Gute bewusst zu machen, das seit jeher gegenwärtig ist. Die Gestalt einer Sache ist das Muster, das wir im Kopf entworfen und ausgeformt haben. Demnach ist die Gestalt des Menschen ein Muster seiner Mentalität. Die unterbewussten Gedanken und Überzeugungen formen den Körper.

»Desgleichen auch den Kelch nach dem Mahl und sprach: Dieser Kelch ist das neue Testament in meinem Blut, das für euch vergossen wird.« Das *neue Testament* ist die Bezeugung eines neuen Bewusstseinszustandes. Ein Zeuge ist dazu da, das Geschehen zu beglaubigen. Wenn Sie mit Erfolg gebetet haben, durchleben Sie einen inneren Wandel und werden zu einem neuen Menschen. So bezeugen Sie die tief greifende Änderung in Ihrem Wesen.

Das *Blut* symbolisiert Leben. Der *Kelch* enthält den Wein, der Freude verheißt. Folglich ist es der glückliche Geisteszustand, in dem Sie Liebe und Gefühl in Ihr Ideal einfließen lassen und die Freude über das beantwortete Gebet auskosten. Sie feiern ein großes Fest des Friedens und des Glücks und sinnen über die Wirklichkeit des Ideals nach. Mit anderen Worten: Sie vergegenwärtigen sich die Freude, die Sie fühlen würden, wenn Ihr Wunsch in Erfüllung ginge.

Während Sie sich weiterhin gütlich tun an der vollbrachten Tat, kommt irgendwann der Moment, da Sie nichts mehr essen können. Dann sagen Sie: »Es ist geschehen«, oder: »Amen.« Diese Worte verweisen auf den gesättigten Bewusstseinszustand. Sie merken, dass darin die erbetene Sache eine Tatsache ist. Die innere Stimme gibt es Ihnen leise zu verstehen. Es handelt sich gewissermaßen um ein Gefühl in der vierten Dimension: Sie wissen, dass Sie wissen. Sie haben noch keinen objektiven Beweis, warten aber nicht mehr auf Ergebnisse, weil Ihnen klar ist, dass das gewünschte Ereignis eintreten wird.

»Doch siehe, die Hand meines Verräters ist mit mir am Tische.« Dieser Satz zeigt die letzte Phase des Gebets an. Judas verrät Jesus. Judas verkörpert Begrenzung und Mangel oder Ihr Problem. Dessen Gegenteil ist die Lösung oder Jesus. Ihre Begrenzung – Judas – verrät und offenbart zugleich die Lösung – Jesus. Jedes Problem enthält seine Lösung in Gestalt eines Wunsches. Judas, Inbegriff der Begrenzung, muss sich selbst töten. Dieser Akt bedeutet die Abwendung vom Problem und die Hinwendung zum Guten oder Ideal. Indem Sie dessen Wirklichkeit empfinden, verankern Sie es im Bewusstsein, woraus ein Gefühl von Frieden und Freude resultiert. In der Bejahung Ihres Wunsches erweist sich das wahre Gebet, das immer Ruhe und Glück beschert. Auf den Tod des Judas und der Begrenzung folgt die Geburt der neuen Vorstellung.

In Johannes 17, 12 wird Judas »Sohn des Verderbens« genannt, womit ein Gefühl von Verlust oder Schuld gemeint ist. Anhand von Apostelgeschichte 1, 18 erfahren wir, dass Judas »einen Acker um den Lohn der Ungerechtigkeit« erwarb, vornüber stürzte und starb. Und gemäß Matthäus 27, 5 warf er, eingedenk seiner Missetat, die Silberlinge der Hohepriester in den Tempel, ging von dannen und erhängte sich.

Die Bibel erzählt unterschiedliche Versionen darüber, was mit Judas geschah. Entscheidend ist die Erkenntnis, dass wir es hier nicht mit einem bestimmten Menschen zu tun haben, sondern mit einer geistigen Einstellung, geprägt von Lügen, Ängsten und ruchlosen Überzeugungen. Judas ist die Personifikation des Feindes oder unseres negativen Gedankens, der aus der äußeren Welt herrührt. Mit einem Wort: Er stellt unseren Irrglauben dar. Außerdem gehört er zu denen, die meinen, Macht und Ehre seien in irdischem Besitz und der Herrschaft über andere zu finden.

Derart falsche Vorstellungen müssen wir eliminieren – und zu der Einsicht gelangen, dass der einzige Friede und die einzige Macht von Gott sind. Ihm gebührt die ganze Anerkennung. Wenn wir den Glauben an Krankheit ausmerzen, gibt es nur noch

Gesundheit, und wenn wir nicht mehr die Lüge für bare Münze nehmen, wird Gott oder das Wahre offenbart. Das ist der Grund, warum Judas seinen Meister Jesus verrät. Jesus steht für die Lösung oder die Verwirklichung Ihres Wunsches, aus dem die Angst oder der Zweifel gewichen ist.

Wenn Jesus durch Satan oder Judas in Versuchung geführt wird, so heißt das: Der Mensch soll dazu verleitet werden, seine geistige Entwicklung für materielle Güter, Macht, Pomp und Zeremonie zu opfern. Viele fallen darauf herein und ziehen es vor, in der Lüge zu leben, anstatt die Wahrheit zu akzeptieren.

»Ich sterbe täglich«, sagt Paulus im Ersten Brief an die Korinther 15, 31. Wir sterben im alten Zustand, um zu leben im neuen Zustand. So schreiten wir fort von Herrlichkeit zu Herrlichkeit.

Das Letzte Abendmahl findet jeden Abend statt, bevor wir in Schlaf sinken. Es beinhaltet die letzte wache Vorstellung von unserem Selbst für diesen Tag. Wir sollten immer einschlafen mit dem Gefühl, gesund, erfolgreich und glücklich zu sein. Dann haben wir mit Gott zu Abend gespeist. Da im nächtlichen Schlaf Bewusstsein und Unterbewusstsein miteinander verbunden sind, gelangen sämtliche Reaktionen des vergangenen Tages tief ins Innere und müssen zuvor geklärt werden. Sie prägen sich dort ein, um bald entsprechende Situationen, Ereignisse und Erfahrungen hervorzurufen.

Indem wir uns ständig am Einen, am Guten und Schönen laben, verschwinden schließlich alle Ängste und Zweifel. So werden wir zurückkehren in den Garten Eden. Von falschen Überzeugungen befreit, offenbaren wir das Christus-Bewusstsein. Das ist der eigentliche Sinn des Abendmahls. Nun erwacht der Mensch und nimmt wieder teil an der Herrlichkeit, die vor der Welt war. Er hat die allumfassende Einheit gefunden. Zeit und Raum, Gestern und Morgen, Ich und Du existieren nicht mehr. Es gibt nur die Wirklichkeit selbst, diesen ewig dahinfließenden Strom!

2

Befreiung durch Beten

Der Geist Gottes des Herrn ist auf mir, weil der Herr mich gesalbt hat. Er hat mich gesandt, den Elenden gute Botschaft zu bringen, die zerbrochenen Herzen zu verbinden, zu verkündigen den Gefangenen die Freiheit, den Gebundenen, dass sie frei und ledig sein sollen; zu verkündigen ein gnädiges Jahr des Herrn und einen Tag der Vergeltung unsres Gottes, zu trösten alle Trauernden, zu schaffen den Trauernden zu Zion, dass ihnen Schmuck statt Asche, Freudenöl statt Trauerkleid, Lobgesang statt eines betrübten Geistes gegeben werden, dass sie genannt werden »Bäume der Gerechtigkeit«, »Pflanzung des Herrn«, ihm zum Preise.

Jesaja 61, 1–3

Diese wunderbare Passage des Propheten Jesaja handelt von der Freiheit, im Grunde aber vom Sinn der Wahrheit. Die *Gefangenen* sind jene, die an falsche Überzeugungen, Irrtümer und abergläubische Vorstellungen gekettet sind. Durch die Art und Weise, wie der Mensch über sich, die anderen und die Welt im Allgemeinen denkt, erschafft er seine eigene Hölle, seinen eigenen Himmel. Er macht gern die Umstände und bestimmte Personen für seine Missgeschicke und Leiden verantwortlich. Erst wenn er die Wahrheit erkennt, kommt er frei, weil ihm klar wird, dass er selbst über sein Schicksal entscheidet. Er entwickelt sich so, wie er es sich vorgestellt hat; Denken und Fühlen bestimmen seinen Weg.

Das ist eines der fundamentalen Gesetze des Lebens, das zu allen Zeiten gelehrt und in sämtlichen heiligen Schriften Erwähnung findet: *Der Mensch ist so, wie er im Herzen denkt. Herz* ist ursprünglich ein chaldäischer Begriff, der auf das Tiefenbewusstsein verweist. Jeder Gedanke, den man für wahr erachtet, wird subjektiviert (im Herzen), und diese Überzeugung kommt dann in jedem Lebensbereich zum Ausdruck. Je nachdem resultieren daraus Erfolg oder Scheitern, Glück oder Unglück.

Wer die Wahrheit erkennt, verkündet den *Tag der Vergeltung unsres Gottes*. In der Bibel bedeutet *Vergeltung* die Verteidigung der Wahrheit – oder den Sieg der vorherrschenden Gemütsverfassung. Wenn jemand zum Beispiel mit Misserfolg rechnet, ist er von vornherein in einer Stimmung, die tatsächlich ins Versagen führt. Eingedenk dessen kann er jedoch seine Stimmung gleichsam umprogrammieren auf Erfolg. So ist er zuversichtlich und erwartet nur das Beste: Er verkündet den Tag, an dem sein Wohl – also sein verwirklichter Wunsch – triumphieren wird.

Göttliche Heilung beruht auf der Voraussetzung, dass wir aus einer absoluten Mitte sprechen und leben – aus dem ICH BIN, der ersten Ursache. Die Behandlung erfolgt unabhängig von jeder zeitlichen Komponente, die mit Vergangenheit, Gegenwart oder Zukunft verknüpft ist. Ein geistiger Heiler könnte keine wirksame Arbeit leisten, wenn er sich von der Chronologie beeinflussen ließe oder aufgrund der äußeren Erscheinung urteilen würde.

Bei Jesaja heißt es, dass wir *Schmuck statt Asche* geben sollen. Die *Asche* symbolisiert den alten, überholten und zerfallenen Zustand – oder Krankheit und Leiden. Nicht darauf sollen wir unsere Aufmerksamkeit richten, sondern auf das Schöne, das uns innewohnt. So wird es auf der Bildfläche des Raumes Gestalt annehmen.

Wenn jemand etwa seinen stark entzündeten Arm dem Arzt zeigt und ihm all die bisher gescheiterten Behandlungsmethoden schildert, muss der sich innerlich so ausrichten, dass er das Gegenteil hört, und zugleich den Arm in gesundem und vollkommenem Zustand sehen. Damit gibt er *Schmuck statt Asche*. Schweigsam stellt sich der Arzt einen Arm mit schöner Haut vor und fühlt die Wirklichkeit dessen, was er im Innern wahrnimmt. Tut er dies mit Überzeugung, wird der als richtig empfundene Eindruck im Äußeren sichtbar.

»... zu trösten alle Trauernden ...« Trösten heißt letztlich nichts anderes, als die Gegenwart Gottes zur Geltung zu bringen. Wenn Sie jemandem begegnen, der traurig scheint oder sich selbst bemitleidet, dann muntern Sie ihn auf, anstatt Mitgefühl zu bekunden. Sie sehen in diesem Menschen Gott, und folglich strahlt er Freude und Glück aus. Sie stellen ihn sich so vor, wie er sein sollte, und gelangen in die entsprechende Stimmung. Durch bloßes Mitgefühl gerät die Beziehung in eine Art Treibsand, aber der herzhafte Zuspruch verankert sie in festem Grund. Sie helfen dem anderen, indem Sie innerlich verfügen, dass sein Geist und sein Körper jetzt erfüllt sind von Leben, Liebe, Wahrheit – und dass alles gut wird.

»... Freudenöl statt Trauerkleid ...« Diese Stelle ist folgendermaßen zu verstehen: Wir müssen allen Menschen nahebringen, dass es keinen Sinn hat, um die geliebten Wesen zu trauern. Indem wir ihnen, die in die nächste Dimension übergegangen sind, Liebe, Frieden und Freude zuteilwerden lassen, beten wir für sie in der richtigen Weise. Damit heben wir sie in die Höhe und schenken ihnen wirklich das *Freudenöl.* Wir erfreuen uns an ihrem neuen Geburtstag in der Gewissheit, dass die Gegenwart Gottes dort ist, wo sie sind und wo kein Übel sein kann.

Erkennen Sie, dass es keinen Tod gibt. »Gott ist nicht der Toten, sondern der Lebendigen Gott« (Markus 12, 27). Warum ihn also unter den Toten suchen? Im Gebet für die sogenannten Verstorbenen wird uns bewusst, dass ihre Existenz erfüllt ist von Liebe und Schönheit. So erfreuen wir sie, denn sie fühlen unsere Gebete und werden dadurch gesegnet. Anstatt zu glauben, sie seien für immer entschwunden oder befänden sich in der Dunkelheit des Grabes, sehen wir sie in einem Zustand unbeschreiblicher Glückseligkeit. Niemals dürfen wir ihretwegen im Gefühl des Bedauerns oder Mangels verharren, denn das würde ihnen ebenso schaden wie uns selbst.

Der Autor dieser Zeilen befand sich schon mehrmals außerhalb seines Körpers. Er weiß, dass der Mensch nicht identisch ist mit seinem Körper und dass er jenseits davon existieren kann. Dann ist sein Blick losgelöst – er sieht den eigenen Körper und seine ganze Umgebung von außen. Er befindet sich dort, wohin seine Aufmerksamkeit in dieser neuen geistigen Dimension gelenkt wird. So mag er an New York, London oder Südafrika denken und an diesen Orten all das wahrnehmen, was ihn interessiert. Die außerkörperliche Wahrnehmung umfasst nicht nur den dreidimensionalen Raum, sondern auch Dinge in der vierten oder einer noch höheren Dimension. In diesem Zustand können Sie zum Beispiel hören, wie einige Personen zu Ihrem Körper auf dem Bett sprechen. Diese versuchen vielleicht, Sie aus der Trance aufzuwecken. Außerhalb des Körpers haben Sie eine andere Gestalt, sehen und hören alles. Sie möchten mit diesen Leuten kommunizieren, aber die hören Sie nicht. Das einzige Verständigungsmittel in der vierten Dimension ist der Gedanke. Sie wissen, dass Sie lebendig sind, doch nicht gebunden an Ihren Körper. Es wird Ihnen die Einsicht übermittelt, dass Sie unsterblich sind.

Die alten Mystiker, deren Blick durch Zeiten und Räume wanderte, legten uns allen nahe, »Schmuck statt Asche, Freudenöl statt Trauerkleid, Lobgesang statt eines betrübten Geistes« zu geben. Denn sie wussten, dass nur *ein* Leben existiert, dass jeder ewig lebt.

Der *Lobgesang* bringt die Stimmung der Freude und der Zuversicht zum Ausdruck. Über den heiligen Thaddäus heißt es, er sei stets mit dem Lobpreis Gottes auf den Lippen über die Erde gewandelt. Das können wir uns zu Herzen nehmen und anerkennen, dass Gott die Menschen, deren Stimmung wir heben, in jeder Hinsicht begünstigt. All ihre Worte und Handlungen bezeugen Sein Werk. So geben wir ihnen »Lobgesang statt eines betrübten Geistes«.

Vor einiger Zeit suchte mich eine Frau auf, die ihren Sohn für einen Schwachkopf hielt. Er litt unter einer Wachstumsstörung und hatte hohe Dosen von Medikamenten und biologischen Präparaten zur Unterstützung der Drüsenfunktion eingenommen, die jedoch keine Wirkung zeigten. Die Ärzte betrachteten seinen Fall als hoffnungslos. Die Mutter war völlig niedergeschlagen und verzweifelt. Auf meine Empfehlung hin gab sie sich und ihrem Sohn den »Lobgesang statt eines betrübten Geistes«. Zweimal täglich meditierte sie folgendermaßen: Sie saß still da, schloss die Augen und stellte sich ihren Sohn vor, wie er sein sollte: strahlend, intelligent und glücklich. In diesem meditativen Zustand hörte sie ihn sagen, dass er nun wachse und ausgezeichnete Noten in der Schule bekommen habe. Außerdem fühlte sie tief im Innern, wie Gottes Weisheit und Intelligenz in ihrem Jungen aufsteigen, seinen Körper und Geist salben und wie Gott durch ihn spricht. Dieses mentale Bild versetzte sie in eine Hochstimmung, die ihr Erleichterung verschaffte. So fuhr sie unbeirrt in der gleichen Weise fort.

Fünf Monate später bestätigte ihr der Sohn, dass alles, was sie als wahr und richtig empfunden hatte, tatsächlich stimmte. »Wer aber beharret bis ans Ende, der wird selig« (Matthäus 24, 13).

Wir müssen die Menschen als »Bäume der Gerechtigkeit« betrachten und erkennen, dass sie aufrecht wachsen und so sind, wie sie sein sollten. Im Wesentlichen heißt dies: Ihr Herz soll von Liebe und von Mitgefühl für die Menschheit erfüllt sein. Daher rührt der Ausdruck »Schmuck statt Asche«. Er bleibt gültig bis zum letzten Tag, den man auf dieser Erde verbringt. Jesus wohnte nie einem Begräbnis bei, löste jede Trauergemeinde auf, die ihm zu Gesicht kam, und rief: »Das Mägdlein ist nicht tot …« (Matthäus 9, 24). »Kind, stehe auf!« (Lukas 8, 54). »Lazarus, komm heraus!« (Johannes 11, 43). Er konnte nicht den toten Zustand sehen, sondern nur das Leben darin. So gab auch er »Schmuck statt Asche«.

Wir dürfen nie vergessen, dass unsere geliebten Wesen und alle anderen, die wir kannten, in der nächsten Dimension weiterleben. Das kleine Kind zum Beispiel, das im Mutterleib starb oder nur einen Tag hier war, ist ein anmutiger Ton in der Harmonie der Sphären. Durch die Liebe ist das Kind eins mit seiner Mutter, seinem Vater und seinen Geschwistern. Wir alle sind eins; scheinbar voneinander getrennt, bilden wir in Wahrheit wunderbare Akkorde in der ewigen Sinfonie der Schöpfung.

Sie geben den fortgegangenen und doch fortdauernden Wesen »Schmuck statt Asche, Freudenöl statt Trauerkleid«, indem Sie erkennen, dass sie eingebunden sind in Seine Heilige Allgegenwart – und dass Moses, Buddha, Jesus, Mohammed ebenso wie andere große Weise sie führen und zusammen mit ihnen teilhaben an der grandiosen Musik des Universums.

Niemals wird der Geist sterben.
Der Geist wird niemals nichts sein.
Niemals war der Geist nicht.
Ungeboren, unsterblich und unveränderlich,
Bleibt der Geist für immer.
Nicht um ein Gran hat der Tod ihn verändert,
Wiewohl seine Hülle tot erscheint.

Bhagawadgita

Die zwölf Kräfte,
mystisch erklärt

Die zwölf Zeichen des Tierkreises, die zwölf Häuser des Mondes, die zwölf Monate des Jahres, die zwölf Schilde des Mars, die zwölf Säulen des Tempels von Heliopolis, die zwölf Kräfte des Herkules, die zwölf Altäre des Janus, die zwölf Söhne Jakobs, die zwölf Stämme Israels, die zwölf Tore des himmlischen Jerusalems und die zwölf Apostel – sie alle symbolisieren und porträtieren die zwölf Kräfte des Menschen oder Elemente des Bewusstseins. Diese Kräfte müssen geschult und gereinigt werden, ehe der Mensch Jesus Christus, also er selbst, werden kann. Die zwölf Söhne Jakobs entsprechen den zwölf Jüngern oder Aposteln. Ihre Namen und Bedeutungen sind wie folgt:

Die zwölf Söhne Jakobs: (Genesis 49, 1–28)	**Die zwölf Apostel:** (Matthäus 10, 1–4)
Ruben – Wahrnehmung	*Andreas* – Wahrnehmung
Simeon – Erhörung, Überzeugung	*Petrus* – Glaube, Erhörung
Levi – Verbindung, Liebe	*Jakobus* der Ältere – richtiges Urteil
Benjamin – Glaube	*Johannes* – Liebe, Buße
Gad – Kraft, Ausdauer	*Philippus* – Beharrlichkeit
Josef – Vorstellungsvermögen	*Bartholomäus* – Einbildungskraft
Ascher – Verleugnung	*Thomas* – Verstehen, geschulte Verleugnung
Isaschar – Belohnung	*Matthäus* – Geschenk Gottes, Wunsch
Dan – Urteil, klares Sehen	*Jakobus* der Jüngere – Unterscheidung, Hellsicht
Juda – Lobpreis	*Thaddäus* – Lobpreis, Begeisterung
Sebulon – Wohnung	*Simon* – Führer zum Gelobten Land, Eifer
Naphthali – Ringen, Loslösung	*Judas* – Loslösung

Es ist unser Auftrag und Zweck im Leben, die zwölf Kräfte zu schulen, damit ein gottähnliches Geschöpf auf der Erde erscheinen wird. Dann können wir mit Hiob sagen: »Doch in meinem Fleisch werde ich Gott sehen« (Hiob 19, 26). Zugleich stellt er die Frage: »Wo warst du, als ich die Erde gründete? Sage mir's, wenn du so klug bist! Worauf sind ihre Pfeiler eingesenkt, oder wer hat ihren Eckstein gelegt, als mich die Morgensterne miteinander lobten und jauchzten alle Gottessöhne?« (Hiob 38, 4, 6–7).

Hiob legt diese Worte zwar Gott in den Mund, eigentlich aber spricht sie unser Höheres Selbst. Wir wissen nicht mehr, wer wir sind, und versuchen, uns mühsam daran zu erinnern. Da wir auch unseren göttlichen Ursprung vergessen haben, betrachten wir die Meinungen der anderen als Wahrheit. Wir glauben an alles Weltliche, das uns mit Informationen überflutet, und benutzen den Verstand in destruktiver Weise. Folglich irren wir, tun Unrecht und übersehen, dass gerade das ICH BIN der Gott ist, den wir suchen. Wir leben im seltsamen Land der vielen Götter und des Glaubens an viele Kräfte.

Wer kein Bewusstsein von Gott hat, ist nur wie ein entmagnetisiertes Stück Metall. Er ist teilnahmslos, betäubt, entfremdet. Wer dagegen die tiefe Wahrheit liebt und die Gegenwart Gottes im Hier und Jetzt erfährt, gleicht einem Magneten. Sie versetzt unsere magnetischen und elektrischen Ströme in Schwingungen, die mit ihr übereinstimmen.

»Kannst du die Sterne des Tierkreises aufgehen lassen zur rechten Zeit oder die Bärin samt ihren Jungen heraufführen?« (Hiob 38, 32). Unser wesentlicher Einklang mit den himmlischen Kräften birgt den Schlüssel zu dieser Stelle. Der Tierkreis, Symbol der zwölf Kräfte oder Jünger, ist in jedem von uns. Wenn wir imstande sind, unsere Jünger herbeizurufen und sie durch Gebet, Hingabe und mystische Vision vollständig zu schulen, kennen wir die Antworten auf all die großen Fragen, die Hiob in Kapitel 38 seines Buches stellt.

Sobald Bewusstsein und Unterbewusstsein des Menschen ganz gereinigt sind, kommt die Essenz in Gestalt von Jesus Christus – das ICH BIN – zum Vorschein. Ob und inwieweit man die damit verbundenen Fähigkeiten wachruft, muss jeder für sich selbst entscheiden.

Jakobs erster Sohn *Ruben* und der Jünger *Andreas* verkünden die Botschaft: Betrachte die Sonne oder Gott! Damit ist die erste Fähigkeit des Menschen gemeint, nämlich geistige Wahrnehmung, tiefes Verstehen und Erleuchtung. Es geht hier also nicht um das dreidimensionale Sehen, sondern um das Erkennen der Wahrheit jenseits der äußeren Erscheinung. Der geistige Mensch begreift das überall wirksame Gesetz von Ursache und Wirkung und weiß, dass sich hinter jeder Manifestation ein ideelles Muster verbirgt. Dies wiederum führt ihn zu der Einsicht, dass die Verwirklichung seines Ideals oder Wunsches innere Befreiung verheißt.

Wir betrachten die Atmosphäre und meinen, sie sei leer; im Grunde aber ist sie erfüllt von Leben. Wir blicken in den Nachthimmel und erspähen einige Sterne, doch wenn wir durch das Teleskop schauen, entdecken wir unzählige Sterne, die mit dem bloßen Auge nicht sichtbar sind. Welche Wahrnehmung ist die richtige, die des Auges oder die des Teleskops?

Angenommen, ein Mitglied Ihrer Familie ist krank. Wie sehen Sie es dann? Wenn Sie Ihre Aufmerksamkeit lediglich auf seinen geschwächten Zustand richten, schulen Sie nicht jene Fähigkeit, die Andreas verkörpert. Ihre geistige Wahrnehmung muss eine vollkommene Vision von dessen Gesundheit oder Glück sein.

Widersetzen Sie sich gewissen Bedingungen in Ihrem Zuhause oder im Büro und geraten deshalb immer wieder außer Fassung? Wenn ja, rufen Sie damit Andreas nicht als Jünger auf. Erst indem Sie vom Problem Abstand nehmen und sich auf Ihr Wohl besinnen, sind Sie im Begriff, diese Kraft zu meistern.

Petrus, der zweite Jünger, verkörpert die zweite Fähigkeit des Geistes: den unerschütterlichen Glauben an das Gute. Als Fels der Wahrheit offenbart er Jesu wahre Natur: »... du bist der Heilige Gottes« (Johannes 6, 69) – und so auch dem Menschen, dass sein ICH BIN Gott ist, der Erlöser. Petrus bleibt seinem Herrn auf Schritt und Tritt treu bis zum Ende, wohlwissend, dass der Allmächtige zu dessen Gunsten tätig ist: »Und niemand kann seiner Hand wehren noch zu ihm sagen: Was machst du?« (Daniel 4, 32).

Erwidern Sie der Sehnsucht, die in Ihrem Herzen flüstert, solche Sätze wie »Ich bin zu alt«, »Ich hab nicht genug Geld«, »Ich kenne nicht die richtigen Leute«? Behaupten Sie zum Beispiel: »Wegen der momentanen Umstände (der Wirtschaftskrise, der Regierung, der Verwaltung, der Geschäftsführung) kann ich mein Ziel nicht erreichen«? Wenn ja, berauben Sie sich der Freude, die das verwirklichte Ideal Ihnen gewähren würde. Die Fähigkeit zum Glauben setzt sich über Hindernisse hinweg und achtet keinen Herrn außer dem ICH BIN. Beten Sie eine Zeit lang und geben es dann auf mit den Worten: »Ich hab's versucht, aber es funktioniert nicht«? In diesem Fall müssen Sie jetzt Petrus anrufen, um sich Ihren Herzenswunsch zu erfüllen.

Jakobus der Ältere ist der rechtschaffene Richter. »Gerechtigkeit war mein Kleid, das ich anzog, und mein Recht war mir Mantel und Kopfbund« (Hiob 29, 14). Das heißt, sobald wir die mit Jakobus identifizierte Fähigkeit schulen, verkünden wir Ganzheit und Vollkommenheit. Unser Urteil (die Überzeugung) ist wie der Mantel (die Wahrheit) und der Kopfbund (die Schönheit). Wir fragen uns: »Wie ist es bei Gott und im Himmel?« Da unsere Erkenntnis auf die Gegenwart Gottes in uns und in anderen abzielt, lautet unser Spruch, dass Harmonie, Gesundheit und Frieden herrschen.

Kritisieren oder verdammen Sie gar einige Menschen und ereifern sich ständig über deren Unzulänglichkeiten? Wenn das zutrifft, rufen Sie nicht Jakobus auf, sondern entwickeln diese negativen Eigenschaften in sich selbst. Wir selbst bilden das aus, was wir verurteilen. Schauen Sie sich nur einmal um, Beweise dafür gibt es zuhauf.

Können Sie es nicht ertragen, etwas Schlechtes über Mitmenschen zu hören? Nehmen Sie nur das wahr, was gut für die anderen ist? Der Schüler der Wahrheit lästert nicht, macht keine Vorwürfe und findet keine Fehler. Wenn er dergleichen vernimmt, weist er es zurück und verliert kein Wort darüber. »... und keiner ersinne Arges in seinem Herzen gegen seinen Nächsten, und liebt nicht falsche Eide ...« (Sacharja 8, 17). Diese wertvolle Fähigkeit wollen wir uns aneignen.

Johannes ist die Verkörperung der Liebe, die wiederum den tätigen Geist Gottes charakterisiert. Liebe ist auch eine emotionale Bindung, das Einssein mit dem eigenen Ideal. »Wir wissen aber, dass denen, die Gott lieben, alle Dinge zum Besten dienen ...« (Römer 8, 28). Gott und das Gute sind in allen heiligen Schriften synonyme Begriffe. Wenn wir solche Eigenschaften oder Qualitäten wie Aufrichtigkeit, Rechtschaffenheit, Gerechtigkeit, Friedlichkeit, Nachsicht und die Wahrheit um der Wahrheit willen lieben, lieben wir Gott und das Gute.

Haben Sie Angst vor der Zukunft? Machen Sie sich Sorgen um Ihre Familie, Freunde, Geschäfte? Kurzum: Sind Sie unglücklich? Wenn ja, können Sie davon ausgehen, dass Sie nicht Gott oder das Gute lieben, sondern Begrenzung und Mangel. Fürchten Sie sich vor dem Misserfolg? Unter diesen Umständen wird es Ihnen tatsächlich gelingen, ein Versager zu sein.

Hegen Sie Groll gegen irgendeinen Menschen? So sind Sie nicht in Einklang mit Johannes. Wir müssen einander verzeihen, sonst stirbt die Liebe in unseren Herzen. Lieben Sie den Nächsten, indem Sie sich darüber freuen, dass er, der Ihnen angeblich Unrecht getan hat, ein glückliches Leben führt. Wünschen Sie, dass Gottes Gesetz für ihn, durch ihn, rings um ihn arbeite, dass sein Geist, Körper und Alltag von Frieden erfüllt sei. Können Sie jetzt gute Nachrichten über Ihren sogenannten »Feind« mit Wohlgefallen aufnehmen? Wenn nicht, haben Sie die Fähigkeit zur Liebe nicht im Griff. Ohne Willen, das Ideal zu verwirklichen, tragen Sie nichts zu deren Entwicklung bei.

Philippus ist – aufgrund der Wortbedeutung seines Namens – der »Pferdefreund«. Ein Pferdetrainer ist entschieden, zugleich aber freundlich und schlägt das Tier nicht. Trotzdem gibt er ihm deutlich zu verstehen, wer hier der Herr ist. Er besitzt jene Eigenschaft, die so vielen von uns fehlt: Beharrlichkeit. Daher erinnert uns Philippus daran, die durch Liebe gewonnene Kraft richtig einzusetzen; auf diese Weise bewältigen wir jede Situation.

Bei einem Rodeo treten ungezähmte und ungezäumte Pferde auf. Niemand kann länger als ein paar Sekunden auf ihnen reiten. Eine ähnliche Erfahrung machen auch wir, wenn wir über eine neue Idee nachdenken, uns dafür begeistern und in Hochstimmung geraten, irgendjemand uns dann doch ins Wanken bringt. Oder wir erhalten eine unangenehme Nachricht, die uns gleichsam vom Pferd wirft.

So malte sich eine junge Frau eine herrliche Reise nach Florida aus, um einige Verwandte in Miami zu besuchen. Unterdessen hörte sie auf die Bemerkungen ihrer Freundinnen, welche Gefahren in der Stadt lauerten, dass das Essen dort ungenießbar sei, ganz zu schweigen von den unverschämten Preisen. Infolgedessen sagte sie die Reise ab, nur um dann später festzustellen, dass dies ein großer Fehler gewesen war. Ungeachtet ihrer überschwänglichen Vorfreude hatte sie zugelassen, durch die negativen Suggestionen der anderen hart auf dem Boden aufzuschlagen.

Bleiben wir unserer Stimmung treu, bewahren wir sie, um unser hochgestecktes inneres oder äußeres Ziel zu erreichen. Mit anderen Worten: Es ist diese *aufrechterhaltene* Stimmung, die schöpferische Kraft besitzt. Seien Sie bei jedem Schritt ebenso bestimmt wie aufrichtig. Sie sind die Autorität, Ihnen wurde die

Führung übertragen! Warum sollten Sie schwanken oder sich umbesinnen? Wie könnten negative Suggestionen, kritische oder spöttische Äußerungen Sie vom Pferd werfen? Wäre das der Fall, würden Sie die Fähigkeit des Philippus mit Verachtung strafen.

Bartholomäus ist der »Sohn der Ackerfurchen«, des reichhaltigen Bodens, darin der Same aufgeht. Auf der metaphysischen Ebene entspricht dem die Einbildungskraft. Mit dieser Fähigkeit kann der Mensch jede seiner Ideen auf die Bildfläche des Raumes projizieren, ihr Sinn und Form geben. Die geschulte Einbildungskraft (das gepflügte Land) entwirft ausschließlich angenehme und wunderbare Stimmungen. Neben der Treue bildet sie die beiden tragenden Säulen der Freimaurerei, die hinaufführen zum Allerheiligsten.

Wir rufen Bartholomäus an, wenn wir uns die Wirklichkeit des erfüllten Wunsches vorstellen und die Freude über das beantwortete Gebet empfinden. Falls Sie hingegen auf düstere Vorhersagen hören, sich beängstigen lassen und gerade damit das Übel heraufbeschwören, haben Sie diese Fähigkeit verneint. Wünschen Sie anderen Menschen Unglück? Glauben Sie, dass Ihr Sohn seine Prüfungen nicht bestehen oder dass Ihrer Familie etwas Schlimmes zustoßen wird? Mit diesen negativen Denkmustern verkehren Sie den Zweck der Einbildungskraft ins Gegenteil. Besinnen Sie sich stattdessen auf das, was gut, anmutig und förderlich ist. So erhalten Ihre Ideale Auftrieb, sind Ihre Urteile gerecht und am Göttlichen orientiert.

Thomas steht für die Verbindung, das Gemeinsame und damit für das Verständnisvermögen. »Erwirb Weisheit, erwirb Einsicht mit allem, was du hast« (Sprüche 4, 7). Weisheit ist das Wissen von Gott, Verständnis die Anwendung dieses Wissens, um die täglichen Probleme zu lösen und sich geistig weiterzuentwickeln.

Wer diese Fähigkeit nicht schult, wird zum unschlüssigen Zweifler. Wer sie dagegen immer stärker ausbildet, gelangt zur

Einsicht, dass sein eigenes Bewusstsein nichts anderes ist als der Gott dieser Welt und der Sitz des Kausalprinzips. Seine Vernunft und Erkenntnis der Wahrheit salbt der Heilige Geist, und so schreitet er fort von Herrlichkeit zu Herrlichkeit. Zwangsläufig weist er sämtliche Gerüchte, Lügen und Suggestionen zurück, die Gott, der Wahrheit und seinen tiefen Überzeugungen zuwiderlaufen, um die wesentliche Frage zu stellen: »Wie ist es bei Gott und im Himmel?«

Versetzt Sie der soeben entdeckte Krankheitserreger in Schrecken, über den die Medien ständig berichten? Das würde bedeuten, dass Sie von der Angst beherrscht werden und weder an Gott und Seine Allgegenwart noch an das Gute glauben. Wenn Sie sich jedoch vorbehaltlos auf Thomas berufen, wissen Sie, dass Gott dort ist, wo Sie sind. Er begleitet Sie überallhin und spricht mit Ihnen im Innern. Sie sind das Gewand, das Gott trägt, während Er sich durch die Illusion von Zeit und Raum bewegt. Indem wir uns die Kraft des Jüngers zu eigen machen, durchdringen wir die Wirklichkeit und begreifen, dass Gott tatsächlich existiert.

Matthäus ist – von der Etymologie her – das »Geschenk Gottes« und bezeichnet daher die gottgegebene Sehnsucht des Menschen. Dieser kosmische Drang im Innern strebt nach Ausdruck. Jedes Problem beinhaltet seine Lösung in Form der Sehnsucht. Wenn jemand krank ist, wünscht er sich automatisch Gesundheit. Die Sehnsucht macht sich bereits bemerkbar. In deren Bejahung liegt die Antwort auf das Gebet.

Sagen Sie »Ich bin nicht intelligent genug«, »Ich hab keine Chance«, »Das Beste ist ohnehin vorbei« oder dergleichen? Akzeptieren Sie etwa die Meinungen oder Urteile der Masse? Oder gehen Sie in sich und erklären wie viele weise Menschen: »Meine Seele erhebt den Herrn und mein Geist freuet sich Gottes ...« (Lukas 1, 46)? Treten Sie demnach ein in die innere Stille und vergrößern dadurch die Möglichkeit, sie – und damit sich selbst – zu erkennen? Wenn Sie das tun, sind Sie in Gesellschaft von

Matthäus. Nicht aber, wenn Sie Ihre Sehnsucht ablehnen – und damit auch das Geschenk Gottes, das Sie und die Welt segnen würde.

Jakobus der Jüngere verkörpert die Fähigkeit zur Ordnung oder das klare Denken. Ordnung ist das erste Gesetz des Himmels. Wenn wir innerlich ruhig und ausgeglichen sind, finden wir Frieden in unserem Zuhause, im Beruf sowie in allen anderen Angelegenheiten. Diese geistige Fähigkeit wird auch als Urteilsvermögen, Scharfsinn oder Hellsicht bezeichnet. Wenn sie voll entwickelt ist, erkennt man das Göttliche jenseits der Gestalt, die Wahrheit hinter der Maske. Man sinnt über die Wirklichkeit nach und sieht überall Gottes Gegenwart.

Machen Sie irgendwelche Umstände oder Personen für Ihre Probleme verantwortlich? Es ist leicht, die Schuld bei anderen zu suchen. Sind Sie imstande, Ihre Wahrnehmungen richtig zu deuten – oder fällen Sie Ihre Urteile eher aufgrund der äußeren Erscheinung? Diese ist oft trügerisch. Berufen Sie sich jetzt auf Jakobus den Jüngeren, damit Ihr Urteil dem Mittag gleicht, wenn die Sonne am höchsten steht und keinen Schatten wirft. So kann nichts sich Ihnen in den Weg stellen, Sie verwirren und von Ihrem ausgewogenen Urteil abbringen. Es muss von Ganzheit und Vollkommenheit zeugen – von dem vollkommenen Gott, dem vollkommenen Sein und dem vollkommenen Menschen.

Thaddäus ist der Inbegriff der Herzenswärme, des Beistands in der Not, der Lobpreisung. Demzufolge repräsentiert er das Hochgefühl, die Glückseligkeit. »Und ich, wenn ich erhöht werde von der Erde, so will ich alle zu mir ziehen« (Johannes 12, 32). So ist auch die geistige Einstellung des Menschen, der dazu imstande ist. Er hebt die anderen empor und hat Freude daran, dass sie nun all die gewünschten Gaben besitzen und zum Ausdruck bringen.

Loben Sie die Blume im Topf, dann wird sie prächtig gedeihen und sich Ihnen zuwenden wie zum Kuss; und der Hund springt auf Ihren Schoß, sobald Sie ihm das Zeichen geben, ihn zu streicheln und zu kraulen.

Aber was ist, wenn zum Beispiel im Restaurant die Bedienung allzu lange braucht, um die Speisen zu bringen? Kritisieren Sie sie dann, ja fordern gar ihre Entlassung? Oder heben Sie sie in Gedanken und sehen sie so, wie sie sein sollte? Es gibt tagtäglich unzählige Gelegenheiten, die anderen geistig auf eine höhere Ebene zu versetzen.

Oder betrachten Sie die Menschen vielleicht als Bettler? In diesem Fall sind Sie derjenige, der sie in Lumpen kleidet. In Wahrheit aber sind sie Könige, die den Königsweg gehen! Legen Sie ihnen also das Gewand der Rechtschaffenheit und die Robe des Heils an. Dadurch werden sie sich von Grund auf ändern und morgen nicht mehr an der Straßenecke sitzen. Das ist nur eine Art und Weise, Thaddäus auf den Plan zu rufen.

Das Lob strahlt aus und verleiht den inneren Kräften des Menschen Herrlichkeit und Schönheit. Tun wir es Thaddäus nach und gehen großmütig über die Erde, stets mit dem Lob Gottes auf den Lippen.

Ein weiterer Jünger ist *Simon aus Galiläa*. Er verweist auf das Hören und Lauschen, ist also derjenige, der auf die Stimme des Einen und Ewigen horcht. Wenn wir diese Fähigkeit schulen, suchen wir nach geistiger Unterweisung und Erleuchtung direkt aus der Quelle Gottes. Wir werden still und lauschen der Schwingung oder dem Ton im Innern, jener Stimme, die aufsteigt und zu uns sagt: »Dies ist der Weg; den geh!« (Jesaja 30, 21).

Simon mag charakterisiert werden durch die *Empfänglichkeit* für Weisheit, Wahrheit und Schönheit. Er führt uns nach Kanaan, ins Gelobte Land, wo Harmonie, Frieden und Reinheit in höchster Form verwirklicht sind. Wir achten nur auf gute Nachrichten, ob sie uns oder die anderen betreffen, rechnen immerzu mit dem Besten. Wer diese geistige Fähigkeit ausbildet, befindet sich in einem Zustand froher Erwartung, wodurch ihm zwangsläufig das Beste zuteilwird. Gott geht vor ihm und seinesgleichen her, »am Tage in einer Wolkensäule, um sie den rechten Weg zu führen, und bei Nacht in einer Feuersäule, um ihnen zu leuchten, damit sie Tag und Nacht wandern können« (2. Mose 13, 21).

Wenn Sie jedoch andere verletzen, missbilligen oder gar verleumden, bleibt Ihnen diese wichtige Fähigkeit vorenthalten – und damit auch die beseligende Fülle des Gelobten Landes. Fragen Sie sich immer wieder: »Höre und fühle ich nur das Beste für andere?« Wenn ja, so wenden Sie sich nicht ab, zögern Sie nicht und werden Sie nicht schwach. Setzen Sie vielmehr Ihren Weg unbeirrt fort und vertrauen Sie dem Ruf, der aus der Wahrheit selbst dringt.

Judas schließlich verweist auf Begrenzung – ein Gefühl von Mangel, Begehren oder unerlöste Lebenskraft. Ein jeder von uns wird mit Judas geboren in eine Welt, wo wir uns der Grenzen bewusst sind, der unüberbrückbaren Kluft, der vergehenden Zeit. »In Eden warst du, im Garten Gottes, geschmückt mit Edelsteinen jeder Art …« (Hesekiel 28, 13). Ja, wir waren in einem Zustand wunschlosen Glücks! Dann kamen wir in das dreidimensionale Dasein, das Wünsche wachruft. Unsere Unfähigkeit, sie zu verwirklichen, unseren Hoffnungen Ausdruck zu verleihen, ist die Ursache unserer Enttäuschungen und Konflikte. Der Mangel an Verständnis hat den Menschen veranlasst, zu begehren, zu hassen und den Besitz des anderen für sich zu beanspruchen. Deshalb heißt es, Judas habe einen Geldbeutel bei sich gehabt. Erst wenn wir diese zerstörerische Kraft beherrschen, kann sie zu einer der größten Kräfte überhaupt werden, da sie den Christus oder die Wahrheit offenbart, die uns befreit.

Der Überlieferung nach hat Judas seinen Meister Jesus verraten. Um jemanden zu verraten, muss man sein Geheimnis kennen. Verraten bedeutet offenbaren. Jedes Problem offenbart seine Lösung in Form eines Wunsches. Judas ist für dieses Drama notwendig; gerade durch unser Problem entdecken wir nämlich den

Christus im Innern – das ICH BIN, unser eigenes Bewusstsein – und damit unseren Retter. Die Freude resultiert dann aus der Bewältigung des Problems. Wenn wir unseren Wunsch bejahen, verkörpert durch Judas, der Jesus küsst (Akt der Liebe), stirbt Judas oder begeht Selbstmord. Der Retter (die Antwort auf unser Gebet) wird offenbart oder tritt in Erscheinung.

Solange wir uns mit dem Wunsch tragen, haben wir ihn noch nicht verwirklicht. Doch in dem Moment, da wir unsere Überzeugung hinsichtlich des Guten vorbehaltlos akzeptieren, stirbt der Wunsch, und uns übermannt ein Gefühl von Frieden. Wir kommen zur Ruhe. Das heißt, sobald der Mensch alle falschen Auffassungen, Ängste, abergläubischen Vorstellungen, Vorurteile, Dogmen, Glaubensbekenntnisse aufgibt, taucht Christus auf, denn dieser ist die Essenz eines jeden. Der Judas im Innern (Gefühl von Begrenzung und Unfreiheit) wird verwandelt und erlöst, und genau darin liegt unsere wesentliche Loslösung.

Wir schulen die mit Judas verknüpfte Fähigkeit, indem wir uns der einströmenden Göttlichen Liebe öffnen und unserem hohen Ziel widmen. Die Göttliche Liebe überwindet alle Hindernisse und versetzt den Menschen in seinen reinen, ursprünglichen Zustand. Wir werden auferweckt, und Jesus Christus kommt zum Vorschein.

Haben Sie jetzt noch irgendwelche religiösen oder politischen Vorurteile? Behalten Sie diese weiterhin für sich? Wenn das zutrifft, haben Sie die Kraft des Judas nicht erschlossen, denn er steht für Loslösung und Gleichmut.

Die Liebe wiederum bindet uns an das Gute, sodass wir unsere Aufmerksamkeit nicht mehr auf das richten, was wir ablehnen, sondern auf unser Ideal. Die Liebe ist bedingungslose Hingabe an die Wahrheit, deshalb dürfen wir keine andere Macht lieben. Mit anderen Worten: Wir müssen den Judas in uns töten, dem Falschen abschwören, dann leben wir wieder im Garten Gottes.

Ja, Sie sind wirklich Christus. »Hier ist nicht Jude noch Grieche, hier ist nicht Knecht noch Freier, hier ist nicht Mann noch

Weib; denn ihr seid allzumal einer in Christus Jesus« (Galater 3, 28). Bei der Gründung der Welt waren wir eins mit Gott, und dieses Fundament ist Christus. Der eingeborene Sohn ist jeder Mensch, denn ein jeder geht aus dem Einzigen hervor. Wir müssen tief im Innern erkennen, wer wir sind – nämlich Gott, der über die Erde wandelt!

Wir repräsentieren also Jesus und die zwölf Jünger. Wie die Sonne in ihrem Zyklus durch den Tierkreis zieht, muss unsere Sonne (der Geist) die genannten zwölf Kräfte durchqueren, ihnen das Licht und das Leben dessen einhauchen, der *ist*. In dem Maße, wie wir diese Fähigkeiten schulen und weiterentwickeln, werden wir ganz bewusst zu Gottes unermesslichem Strahlenkranz, der die Barrieren zwischen den Menschen auflöst.

Wir müssen das wahre Bild von Jesus Christus darstellen, nicht jenes abscheuliche, über 2000 Jahre alte Zerrbild vom Schmerzensmann, der mit einer Dornenkrone am Kreuz verblutete. Erzählen wir den kommenden Generationen die authentische Geschichte über Jesus, dann werden alle jungen Menschen dem Sieger nacheifern wollen. Niemand möchte das Opfer sein. Wir haben schon zu lange nach dem »verlorenen Wort« gesucht und dabei übersehen, dass es in unserem Innern zu finden ist, erhellt durch einen brennenden Busch oder gleißenden Stern.

Dieser gleißende Stern ist das ICH BIN. Der Mensch Jesus hat es entdeckt, wurde, seiner Göttlichkeit im Hier und Jetzt eingedenk, zu Christus, verwandelte seinen Körper und kehrte zurück zur Herrlichkeit, die die seine war noch vor Entstehung der Welt. Darüber berichtet er uns: »Ich habe dich verherrlicht auf Erden und vollendet das Werk, das du mir gegeben hast. Und nun verherrliche mich du, Vater, bei dir selbst mit der Klarheit, die ich bei dir hatte, ehe die Welt war« (Johannes 17, 4–5).

ICH BIN, bevor die Welt war. ICH BIN, bevor Abraham war. ICH BIN, wenn alle Wesen und Dinge erlöschen …

Verwirklichen Sie Ihre Wünsche

Sehnsüchte und Wünsche sind große Geschenke Gottes. Das Leben sucht durch Sie nach Ausdruck, denn Sie bilden einen Durchgang für das Göttliche. Sie sind hier auf Erden, um mit Gedanken, Worten und Taten von Gott zu künden. Ihr wesentlicher Wunsch besteht darin, Liebe, Wahrheit und Schönheit zu übermitteln. Dem muss so sein, weil Gott Ihr Leben ist und Gottes Willen übereinstimmt mit Seinem Wesen. Der Grenzenlose Eine will sich nicht in irgendeiner begrenzten Form äußern. Deswegen sind Tod, Elend oder Leiden weder der Wille noch der Wunsch Gottes.

Das Leben kann nicht den Tod erstreben, das wäre absurd. Es ist umfassende Ganzheit und Einheit. Im All erscheint es als Ordnung und Proportion, Symmetrie und Harmonie. Diese Qualitäten spiegeln die tiefe Wahrheit und das erste Gesetz des Göttlichen wider.

Einige Leute sagen: »Vielleicht entspricht mein Wunsch nicht dem Willen Gottes.« Wenn Wunsch oder Absicht ein höheres Maß an Leben hervorbringen und in Einklang sind mit dem universellen Gesetz des Guten, dann ist genau dies Gottes Wille. Er möchte keinerlei Beschränkung oder Mangel. Der Mensch ist grundsätzlich gut, weil Gott ihm innewohnt. Das Unheil, das er anrichtet, resultiert aus mentalen Störungen sowie persönlichen Ängsten, Phobien und Komplexen.

Ohne Wunsch nach Selbsterhaltung würde man nicht einem herankommenden Auto ausweichen. Auch der Landwirt, der Samen sät und den Boden bestellt, handelt aus einem Wunsch: Er möchte sich, seine Familie und die Nächsten mit Nahrung versorgen. Der Wunsch nach Fortpflanzung veranlasst den Menschen, sich zu paaren und seinesgleichen zu vermehren. All das ist gut, ja sehr gut.

Der Wunsch treibt uns vorwärts, höher, zu Gott hin. Männer mit starken Wünschen haben die Vereinigten Staaten zu dem gemacht, was sie heute sind. Henry Ford etwa wollte das erste

Automobil bauen. Dann hatte er einen noch größeren Wunsch, nämlich dass so viele Menschen wie möglich auf vier Rädern fahren. Dadurch wurden auf der ganzen Welt Millionen von Arbeitsplätzen geschaffen.

Sein etwas älterer Zeitgenosse Thomas Alva Edison sehnte sich danach, elektrisches Licht ins Dunkel zu bringen, und wir kennen seine äußerst nützlichen Erfindungen. Ohne diesen inneren Antrieb wäre der Mensch ein apathisches Geschöpf.

Eine Frau sagte einmal zu mir: »Ich will gar nichts. Ich hab schon alles. Wir sollten uns nichts wünschen.« Das ist Unsinn. Sie musste zugeben, dass sie morgens eine Tasse Kaffee trinken möchte. Wir leben gerade durch unsere Wünsche.

Vor vielen Jahrtausenden wollte der Mensch sich vor den Unbilden der Witterung schützen und baute sich ein Haus aus Holz oder Stein. Auch bei solchen Unternehmungen stand am Anfang ein Wunsch. Oft wird er als Quelle oder Ursprung jeder Handlung bezeichnet.

Wenn Sie mit Ihrer Mutter sprechen, so geschieht dies, weil Sie den Wunsch danach verspüren. Und wenn Sie Ihrem Kind einen Gutenachtkuss geben, wollen Sie ihm damit Ihre Liebe zeigen und es segnen.

Der Wunsch markiert den Beginn, die Verwirklichung das Ende. Wenn Sie krank sind, sehnen Sie sich nach Gesundheit. In der Verwirrung erhoffen Sie Seelenfrieden.

Ein mittelloser Mensch begehrt Reichtum. In Ihrem Wunsch macht sich die Stimme des Retters bemerkbar. Wenn Sie jenen betrachten, schauen Sie in dessen Augen. Geht Ihr Wunsch in Erfüllung, ist er zugleich Retter, Rettung und Lösung. Die Unfähigkeit, den Wunsch überhaupt zu erkennen, führt zu Enttäuschung, Unglück und Krankheit. Der Wunsch wiederum, der über längere Zeit gehegt, doch nicht befriedigt wird, verursacht Missmut und Unruhe.

Der Wunsch, über sich selbst hinauszuwachsen, überkommt Sie, sobald Sie dazu bereit sind. Ihn zu bejahen gewährt Ihnen

Frieden. Von dieser Stimmung getragen, gehen Sie bewusst eine Verbindung mit ihm ein, und so wird er sich verwirklichen.

In England sagte ein Ingenieur zu mir: »Ich habe drei wichtige Aufgaben nicht erfüllt. Bin ein totaler Versager.« Im Laufe unseres Gesprächs sah er ein, dass er sein Scheitern befürchtet und damit auch erwartet hatte. So begann er, seine Einstellung grundlegend zu ändern, begleitet von dem Eingeständnis: »Ich war vom Misserfolg überzeugt. Von jetzt an werde ich an den Erfolg glauben.« Sein Motto lautete »Was ich mir vorstelle und für möglich halte, kann ich erreichen«. Prägen Sie sich dieses Zitat tief ein und beherzigen Sie es.

Ja, was immer man sich vorstellt, kann man in die Tat umsetzen. Der Ingenieur sah ein, dass ihm eine Allmächtige Kraft innewohnt, die er erschließen kann. So entdeckte er die Energie und die Weisheit, um Aufgaben zu bewältigen, die ihm vorher unlösbar erschienen waren. Nun glaubte er an den Erfolg und erwartete ihn. Glaube ist ansteckend; auch die Arbeitskollegen dieses Mannes wurden von der Idee des Erfolgs zu ungeahnten Leistungen angespornt.

An dieser Stelle möchte ich Ihnen die Geschichte einer jungen Frau namens Mary erzählen, die nach einem meiner Vorträge im Park Central Hotel in New York zu mir kam. Sie stellte die uralte Frage: »Wie kann ich lernen, an mich selbst zu glauben?«

Wir sind mit verschiedenen Bewusstseinsebenen konfrontiert, und so begegnete ich der jungen Frau auf der ihren, indem ich sie zurückfragte: »Was brauchen Sie derzeit am meisten?«

Einige Leser würden wohl antworten: »Ich brauche Gottes Wissen, Wahrheit und Verständnis.« Das ist natürlich das tiefste Bedürfnis oder der höchste Wunsch. Die junge Frau aber erwiderte: »Eine Nähmaschine!«

Der nächste Schritt bestand darin, ihr nahezubringen, wie sie die Nähmaschine bekommen würde. Ich führte aus, jede Maschine existiere in Gottes Geist als Idee.

Daraufhin verfuhr sie folgendermaßen. Eines Abends nahm sie auf ihrem Sofa Platz, beruhigte ihre Gedanken, entspannte den Körper und malte sich aus, dass eine Nähmaschine direkt vor ihr steht. In der Vorstellung spürte sie das solide Material der Maschine und nähte damit. Anschließend ging sie zu Bett und dankte dem Göttlichen Vater.

Die Auswirkungen dieser Meditation sind sehr interessant. Eine Nachbarin, die im gleichen Haus wohnte, klopfte an Marys Tür und fragte, ob sie Verwendung habe für eine Nähmaschine. Die ältere Frau wollte diese verschenken, da sie gerade nach Florida umzog. Mary rief sofort: »Ja!«

Hinterher erklärte sie: »Diese Methode funktioniert wirklich!« Sie hatte es sich selbst bewiesen. Nun wünschte sie sich einen Teppich, und auch er wurde ihr zuteil dank Meditation und Gebet. »Auf die gleiche Weise kann ich auch Tänzerin werden«, sagte Mary versonnen.

Um etwas zu empfangen, müssen wir das geistige Bild oder Wesen der gewünschten Sache unserem Denken und Fühlen einprägen. Marys Sinne leugneten, dass sie eine Nähmaschine bekommen oder Tänzerin werden würde, doch sie wusste das Gesetz des Lebens anzuwenden, das ihr Glauben und Zuversicht eingab. Dieser Glaube war keineswegs blind und beruhte nicht auf Ahnungslosigkeit, sondern auf Göttlicher Einsicht. Sie erkannte, dass jede als wahr empfundene Vorstellung subjektiviert und dann vom Unterbewusstsein auf unergründliche Weise in die objektive Wirklichkeit übertragen wird. Darüber hinaus leuchtete ihr ein, dass dieses Gesetz sowohl auf negative wie auf positive Vorstellungen zutrifft und dass das Unterbewusstsein einem Spiegel gleicht, der die jeweilige Idee nach außen projiziert.

Negative Vorstellungen schaden niemandem, solange sie nicht durch Angst aufgeladen werden, noch bewirken positive Vorstellungen sonderlich viel Gutes, wenn wir sie nicht tief im Innern für richtig erachten.

Mary lebte fortan mit der Überzeugung, Tänzerin zu sein.

Dadurch erzeugte sie rings um sich eine mentale Atmosphäre, die alle notwendigen Eigenschaften und Qualitäten zur Entwicklung ihrer tänzerischen Fähigkeiten anzog – außerdem Lehrer, deren Bekanntschaft sie machte, neue Freunde, die ihr weiterhalfen, und nicht zuletzt finanzielle Mittel. Schon bald wurde sie in eine Tanzakademie aufgenommen und bildete später Choreografen aus.

»Es ist aber der Glaube eine gewisse Zuversicht des, das man hofft, und ein Nichtzweifeln an dem, das man nicht sieht« (Hebräer 11, 1). Der Glaube ist Ihre Überzeugung, die nicht ohne Widerhall bleiben wird. Sie sehen etwas voraus, das noch nicht zu sehen ist, aber geschehen soll. Bewusstseinszustände manifestieren sich immer in der Welt der Erfahrung.

Demnach können Sie eine Nähmaschine oder ein Klavier »herbeirufen«, so als stünde das Instrument vor Ihnen, und dessen natürliche Beschaffenheit deutlich spüren. Ihre imaginäre Hand taucht auf und beginnt zu nähen oder zu spielen. Sobald Sie sich in diese Situation versetzen, wird das Unsichtbare sichtbar auf eine Weise, die Ihr Auffassungsvermögen übersteigt. Ist das nicht wunderbar? Der Name Gottes *ist* »Wunderbar«!

Um unseren Glauben zu festigen, wollen wir alle Fragen oder Zweifel des analytischen Verstandes ausschließen und vorbehaltlos der Macht des Unterbewusstseins vertrauen.

Als die zwei Blinden um ihrer Heilung willen sich Jesus näherten, sprach er zu ihnen: »Glaubt ihr, dass ich euch solches tun kann?« (Matthäus 9, 28). Sie stimmten zu, er berührte ihre Augen mit den Worten: »Euch geschehe nach eurem Glauben«, und sie konnten sehen. Diese Passage offenbart – wie manch andere in der Bibel – eine hervorragende geistige Behandlungsmethode. Jesus beruft sich nämlich auf die Kooperation von Bewusstsein und Unterbewusstsein bei den beiden Blinden. Sie sind in froher Erwartung und akzeptieren uneingeschränkt, was Jesus ihnen sagt. So kann ihr Unterbewusstsein die Botschaft aufnehmen und eine gewaltige Heilkraft aktivieren mit der Folge, dass sie das Sehvermögen erlangen.

Bei jeder Heilung müssen wir die Sinneswahrnehmung ebenso ausschließen wie die Meinungen und Urteile der anderen und erkennen, dass mit Gott alles möglich ist. Festen Glaubens vergrößern wir die Fähigkeit, dem Wunsch in uns Leben einzuhauchen. Er mag lange verdorrt oder wie gefroren gewesen sein, aber unser eigenes ICH BIN, unser Bewusstsein, kann ihn auferwecken, nähren und schließlich erfüllen.

Sie werfen vielleicht ein: »Na ja, ich hatte immer ein großes Ziel im Leben, aber daraus ist nie was geworden. Was soll ich machen?« Hören Sie auf zu klagen und zu schimpfen.

Anders ausgedrückt: Wenden Sie sich ab von der Sinneserfahrung, erweitern Sie Ihr allzu begrenztes Selbstbild. Mit der hier beschriebenen Methode können Sie sich jeden Herzenswunsch erfüllen.

Im achten Kapitel (Vers 40 ff.) des Lukasevangeliums heißt es, dass Jesus mit Petrus, Jakobus, Johannes und den Eltern des verstorbenen Mädchens in deren Haus ging. Auch hier handelt es sich um ein allegorisches Geschehen. Das Kind repräsentiert Ihren Wunsch, der wie tot erscheint, eben weil sie ihn nicht fühlen können. (Die Umstehenden spotten, denn sie kennen und verstehen nicht die Wirkungsweise des universalen Gesetzes.) Vater und Mutter sind Ihr eigenes ICH BIN, wobei der Vater die Vorstellung verkörpert, die Mutter das Gefühl, damit eins zu sein.

Petrus wiederum bezeugt den Glauben an Einen Gott. Sie rufen Petrus an, wenn Sie sich Ihrem ICH BIN zuwenden, wohlwissend, dass es identisch ist mit Gott, Allmacht und Wahrheit. Ihr Glaube ist genauso unerschütterlich wie der des Petrus.

Jakobus verweist auf die richtige Anwendung des Gesetzes. Sie urteilen also nicht aufgrund äußerer Erscheinung, sondern denken über die Göttliche Lösung oder Antwort nach. Dann rufen Sie Jakobus' Bruder Johannes herbei, der die Qualität der Liebe in Ihrem Innern bezeichnet. Infolgedessen verlieben Sie sich in Ihren Wunsch und werden eins mit ihm.

Johannes personifiziert zudem die Gemütsverfassung während des Gebets. Dabei werden Sie sich bewusst, dass die Ihnen innewohnende Göttliche Intelligenz über ein vollkommenes Muster für jeden Körperteil verfügt. Sie hat zum Beispiel das Auge erschaffen – kann sie also nicht ein weiteres hervorbringen? Ja, das kann sie, doch nur unter einer Bedingung: Der Mensch muss daran glauben. Wenn er glaubt, kann es geschehen, denn ihm geschieht nach seinem Glauben.

Als das Mädchen in der biblischen Geschichte die Augen aufschlug und sich erhob, forderte Jesus die Eltern sofort auf, niemandem etwas über diesen wundersamen Vorgang zu sagen. Auch darin liegt eine tiefe psychologische Wahrheit. Wenn eine Heilung stattfindet, sollten wir uns nicht den abfälligen Bemerkungen und respektlosen Zweifeln der Ungläubigen aussetzen, die vielleicht das Wunder, das eingetreten ist, wieder rückgängig machen. Die Menge neigt oft dazu, es zu verspotten und abzustreiten. Deshalb verpflichtet Jesus die Beteiligten zum Schweigen.

Das Gerede ist auch im umgekehrten Fall abträglich. Viele Leute sprechen ständig über ihre bisherigen Misserfolge und Enttäuschungen und wiederholen damit nur ein bestimmtes Muster, ohne zu merken, dass sie es reaktivieren und zwangsläufig in die Zukunft projizieren.

So muss auch der geheilte Alkoholiker aufhören, über seine frühere Notlage lange Geschichten zu erzählen. Je mehr Worte er darüber verliert, desto realer erscheint ihm das Leiden, bis er schließlich rückfällig wird. »Gedenkt nicht an das Frühere und achtet nicht auf das Vorige!« (Jesaja 43, 18).

Jesus sagte zu den Anwesenden im Haus des Jairus: »Weinet nicht! Sie ist nicht gestorben, sondern sie schläft« (Lukas 8, 52). Die anderen verlachten ihn, doch er nahm die Hand des Mädchens und rief: »Kind, stehe auf!« (Lukas 8, 54). Auch wir müssen

Klage, Selbstmitleid oder Verachtung aus unserem Denken verbannen ebenso wie die übrigen falschen Vorstellungen und Ansichten. Denn es ist das Bewusstsein, das mit dem Menschen in Streit gerät. Erst wenn wir die geistige Reinigung vollzogen und die Gewissheit erlangt haben, dass unser Ideal im Innern schon verwirklicht ist, beten wir auf konstruktive Weise. Dann ist die Sehnsucht gestillt, und wir befinden uns in friedlichem Zustand. Bald wird das Ideal im Äußeren Gestalt annehmen, weil wir den Befehl dazu gegeben haben: »Kind, stehe auf!«

Dieser Akt geschah dank der Treue zum Ideal und der Überzeugung, dass die innen wirksame Allmacht ihn herbeiführen wird. Sodann sagen wir: »Gebt ihr zu essen!« (Lukas 8, 55). Das heißt, wir schenken dem verwirklichten Ideal Beachtung, erfreuen uns daran, statten unseren Dank ab und nähren es weiter. Es wird wachsen, und wir schreiten fort von einer Herrlichkeit zur nächsten.

Nun glauben Sie an Ihr tiefes Selbst, seine wundersame Macht, und erkennen es an ohne jeden Vorbehalt. Sie weisen die Sinneswahrnehmung in die Schranken und konzentrieren sich auf die Erfüllung Ihres Wunsches. Sie lieben ihn und werden nie aufhören, ihn zu lieben. Sie stellen fest, dass Ihre Idee durchdrungen ist von Liebe und unbesiegbar. Eine große Ruhe ergreift von Ihnen Besitz. Sie leben mit dem Wissen um die Wahrheit: »Und das Wort ward Fleisch und wohnte unter uns …« (Johannes 1, 14). »Alle Täler sollen erhöht werden, und alle Berge und Hügel sollen erniedrigt werden … macht in der Steppe eine ebene Bahn unserm Gott!« (Jesaja 40, 3–4). Dieses Wissen ist Ihr unermesslicher Besitz, die Quelle all Ihrer künftigen Freuden.

Schritte zum Erfolg

Um erfolgreich zu sein, müssen wir jenes Gewand anlegen, das den Namen Christus trägt. Paulus sagt uns, wie wir dies tun. Schreiben wir es unseren Herzen ein: »Liebe, Freude, Friede, Geduld, Freundlichkeit, Gütigkeit, Glaube, Sanftmut, Mäßigkeit. Wider solche ist das Gesetz nicht« (Galater 5, 22–23). Verankern wir diese Eigenschaften in unserem Innern und leben nach ihnen, haben wir die ewigen Wahrheiten oder existenziellen Werte erkannt. Es sind zugleich jene Eigenschaften und Kräfte Gottes, die in Gestalt des Menschen zum Ausdruck kommen.

Ungeachtet dessen, wer oder was Sie sind – wenn Sie sich nicht als Instrument betrachten, auf dem diese unvergänglichen Melodien gespielt werden, sind Sie nur »ein tönend Erz oder eine klingende Schelle« (1. Korinther 13, 1). Die Bibel sagt auch: »Wie ein Mensch im Herzen denkt, so ist er« (Sprüche 23, 7). Es ist unsere subjektive Überzeugung, die unser objektives Leben beherrscht. Die inneren Bilder werden auf die äußere Leinwand des Raumes geworfen. Wenn es möglich wäre, eine Aufnahme unserer unterbewussten Vorstellungen oder Eindrücke zu machen, würden sie mit ihren Widerspiegelungen in unserer Welt völlig übereinstimmen. Die jeweiligen Umstände, Bedingungen und Erfahrungen reflektieren zwangsläufig unsere Ansichten über die eigene Person, die anderen, die Dinge und das Dasein im Ganzen.

Jesus sprach: »Ich bin gekommen, dass sie das Leben und volle Genüge haben sollen« (Johannes 10, 10). Die Einsicht in die Wahrheit belehrt uns über unser Göttliches Erbe und befreit uns vom Glauben an Armut, Krankheit, Tod. Wir sind hier auf Erden, um ein reichhaltiges Leben zu führen und überschwängliche Freude zu bekunden: »Bisher habt ihr nichts gebeten in meinem Namen. Bittet, so werdet ihr nehmen, dass eure Freude vollkommen sei« (Johannes 16, 24). »Vor dir ist Freude die Fülle …« (Psalm 16, 11). »Gott ist Licht und in ihm ist keine Finsternis« (1. Johannes 1, 5).

Der Begriff *Erfolg* steht für ein Leben in strahlendem Licht. Eine lange Phase des Friedens, der Freude und des Glücks auf der hiesigen Ebene mag als »Erfolg« bezeichnet werden; die jenseitige Erfahrung dieser Qualitäten charakterisiert jenes »immerwährende Leben«, von dem Jesus spricht. Die wahren Dinge des Lebens sind unantastbar und kommen aus dem tiefen Selbst des Menschen. Indem wir darüber meditieren, entpuppen sie sich als himmlische Schätze in unserem Unterbewusstsein.

Behandeln wir drei wichtige Schritte, die zum Erfolg führen. Der erste Schritt lässt sich auf folgende Formel bringen: *Finden Sie heraus, was Sie sehr gerne tun, und tun Sie es.* Die Kraft zum Erfolg liegt in der Liebe zu Ihrer Arbeit.

Wer zum Beispiel Psychiater ist, darf sich nicht auf seinen Lorbeeren ausruhen. Vielmehr muss er sich laufend über den Stand der Forschung informieren, an Tagungen teilnehmen, Kliniken besuchen und dabei die Funktionsweisen von Bewusstsein und Unterbewusstsein immer besser kennenlernen. Nur so kann er die neuesten Methoden anwenden und das menschliche Leid lindern. Das Interesse am Patienten hat für ihn obersten Vorrang. Berücksichtigt er all diese Aspekte, wird ihm zweifellos Erfolg beschieden sein.

Nun mag jemand fragen: »Aber wie setze ich diesen ersten Schritt in die Praxis um? Ich hab keine Ahnung, wie das geht.«

In diesem Fall müssen Sie um Unterweisung bitten. Wenden Sie sich an die Unendliche Intelligenz im Innern mit einfachen Worten: »Vater, offenbare mir meine verborgenen Talente und führe mich zu meinem wahren Platz im Leben.« Sagen Sie dies leise und liebevoll, überzeugt und zuversichtlich zu Ihrem tiefen Selbst, und die Antwort wird kommen in Form eines Gefühls oder einer Ahnung, die Ihnen die Richtung zeigt. Der Wink wird deutlich sein. Gottes Stimme ist ruhig, weder hektisch noch verwirrt.

Der zweite Schritt zum Erfolg lautet: *Spezialisieren Sie sich auf ein bestimmtes Gebiet und eignen Sie sich mehr Kenntnisse darüber an als irgendjemand sonst.*

Wenn etwa ein junger Mann Chemiker werden möchte, stehen ihm in diesem Fach viele Wege offen. Also widmet er seine ganze Zeit und Aufmerksamkeit dem Teilbereich, den er gewählt hat. Er muss genügend Begeisterung entwickeln, alles Wissen erwerben, das ihm verfügbar ist, und tiefer eindringen in die Materie als andere. Neben seinem leidenschaftlichen Interesse sollte er den Wunsch haben, der Welt zu dienen. »Der Größte unter euch soll euer Diener sein« (Matthäus 23, 11). Diese Einstellung unterscheidet sich grundlegend von der eines Menschen, der nur seinen Lebensunterhalt verdienen oder einfach irgendwie »durchkommen« will. Das ist kein wahrer Erfolg. Die Motive müssen edler und selbstloser sein, erst dann wird man für die erwiesenen Wohltaten belohnt: »Lass dein Brot über das Wasser fahren; denn du wirst es finden nach langer Zeit« (Der Prediger Salomo 11, 1).

Daraus ergibt sich der dritte Schritt, der wichtigste von allen: *Seien Sie sicher, dass die gewünschte Tätigkeit nicht nur Ihnen Erfolg beschert.*

Ihr Wunsch darf hierbei nicht egoistisch sein, sondern muss der Menschheit zugutekommen. Es ist notwendig, den natürlichen Kreislauf zwischen Ihnen und den anderen zu schließen. Das heißt, Ihre Idee geht einher mit der Absicht, die Welt zu segnen. Was Sie großzügig geben, kommt in mannigfacher Weise zu Ihnen zurück. Doch der Mensch in seiner Kurzsichtigkeit unterbricht oft diesen Kreislauf, und daraus resultieren Mangel und Leiden auf allen Seiten.

Einige werfen vielleicht ein: »Aber Herr Soundso hat ein Vermögen verdient mit dem Verkauf äußerst riskanter Wertpapiere, ohne seine Abnehmer darüber aufzuklären.«

Dieser Mann scheint kurzzeitig Erfolg zu haben, aber das durch Betrug verdiente Geld löst sich meistens schnell in Luft auf. Die Verletzung, die wir anderen zufügen, schadet am Ende uns. »Du sollst deinen Nächsten lieben wie dich selbst« (3. Mose 19, 18). Der Nächste, das sind im Grunde Sie. Wenn Sie ihm etwas wegnehmen, berauben Sie sich, denn Sie handeln aus einem Gefühl von Mangel und Begrenzung, das sich dann in Ihnen, Ihrem Zuhause, Ihren beruflichen Angelegenheiten bemerkbar machen wird.

Es gibt keinen Erfolg ohne Seelenfrieden. Was nutzt das angehäufte Geld, wenn man nachts nicht mehr schlafen kann, krank wird oder einen Schuldkomplex hat?

Ein Mann in London erzählte mir einmal von seinen »Heldentaten«. Er war ein professioneller Taschendieb, der sich eine hohe Geldsumme ergaunert hatte, in England wie ein König lebte und in Frankreich eine Luxusvilla besaß. Ständig befürchtete er, von Scotland Yard gefasst zu werden. So litt er unter zahlreichen Krankheiten, die zweifellos durch seine Angst und sein tief sitzendes Schuldgefühl verursacht worden waren. Er wusste zwar, dass er Unrecht getan hatte, zog jedoch alle möglichen Probleme an. Irgendwann wurde er von der Polizei verhaftet und zu einer Gefängnisstrafe verurteilt. Hinterher aber war er wie verwandelt. Er entdeckte die Tätigkeit, die er eigentlich liebte, ging einer geregelten Arbeit nach und wurde zu einem ehrlichen, gesetzestreuen Bürger. Von da an empfand er ein Glück, das ihm vorher unbekannt gewesen war.

Erfolg hängt von einem höheren Ideal ab als der bloßen Anhäufung von Reichtümern. Ein erfolgreicher Mensch liebt seine Arbeit und bringt dabei seine Persönlichkeit voll zur Entfaltung. Er besitzt ein tiefes spirituelles Verständnis. Allein daraus beziehen viele große Männer und Frauen selbst in eher profanen Berufen ihre außergewöhnliche Kraft.

»Wenn irgendein Mensch hundert Schafe hätte und *eins* unter ihnen sich verirrte: lässt er nicht die neunundneunzig auf den Bergen, geht hin und sucht das verirrte?« (Matthäus 18, 12). Auch dieses Gleichnis verlangt nach einer Deutung, die bisher nicht in Betracht gezogen wurde: Das eine verlorene Schaf ist eigentlich das ICH BIN oder Gott.

Er ist uns abhandengekommen, weil wir seit unvordenklichen Zeiten glauben, Gott sei von uns getrennt. Wir haben Ihn nach unserem Bild erschaffen und zu einem undurchschaubaren tyrannischen Wesen gemacht, das irgendwo im Himmel lebt und uns für all unsere Sünden bestraft. Es sinnt auf Rache, nicht auf Liebe. Demnach müssen wir Gott fürchten, uns Ihm unterwerfen, immerzu flehend. In Wahrheit aber ist Er seit jeher der Inbegriff unseres eigenes Lebens, das tiefe Bewusstsein unserer selbst.

Ja, unser Bewusstsein oder ICH BIN ist Gott. Die Bibel gibt Ihm den Namen ICH BIN, der Sein und Leben bedeutet. Die Verbindung zu dieser geistigen Gegenwart im Innern stellen wir durch Denken und Fühlen her. Diese ist genau so, wie wir sie uns vorstellen. »Ihr aber, wer saget ihr, dass ich sei?« (Markus 8, 29). Sagen Sie etwa: »Ich bin arm, schwach, unfähig, deprimiert«? In diesem Fall rufen Sie Gottes Namen vergeblich an und begehen Blasphemie. Mit einem Satz wie »Ich bin krank« bringen Sie zum Ausdruck, dass Gott sich nicht wohlfühlt, was absurd ist. Daher müssen Sie sagen: »Ich bin stark, liebevoll, freundlich, ausgeglichen, friedfertig und werde erleuchtet vom Göttlichen Licht.«

Unsere Antwort auf die Frage »Ihr aber, wer saget ihr, dass ich sei?« bestimmt darüber, ob wir erfolgreich und gesund sind oder scheitern und leiden. Von dieser Antwort hängen nicht zuletzt auch die Reaktionen der anderen Menschen auf uns ab.

Vor einigen Jahren erschien ein Artikel über Henry Morrison Flagler, einen Erdölmagnaten und Eisenbahnpionier. Er bekannte, dass das Geheimnis seines Erfolges in der Fähigkeit liege, ein Projekt in vollendetem Zustand zu sehen. So schloss er die Augen, stellte sich Ölindustrie und Eisenbahnnetz vor, erblickte hier die Förderanlagen, dort die Züge auf den Gleisen, hörte die Pfeifen trillern, roch den Rauch … Nachdem er das Ziel seines Wunsches deutlich vor Augen gehabt und tief im Innern gefühlt hatte, konnte er alle Hebel in Bewegung setzen, um ihn zu verwirklichen. Ganz ähnlich müssen auch wir verfahren, dann werden uns all die notwendigen Mittel zur Ausführung unserer Pläne in einer Weise zuteil, die uns letztlich verborgen bleibt.

Wir müssen bereitwillig jene neunundneunzig Schafe, von denen das Gleichnis spricht, zurücklassen, um nach dem einen zu suchen, das verloren ging. Das heißt, wir geben unsere vorgefassten Meinungen, Überzeugungen, Theorien und Besitztümer auf, denn wir haben nun die immerwährende Wahrheit gefunden. Durch die Vereinigung mit dem Gott im Innern stehen uns alle Wege offen, geht ein Wunsch nach dem anderen in Erfüllung.

Jemand mag neunundneunzig Schafe in dem Sinn besitzen, dass er über Reichtum, Sicherheit und hohes Ansehen verfügt. Wir wissen jedoch, dass Geld ein Diener ist, kein Herr. Denn der Mensch kann sich damit weder Gesundheit noch Seelenfrieden kaufen. Genau das ist für ihn jenes eine Schaf, das sich verirrt hat. Um es wiederzufinden, muss er »auf den Berg gehen« (Jesaja 2, 3), dort innere Einkehr halten und sich daran erfreuen. Der *Berg* versinnbildlicht den Zustand der Hochstimmung. Wir heben unseren Wunsch bis zu dem Punkt empor, wo wir ihn akzeptieren und seine Verwirklichung fühlen. Anders ausgedrückt: Wir ergötzen uns an dem einen Schaf, das verloren war, indem wir die Freude über das beantwortete Gebet empfinden.

Eine wesentliche Methode der um 1900 gegründeten und auf Hypnosetherapie spezialisierten École de Nancy ist die sogenannte »kontrollierte Träumerei«. Demnach fasst man die Vorstellung, die Gegenstand der Suggestion sein soll, in einem kurzen Satz zusammen, der sich leicht dem Gedächtnis einprägt, und sagt ihn sich immer wieder vor wie ein Wiegenlied.

Die Übertragung auf unser Thema gestaltet sich wie folgt: Entspannen Sie den ganzen Körper und gelangen Sie in einen schläfrigen Zustand. Wiederholen Sie das Wort *Erfolg* wie ein Wiegenlied, und zwar so lange, bis Sie das Gefühl haben, wirklich erfolgreich zu sein. Indem Sie empfindsam und liebevoll dieses Wort aussprechen, erzeugen Sie nach und nach eine Stimmung, die um Erfolg kreist. Vergessen Sie nicht: Jede Stimmung ist schöpferisch. Dann schlafen Sie ein mit der Vorstellung von Erfolg, die sich dem Unterbewusstsein einprägen wird. Dieses beschert Ihnen dann alle notwendigen Ideen, Eigenschaften und Fähigkeiten, Freunde und Mittel, die zu Ihren Gunsten zum Einsatz kommen. In Übereinstimmung mit Ihrer inneren Natur ruft das Unterbewusstsein die entsprechenden Umstände und Bedingungen hervor.

Bei der Betrachtung der drei wesentlichen Schritte zum Erfolg dürfen wir nie die zugrunde liegenden schöpferischen Kräfte des Geistes außer Acht lassen. Sie waren es, die in der Vergangenheit zum Durchbruch führten, und so wird es auch in Zukunft sein. Der mit dem Gefühl verschmolzene Gedanke verwandelt sich in eine subjektive Überzeugung, einen unerschütterlichen Glauben – und uns geschieht nach unserem Glauben.

Das Wissen um jene weise Macht im Innern, die all unsere Wünsche verwirklichen kann, gibt uns Zuversicht und ein Gefühl tiefer Ruhe. Worin auch unsere Tätigkeit besteht – wir sollten die Gesetze des Lebens lernen und in jedem Gedanken, jeder Handlung respektieren. Es gilt: Erkenne dich selbst und die Verfahrensweise des Geistes. Wenn wir dieses Wissen in die Praxis umsetzen können und dabei nicht nur uns selbst dienen, sondern auch den anderen, sind wir auf dem sicheren Weg zum wahren Erfolg. Und wenn uns zugleich die Angelegenheiten des Herrn am Herzen liegen, ist Er aufgrund seines ureigenen Wesens *für* uns. Wer sollte dann noch gegen uns sein? So gibt es keine Macht im Himmel oder auf Erden, die uns vom Triumph abhalten wird.

Allegria

Das Pendant zum Tibetischen Totenbuch

OTMAR JENNER
Das Buch des Übergangs
Spirituelle Sterbebegleitung
496 Seiten, € [D] 10,95
ISBN 978-3-548-74480-3

Der Einzug der Seele in den Körper

OTMAR JENNER
Das Buch der Ankunft
Der Weg der Seele
bis zur Geburt
416 Seiten, € [D] 9,99
ISBN 978-3-548-74564-0

Allegria

Bewusstsein als Weg aus der Krise

NEALE DONALD WALSCH
Der Sturm vor der Ruhe
320 Seiten
€ [D] 18,00 / € [A] 18,50
sFr 24,90
ISBN 978-3-7934-2234-1

Arabische Revolution, Wirtschaftskrise, Atomkatastrophe – die globale Veränderung ist unausweichlich. Die Menschheit steht vor einer Prüfung. Wir können dabei einfach nur zuschauen oder uns aktiv an der Gestaltung einer neuen Welt beteiligen. Walschs Buch ist eine Aufforderung zum Handeln, zur Kommunikation und Vernetzung der Menschheit.

*Der Super-
bestseller aus
Brasilien*

AUGUSTO CURY
Der Traumhändler
272 Seiten
€ [D] 16,99 / € [A] 17,50
sFr 23,90
ISBN 978-3-7934-2231-0

Was wäre, wenn jemand uns heute die christliche Botschaft vorlebte – würden wir ihm folgen? Ein geheimnisvoller Mann streift durch die Straßen der Großstadt und verkauft Träume an Menschen, die es längst nicht mehr wagen zu träumen. Ein Betrüger? Ein Psychopath? Ein Weiser? Ein Philosoph?

ThetaHealing™ – Die revolutionäre neue Heilmethode

VIANNA STIBAL
Theta Healing
Die Heilkraft der Schöpfung
416 Seiten
€ [D] 12,99 / € [A] 13,40
sFr 21,90
ISBN 978-3-548-74519-0

Die revolutionäre neue Heilmethode aus den USA beruht auf dem Theta-Zustand des Gehirns, einer im EEG nachweisbaren Gehirnwellenkurve, die im Zustand tiefer Entspannung und bei Hypnose auftritt. In Verbindung mit einem fokussierten Gebet – zu keinem religionsspezifischen Gott – und einer klaren Vorstellung der Heilungsabsicht entsteht dabei ein Heilprozess, der unmittelbar auf die Zellen wirkt und den von der DNA vorgegeben natürlichen Zustand des Körpers wieder herstellt.